Gila van Delden

Ach du liebes Leben…!

Gila van Delden

Ach du liebes Leben ...!

Ein heiterer spiritueller Lebensrückblick – ein Tatsachenbericht

COUNTRY VERLAG

Bisher erschienen als autobiografische Tatsachenberichte

1. … nicht heulen, Husky!	ISBN: 978-3-9803144-0-4
2. Mutter Erde, trage mich …	ISBN: 978-3-9803144-2-8
3. … gib uns Herzen, die verstehen!	ISBN: 978-3-9803144-6-6
4. … aus einem kleinen Samenkorn	ISBN: 978-3-9803144-9-7
5. Liebe ist die größte Kraft!	ISBN: 978-3-9803144-7-3
6. Ach du liebes Leben!	ISBN: 978-3-9816486-9-0

sowie die beiden Lebenshilfebücher

1. Impulse zum Glücklichsein	ISBN: 978-3-9803144-5-9
2. Lass dein Leben leuchten! (HEYNE-VERLAG)	ISBN: 978-3-453-70190-8

Bibliografische Information Der Deutschen Bibliothek
Die Deutsche Bibliothek verzeichnet diese Publikation in der Deutschen Nationalbibliografie; detaillierte biografische Daten sind im Internet über http://dnb.ddb.de abrufbar.

1. Auflage - 2014

Fischweg 7, D-33790 Halle/Westf.

Titelfoto: Gila van Delden – Engel Igor
Hintergrundfoto: Ilse Wiespointner - i.wiespointner@aon.at
Lektorat: Götz Draeger – draegergoetz@freenet.de
Herstellung: Hans Kock, Bielefeld
Printed in Germany
ISBN: 978-3-9816486-9-0

***Wenn Pflanzen am Morgen
die Sonne spüren,
beginnen sie zu leben.
Wenn Menschen am Morgen
das Herz eines Menschen spüren,
kommen sie zum Leben.***

***Menschen stehen auf
und glauben an einen neuen Tag.
Menschen sehen die Sonne aufgehen,
sie spüren die Wärme ihrer Strahlen,
sie glauben wieder an das Licht.***

***Menschen stehen auf
und glauben wieder an Menschen.
Sie träumen von einem Haus,
einem großen und warmen Haus,
von einem Hafen für alle.
Menschen kommen und gehen,
brechen das Brot der Freundschaft
und finden das Licht
für einen neuen Tag.***

(gelesen in der Bildungsstätte Bezau)

Glücklich ist nicht, wer anderen so vorkommt,
sondern wer sich selbst dafür hält.

(Seneca)

Danke für den Segen,
die ständige Inspiration
und die vielen Zeichen,
die ich während des Schreibens
dieses Buches erhalten habe.
Danke für den ständigen Energiefluss
und die Kraft,
die ich dabei verspüren durfte.
Danke!

EINLEITUNG

Wenn der HERR nicht das Haus baut,
so arbeiten umsonst, die daran bauen.
Wenn der HERR nicht die Stadt behütet,
so wacht der Wächter umsonst.
Es ist umsonst, dass ihr früh aufsteht
und hernach lange sitzet
und esset euer Brot mit Sorgen;
denn den Seinen gibt's der Herr im Schlaf.

(Psalm 127)

Bevor ich damals an meinem ersten Seminar bei meinem Freund und Lebenslehrer Günter Ilse teilnahm, hatte ich noch nichts von der Wirkung des positiven Denkens gewusst, auch nicht, dass diese Erkenntnis danach mein gesamtes Handeln und Tun verändern sollte. Erst viel später sollte ich merken, dass diese Seminare, die ich nachfolgend besuchte und inzwischen selber leite, nur die Voraussetzung waren, um immer mehr in die bedingungslose Liebe hineinzuwachsen.

Je reifer ich werde, umso mehr erkenne ich im Rückblick, dass Verantwortung meine Persönlichkeit und mein ganzes Leben geprägt hat. Es hat sich gezeigt, dass damit auch immer mehr Liebe in mein Leben geflossen ist. Ich spürte schon sehr früh, dass meine Fähigkeiten in der Eigenverantwortung, in der Selbständigkeit, in der Begegnung mit Menschen liegen. Es ist das Leben selbst, das mich gelehrt hat, diesen Eigenschaften immer mehr Raum zu geben und meine Gedanken liebevoll für mich und andere einzusetzen.

Dass dieses Buch überhaupt entstehen konnte, habe ich wieder der Göttlichen Führung zu verdanken, denn die Voraussetzungen für sein Erscheinen waren denkbar schlecht gewesen. Und das kam so:

Mit all meinen Büchern habe ich auf die Weise begonnen, dass ich bewegende oder heitere Situationen, die ich in der Zwischenzeit wieder erlebt hatte, aufschrieb – so auch bei diesem. Durch mein eigenes Leben und meine vielen Seminare kam dann stets etwas Neues zu meiner Sammlung hinzu. Irgendwann hatte ich eine stattliche Anzahl an Seiten zusammengetragen, das angefangene Manuskript schlummerte jedoch noch vor sich hin. Doch zu dem Zeitpunkt bestand keine direkte Motivation bei mir, daran weiterzuarbeiten. Wenn ich schreibe, dann muss es fließen.

Dann stellten wir unsere Rechner auf ein neues Betriebssystem um, was eine gründliche Datensicherung erforderlich machte. Da jede Nacht alle Daten auf unserem Server gespeichert werden, war eine zusätzliche Sicherung nicht mehr nötig.

Durch einen Konvertierungsfehler erlitten wir nach der Umstellung einen totalen Verlust der Inhalte all unserer Word-Dateien, unter anderem auch meines Manuskripts. Aber kein Problem! Der Server war ja die Rettung.

Nach dem Überspielen der Daten vom Server auf meinen Rechner merkte ich zu meinem Erschrecken, dass die letzte Sicherung fast zwei Jahre zurücklag. Mein Fehler! Ich hatte versehentlich das Übertragungskabel verkehrt angeschlossen! Die Sicherungskopie aller Word-Dateien, meine liebevoll geschriebenen Seiten des Manuskripts – alles hin! Sollte das jetzt ein Zeichen sein, kein weiteres Buch mehr zu schreiben? Darauf schien es letztendlich hinauszulaufen.

Und doch fand ich keine Ruhe. Immer wieder drängte es

mich, etwas zu unternehmen, um die defekte Datei des Manuskripts wieder herzustellen.

Die Situation erschien mir fast aussichtslos, bis ich entschied, meine Engel um Hilfe anzurufen mit der Bitte, mein Manuskript zu retten. Dies wäre dann für mich das Zeichen gewesen, an dem Buch weiterzuschreiben. Damit hatte ich meinen Fokus voller Vertrauen auf die Lösung statt auf das Problem gerichtet.

Es dauerte gar nicht lange, da kam mir die rettende Idee, unseren Webmaster Mikey anzurufen und ihn zu fragen, ob er eine Möglichkeit sähe, diese Datei reparieren zu lassen.

Von jetzt auf gleich löste sich das Problem von selbst, da er zu meiner Überraschung vorsichtshalber zusätzlich eine komplette Datensicherung angefertigt hatte!

Danke, Mikey! Du bist also für dieses Buch mitverantwortlich! Danach habe ich dankbar alle bis dahin geschriebenen Seiten noch einmal gelesen. Dabei kam mir die Idee, mehr als in den bisher veröffentlichten Büchern auf meine Kindheit, meine Jugend und auch auf die Zeit als junge Frau und Mutter einzugehen.

Und diese Gedanken an meine eigene Vergangenheit ließen mich einfach nicht mehr los. Da floss es wieder – und ich habe mit viel Freude und Inspiration weitergeschrieben.

In diesem Buch berichte ich darüber, wie ich in recht einfachen Verhältnissen, doch behütet in einer Großfamilie aufgewachsen bin. Meine Eltern waren beide berufstätig, das war auch der Grund, weshalb ich bereits als Jugendliche sehr viel Eigenverantwortung entwickeln musste.

Des Weiteren beleuchte ich in diesem Buch mein mangelndes Selbstwertgefühl als Kind und später als Jugendliche, aber auch, wie es mir gelungen ist, immer mehr die Persönlichkeit zum Vorschein zu bringen, die ich heute bin.

Wie dankbar bin ich doch für die tiefe Erkenntnis der Göttlichen Führung! Erst durch den Datenverlust bin ich aufgewacht. Wie schade wäre es gewesen, wenn ich resigniert und über all die bewegenden Ereignisse nicht mehr berichtet hätte! So war die zusätzliche Datensicherung auch ein Zeichen des Himmels, weiterzuschreiben und das Buch in der darauffolgenden Zeit fertigzustellen.

Für mich ist das wieder die Bestätigung meines Gedankens, den ich bereits vor längerer Zeit kreiert habe:

Jeder scheinbare Misserfolg trägt stets
den Keim eines neuen Erfolgs!

KAPITEL 1

Zu dir kann ich kommen –
in deiner Nähe muss ich mich
nicht entschuldigen, nicht verteidigen,
muss ich nichts beweisen.
Über meine ungeschickten Worte,
über die Urteile hinweg,
die mich irreführen können,
siehst du in mir einfach den Menschen.

(Antoine de Saint-Exupéry)

Es war unser Jahrestag! Zehn Jahre zuvor hatten Götz und ich uns kennen gelernt. Noch immer sehe ich ihn vor mir, wie wir uns das erste Mal trafen: warme, etwas verträumte grün-braune Augen, spärliche Haare, Dreitagebart, schlank, einen halben Kopf größer als ich – eigentlich äußerlich so gar nicht der Typ, auf den ich sonst abfuhr! Vielmehr war es seine freundliche und sanfte Ausstrahlung, die mich anzog.

Und nun, genau zehn Jahre später bei einem Seminar erlebten wir diesen Tag hier in dem vertrauten Ort Oberorke.

Ob Götz wohl an dieses Ereignis denken, mich mit irgendetwas überraschen würde? Und wenn es nur ein Strauß selbstgepflückter Blumen wäre – die hätten es auch getan!

Erwischt! Ich gebe zu, wenn er dann wirklich mit einem Strauß Selbstgepflückter angekommen wäre, hätte ich wahrscheinlich auch spärlich aus der Wäsche geguckt. Romantik scheint doch ihre Grenzen zu haben. Vielleicht kann mich so manche Frau in diesem Punkt verstehen. Für mich ist es eine Art Bestätigung, dass man dem anderen immer mal wieder zeigt, wie wertvoll eine Beziehung ist, dass man achtsam miteinander umgeht. Wenn doch bloß das Selbstwertgefühl nicht immer rebellierte …!

So wartete ich an unserem Jahrestag ergeben auf ein Zeichen von Götz! Gegen Mittag dachte ich noch: ‚Na ja, er denkt sicher, abends ist eine schönere Atmosphäre, wenn er mich im Kreis der Teilnehmer darauf anspricht, dass ich zehn Jahre mit ihm durchgehalten habe.‘ Von Stunde zu Stunde wurde ich jedoch unsicherer, ob da wirklich etwas in der Luft lag. Nach einer so langen Zeit kennt man seinen Partner.

Andererseits – wie sollte ich mich verhalten, wenn gar nichts passierte? Den Anlass einfach übergehen? Nein, dazu fand ich es einfach zu schön, diesen Tag zusammen mit den anderen zu verbringen. Manche kannten mich bereits aus der Zeit, bevor Götz in mein Leben trat.

War Götz sonst auch schon zurückhaltend mit Blumengeschenken, hatte ich doch zumindest an unserem Tag mit einer kleinen Aufmerksamkeit gerechnet.

Kurz vorm Abendessen war ich sicher, dass es für ihn Wichtigeres zu geben schien als unser Zehnjähriges. So schritt ich zur Tat. Von der Rezeption aus rief ich einen Blumenladen an und bat darum, umgehend 10 Baccara-Rosen ins Hotel zu bringen.

Und so geschah es – ein Traum von einem Strauß, der dann kurz darauf geliefert wurde! Dezent hatte ich ihn in eine Nische vor dem Tagungsraum gestellt, von wo ich ihn dann zu gegebener Zeit reinholen wollte.

Eine wunderschöne Stimmung nach der Abendeinheit. Wir

hatten uns alle zusammen um die in der Mitte des Raumes stehende Lotuskerze gekuschelt, als ich das Wort ergriff: „So, ihr Lieben, heute ist nicht nur der Abschiedsabend für unsere Gruppe, sondern auch ein ganz besonderer Tag für Götz und mich."

Die Teilnehmer schauten mich überrascht an und warteten auf das, was da folgte. Götz schaute mich genauso erstaunt an.

„Heute vor 10 Jahren", fuhr ich fort, „haben wir uns zum ersten Mal getroffen. Wir freuen uns, diesen Tag mit euch gemeinsam zu begehen. Und dafür, lieber Götz, habe ich uns beiden …" Ich stand auf, ging zur Tür, holte den Strauß aus der Ecke hervor, begab mich wieder zu der Gruppe und sprach feierlich weiter: „… diesen Strauß Rosen geschenkt!"

„Oh Mann!", brach es aus Götz hervor, „das habe ich ganz vergessen!"

Was lief in dem Moment eigentlich in mir ab? Nach außen hin tat ich sehr großzügig, doch innerlich brodelte es in mir. Am liebsten hätte ich ihm gesagt: „Weil du nicht dran gedacht hast, muss ich mir jetzt selber rote Rosen schenken und das anderen gegenüber noch so verpacken, dass ich sie uns beiden schenke!"

Im Nachhinein war das schon eine Art Überheblichkeit von mir, sowohl Götz als auch den Teilnehmern gegenüber. *Ich* war es, die daran gedacht hatte – ich! Indem ich meine Aufmerksamkeit, an alles zu denken, wieder dokumentiert hatte, ließ ich Götz im Regen stehen. Doch wir setzen mit unseren Gedanken und Handlungen Ursachen, wie ich kurze Zeit später noch erfahren sollte.

Die Teilnehmer jedoch waren begeistert, bei dieser privaten Aktion Zeuge zu sein – und das war die Hauptsache!

Sonntagmittags hieß es wieder Abschied nehmen. In den vier Tagen waren wir einander ganz nah gekommen – und jetzt war alles wieder vorbei. Ganz besonders hatte uns alle Claudias Geschichte berührt, deren Sohn Nils ein Jahr zuvor mit erst 19 Jahren ins Licht gegangen war.

Ich kannte Claudia schon lange. Sie hatte bereits mehrere Seminare besucht und kam immer wieder gern zu mir. Auch während der Zeit, als sie bereits wusste, dass sie Nils gehen lassen musste, hatten wir in Kontakt miteinander gestanden.

Unendlich berührend war es nun für mich, als sie den Teilnehmern die Geschichte des Abschieds von ihrem ältesten Sohn erzählte:

„Nachdem Nils gegangen war, haben wir ihn noch 3 Tage bei uns zu Hause behalten, und so war er noch mit seinen vier Geschwistern und mir zusammen. Während dieser Zeit haben wir alle richtig Abschied nehmen können."

„Du hast ihn wirklich so lange bei euch zu Hause aufgebahrt?", kam die Frage zögerlich aus der Gruppe.

„Ja", entgegnete Claudia fest, „wir sind seine Familie, und es ist auch sein Zuhause. Er durfte bei uns zu Hause ins Licht gehen, und so fanden wir es alle würdig, dass er hinterher noch bei uns bleiben durfte. Er ist doch mein Sohn."

Die Teilnehmer waren tief beeindruckt, als sie dann weiter sprach: „Als Nils dann abgeholt wurde, hat die gesamte Familie ihn in seinem Holzbett mit Fackeln zu dem Fahrzeug geleitet. Es war so wunderschön – ihr könnt euch das gar nicht vorstellen! So haben wir den Abschied sehr würdevoll gestaltet, obwohl mein Herz voller Trauer war."

Auf meinen Wunsch hin zeigte Claudia dann auch ein unendlich berührendes Bild von Nils, wie er zu Hause aufgebahrt war und sie ganz nah bei ihrem Sohn saß.

Den Körper ihres Sohnes so würdevoll zu verabschieden, nachdem die Seele ihren Weg ins Licht gegangen war, machte auf uns alle einen ganz tiefen Eindruck und nahm dem Tod ein wenig den Stachel.

Zum Abschied erhielt ich von dieser wunderbaren Gruppe einen außerordentlich großen Blumenstrauß. Einfach eine Augenweide, das kunstvolle Arrangement der einzelnen Blüten! Selten habe ich so etwas Schönes gesehen!

Um diesen Strauß möglichst heil im Auto nach Hause zu transportieren, bat ich Götz beim Einpacken: „Kannst du von der Rezeption mal einen Plastikeimer holen?"

Gerade wollte ich mich von einer Teilnehmerin verabschieden – da ging die Tür auf und Katharina trat ein!

Katharina aus Bad Harzburg ist mir inzwischen zu einer guten Freundin geworden. Wir hatten uns bei einem meiner Kurse kennen gelernt. Sie ist Kunstlehrerin, spielt begnadet Flöte und war bereits bei vielen meiner Seminare dabei.

Jeder mag sie – sie hat so wunderschöne braune Augen und ein ganz verschmitztes, weises Lächeln. Sie erinnert mich stets an die Zeit, die ich in den Yukon Territories in Kanada verbracht habe. Dort bin ich manchen Inuit-Frauen begegnet, die wie Katharina so wissende dunkle Augen hatten, in denen die Weisheit vieler Leben liegt.

So mädchenhaft ihr anziehendes Lächeln auch ist, so tiefgründig kann sie sein, wenn wir uns feinsinnigen Themen zuwenden.

Ich liebe ihre zurückhaltende, doch stets hilfsbereite Art. Gerade denke ich daran, wie selbstverständlich sie für Annette da war, die sie beim Sternstunden-Seminar kennen gelernt hatte. Durch einen Schlaganfall war es Annette nicht möglich, allein ihre Haare zu kämmen. Am ersten Abend hatte ich im Kreis der Teilnehmer gefragt, ob eine Friseurin anwesend sei, um Annette morgens zu helfen.

„Friseurin?“, fragte Katharina erstaunt, „warum das denn? Das kann *ich* doch machen, auch ohne, dass ich Friseurin bin – gar kein Thema!“

Das ist nur *eine* kurze, liebevolle Geschichte von Katharina. Wenn ich weiter an die einprägsame Begebenheit denke, wie sie mich in Goslar besucht hatte und mich – statt aktiv bei der Gruppe –, schwächelnd im Bett vorfand …! Das Glas Brottrunk, das ich täglich morgens zu mir nehme, war nicht mehr ganz in Ordnung gewesen, und so war später der Ausdruck ‚Schlummertrunk‘ entstanden, worüber ich im Detail in meinem Buch *„Liebe ist die größte Kraft!“* geschrieben habe.

Und nun war sie einfach von Bad Harzburg nach Oberorke gefahren, nur um mich für ein paar Minuten in die Arme zu nehmen! Insgesamt mehr als 400 km! Unglaublich – aber das ist Katharina!

Sie hatte gerade noch die Möglichkeit, ihre in Plastikfolie verpackte Topfpflanze abzustellen, da flogen wir uns auch schon in die Arme!

„Wo kommst du denn her?“, stammelte ich vor lauter Freude.

„Na, von zu Hause natürlich“, lachte sie und freute sich über die Überraschung, die ihr offensichtlich geglückt war. „Schau, die habe ich dir mitgebracht.“ Sie packte die Pflanze aus, eine Orchidee, voll mit kleinen orangefarbenen Blüten – wunderschön!

Ich liebe Orchideen und auch die Farbe Orange! Es war ein Geschenk, das von Herzen kam!

„Bitte, bleib doch zum Mittagessen!“, bat ich sie.

„Nein, Gila“, sagte sie bedauernd, „ich muss wieder fahren, sonst wird es zu spät.“

Sie wusste, dass ich Besuche anderer Teilnehmer während eines Kurses nicht so gern sehe. Dadurch wird der Gruppe stets ein wenig Aufmerksamkeit entzogen. Das ist nun einmal so. Durch ihre feinfühlige Art der Entscheidung, gleich wieder zu fahren, gab sie mir keine Möglichkeit, bei ihr eine Ausnahme zu machen. Danke, Katharina.

So winkte ich ihr mit einem etwas wehmütigen Gefühl hinterher, als sie wieder abfuhr. Schön, dass ich mich zumindest über ihre Orchidee noch lange freuen konnte! Götz hatte sie direkt zwischen die Baccara-Rosen und den wunderbaren Blumenstrauß der Gruppe gestellt, um später in unserem Auto einen geeigneten Platz für alles zu finden.

Abschied nehmen in der Gruppe ist immer mit Emotionen verbunden, vor allem, wenn man sich so nah gekommen ist und so tiefgehende Tage miteinander verbracht hat. So war es auch jetzt wieder – wir alle hätten 100 Arme haben müssen!

Götz hatte sich entschieden, nicht mehr zu Mittag zu essen, um in aller Ruhe das Auto zu packen.

„Geh du mal schon runter, Gila“, meinte er gönnerhaft. „Wenn du fertig bist mit dem Mittagessen, können wir direkt losfahren.“

Dieses Mal durften wir wirklich nicht viel Zeit verlieren, denn am Nachmittag hatten wir noch einen wichtigen Termin, den wir unbedingt einhalten mussten. In unserem Haus sollte die Einliegerwohnung freiwerden, nachdem ein junger Mann, der diese Wohnung vorher bewohnt hatte, jetzt zu seiner Freundin gezogen war. Nachmittags wollte sich ein neuer Interessent vorstellen.

Auf dem Weg nach Hause haben wir immer die Möglichkeit, noch einmal einzelne Prozesse und Erlebnisse der vergangenen Tage zu beleuchten. Für uns beide ist es stets eine große Freude, mitzuerleben, wie sich die Teilnehmer innerhalb von ganz kurzer Zeit öffnen.

„Es ist einfach immer wieder die Gruppenenergie, die dafür sorgt, dass die Teilnehmer sich dort zu Hause und somit geborgen fühlen“, stellte ich nachdenklich fest.

„Ja“, meinte Götz, „aber sie spüren auch deine Liebe. Dass du sie so lässt, wie sie sind, und sie da abholst, wo sie sind. Einerseits kommt bei dir derjenige zu Wort, der etwas zu sagen hat. Wenn aber jemand sehr schweigsam ist und nichts sagen möchte, so lässt du ihn auch.“

„Na ja“, wandte ich ein, „ich versuche schon, jemanden aus der Reserve zu locken, wenn ich merke, dass er gern etwas sagen möchte, aber sich nicht traut.“

„Weißt du, Gila, ich habe ja mehr den Standpunkt des Beobachters, aber ich spüre immer wieder, wie sehr sich die Menschen bei dir wohlfühlen. Und das ist es, warum sie gern wiederkommen.“

Eine Weile dachte ich über Götz’ Worte nach, bis ich dann weitersprach: „Ich denke gerade an Kathrin, wie sie in diesen Tagen aufgeblüht ist. Weißt du, Götz, du warst ja dabei, als sie vor zwei Monaten zum ersten Mal zu mir kam. Eine etwas scheue, aber reife Persönlichkeit über Siebzig, die drei Monate zuvor ihren Mann bei seinem Weg ins Licht begleiten durfte.“

Bei unserer ersten Begegnung war Kathrin sehr zurückhaltend gewesen. Jetzt aber war davon gar nichts mehr zu spüren. Vielleicht auch dadurch, dass sie hier Angelika kennen gelernt hatte, etwas jünger als sie, die das gleiche Schicksal teilte. Auch sie hatte ihren Mann ein Jahr zuvor loslassen müssen.

Wir waren schon über eine Stunde auf dem Heimweg, als Götz plötzlich, mitten in meinen Gedanken, eine Vollbremsung machte. Ich schoss nach vorn in meinen Sicherheitsgurt.

„Was ist los?“, rief ich total erschrocken. Ich dachte, es wäre ihm ein Tier vors Auto gelaufen.

„Mist!“, schimpfte er. „ Mist, absoluter Mist!“

„Was ist denn?“

„Ich habe die Blumen stehen lassen!“

„Du hast *was*?“

„Ich bin ohne die Blumen losgefahren!“

Mir wurde eiskalt. Es waren ja nicht nur die Baccara-Rosen und der traumhafte Blumenstrauß der Gruppe, sondern auch die zauberhafte Orchidee von Katharina.

Geknickt sah er mich an: „Alle Sachen habe ich eingepackt und wollte die Blumen als letztes vorsichtig dazwischen stellen – und dann habe ich nicht mehr daran gedacht! Sollen wir zurückfahren?“

„Zurück? Nein! Das geht jetzt nicht mehr, dann verlieren wir 2 Stunden Zeit und können den Termin mit dem Nachmieter nicht einhalten.“

Ich war total enttäuscht, hatte ich mich doch so sehr über die Blumenpracht gefreut, die mich zu Hause noch lange an die Teilnehmer erinnert hätte.

Schweren Herzens rief ich Rosi, die Chefin des Hotels, in dem ich seit langen Jahren meine Kurse leitete, an und vererbte ihr sowohl die Baccara-Rosen als auch den herrlichen Blumenstrauß.

„Rosi, die Orchidee mit den orangefarbenen Blüten bewahre bitte für mich auf. Die nehme ich beim nächsten Seminar mit, ja?“

„Danke, Gila! Aber so sehr ich mich über die Blumen

freue“, entgegnete sie bedauernd, „so schade finde ich es, dass du sie vergessen hast.“

„Ja, es ist nun mal nicht zu ändern!“

Ich war richtig traurig. Doch es war zeitlich einfach nicht möglich, wieder zurückzufahren.

Und irgendwie kam mir dann noch der prickelnde und etwas tröstliche Gedanke, dass Götz dadurch ja nun mehr als in der Pflicht war, am Montag für einen adäquaten und mindestens so schönen Blumenstrauß zu sorgen, wie der, den er vergessen hatte …

Ein recht warmer Aprilsonntag. Ich schaute auf die Uhr. Noch eine Viertelstunde bis nach Hause. Und während mir die Geschichte mit den Blumen immer noch anhing, stieg Götz plötzlich erneut in die Bremsen.

„Was ist denn jetzt schon wieder?“

„Da, Gila – schau mal!“

Begeistert wies er auf ein Auto an der rechten Straßenseite, eines jener Verkaufsfahrzeuge, die sonntags spontanen oder vergesslichen Besuchern noch mit Blumengrüßen auf die Sprünge helfen wollen. Ein traurig vor sich hin welkender Rest war noch da – und er wollte jetzt tatsächlich dort anhalten!

„Das glaub ich jetzt nicht …!“, stammelte ich entsetzt.

Groß schaute er mich von der Seite an und fragte überrascht: „Warum, was ist denn?“

„Du meinst das wirklich ernst, Götz?“

„Ja, natürlich! Ich kauf dir jetzt ein paar Blümchen …!“

Ungläubig zischte ich: „Fahr jetzt bloß schnell nach Hause, und sprich mich bitte nicht mehr auf die Blumen an!“

Ich hatte das dumpfe Gefühl, dass Götz meine giftige Reaktion überhaupt nicht deuten konnte.

Doch am Montag kam dann von Götz der erwartete Blumenstrauß, ohne dass ich noch ein Wort darüber verloren hatte. Das ist eben der Unterschied zwischen Männern und Frauen…

Ich hatte mich schon sehr darauf gefreut, im November endlich meine Orchidee von Katharina aus Oberorke mit nach Hause zu nehmen. Und mein erster Weg war natürlich zu Rosi, der Chefin des Hotels. Sie war jedoch an dem Wochenende nicht anwesend.

Es ist sicherlich verständlich, dass ich nun meine Pflanze, die wir Monate zuvor hier vergessen hatten, heimholen wollte. Ich kenne dieses Hotel sehr gut und weiß inzwischen, wo überall Pflanzen deponiert sind.

Auf allen Fensterbänken in dem großen Haus sah ich mich um – keine Orchidee auszumachen! Enttäuschung machte sich breit. Noch einmal ging ich alle Pflanzen, die ihr ähnlich sahen, durch und fand dann wahrhaftig ein etwas kümmerliches Gewächs. Da keine Blüten erkennbar waren, konnte ich nicht sicher sein, ob es überhaupt meine Pflanze war. Und es war niemand da, den ich fragen konnte.

Was wäre, wenn ich diese verkümmerte Orchidee jetzt mitnähme und eventuell zu Hause wieder zum Blühen brachte? Was wäre, wenn sich dann herausstellte, sie hatte weiße und keine orangefarbene Blüten?

Ganz einfach – dann hätte ich sie geklaut!

Jetzt war guter Rat teuer! Ich untersuchte sie noch einmal eingehend. Es waren nur noch magere Strünke von ihr übrig, doch ich erkannte anhand der Form ihrer wenigen Blätter, dass es zumindest die gleiche Art sein musste. Ich entschied mich, das Risiko einzugehen, und brachte sie am letzten Tag mit nicht ganz so reinem Gewissen in mein Auto.

Zu Hause habe ich sie dann wieder aufgepäppelt und jeden Tag voller Hoffnung affirmiert, dass sie doch bitte in Orange blühen möge und nicht in Weiß!

Sie hat mir wahrhaftig den Gefallen getan! Als sich dann Monate später die erste Knospe zeigte, war ich glücklich und zufrieden, dass es doch meine eigene Orchidee war, die ich zurückgeklaut hatte …

*

Wie schon vorher erwähnt, lebe ich gern mit Götz zusammen. Ich bin sicher, dass gerade in der Unterschiedlichkeit der Reiz unserer Beziehung liegt.

Er ist ein sanfter Charakter, harmonisch und friedlich und vor allem grundehrlich, was manchmal vielleicht etwas undiplomatisch sein mag. Götz taktiert nicht – er ist einfach nur aufrichtig.

Nach wie vor geht er mehrmals pro Jahr mit bekannten Showgrößen als Tontechniker oder Backliner auf Tournee. Das bedeutet zwar für uns immer eine Auszeit, in der Götz nur ab und zu mal zu Hause ist, aber dafür kann ich mich wieder mit Sachen beschäftigen, für die ich sonst weniger Zeit finde.

Er unterstützt mich und hilft mir bei so manchen Verpflichtungen, die das große Haus betreffen, in dem ich nun seit mehr als 25 Jahren wohne. Und ich kann für Götz oftmals den organisatorischen Teil für Dinge übernehmen, in denen er nicht so versiert ist. So ist einer für den anderen da und in der Lage, durch seine Hilfe mehr Struktur in die Angelegenheiten des anderen zu bringen.

Manchmal jedoch lässt er Sprüche los, die mir so gar nicht gefallen, vor allem, wenn sie auch noch im Widerspruch zu den Dingen stehen, für die ich meine Teilnehmer sensibel zu machen versuche. Dankbar bin ich dann immer, wenn das nur in meiner Anwesenheit geschieht, doch was tun, wenn Teilnehmer anwesend sind? Ist dann die Schwerhörigkeitsmethode angebracht oder soll ich Götz die gelbe Karte zeigen? Diese Entscheidung muss dann blitzschnell, je nach Situation, fallen.

So mache ich bei einem meiner Kurse zum Abschluss am Sonntagmorgen eine rhythmische Körperübung, begleitet von Rockmusik, bei der wir unserem Körper gute Energie zuführen und die bei allen Teilnehmern inzwischen äußerst beliebt ist.

Bevor ich zum ersten Mal diese Übung inszenierte, hatte ich Götz gebeten, mit mir zusammen die Choreografie für diesen Song einzuüben.

Und dann war es soweit. Beide standen wir den Teilnehmern gegenüber, damit sie unsere Bewegungen entsprechend nachmachen konnten. Eine tiefe Vorfreude auf dieses wunderschöne Ritual hatte mich erfasst. Alles war gut vorbereitet.

„Also, meine Lieben, wir machen zuerst eine Trockenübung, bevor wir dann gleich mit der Musik loslegen. Ihr macht genau das nach, was Götz und ich euch vormachen – und dann rocken wir los!“

Brav imitierte die Gruppe weitgehend die von uns dargebotenen Bewegungsabläufe. Das klappte also schon mal!

„So, und jetzt mit Musik!“

Ich schaltete die CD an – und los ging es! Bei diesem Ritual ist absolute Konzentration angesagt. Man darf nicht ein einziges Mal an etwas anderes denken, sonst kommt man aus dem Takt. Das ist mir auch später noch des Öfteren passiert.

Aber nun beim ersten Mal sollte natürlich alles perfekt laufen. Das tat es auch erst, bis – ja, bis ich voller Erstaunen bemerkte, dass die meisten Teilnehmer aus dem Takt gerieten.

Meine mit Herzblut eingeübte Choreographie brach mehr oder weniger komplett in sich zusammen.

Ich blickte fast ausschließlich in grinsende oder lachende Gesichter, die nicht mir, sondern Götz zugewandt waren. Ich riskierte einen Seitenblick – und sah, dass Götz sein eigenes Ding zu machen schien.

In den vergangenen Jahren hatte er bereits öfter aus kindlichem Übermut mal den Pausenclown gemacht, was mir je nach Situation mehr oder weniger gefallen hatte. Aber doch nicht hier, das *erste* Mal bei diesem wunderschönen Ritual! Ich spürte immensen Ärger in mir hochkommen.

Wenn die Teilnehmer sich auf mich ausrichteten, waren sie wieder im Takt, sobald sie einen Blick auf Götz riskierten – war alles wieder im Eimer. Tapfer hielt ich bis zum Schluss durch, aber ich kochte!

Um die Gruppe meinen Ärger nicht spüren zu lassen, wandte ich mich ab und ging stocksauer zur Musikanlage. Da kam Götz zu mir.

„Gila, sorry!"

„Was war denn das für eine krumme Einlage von dir?", quetschte ich raus, ohne dass es einer hören sollte.

„Das habe ich nicht extra gemacht! Wirklich nicht! Ich habe nur unsere einstudierten Bewegungsabläufe anders gemacht als du – etwas lockerer! Ich merke, dass du sauer bist, aber es tut mir leid. Das wollte ich nicht! Glaub mir, es ist einfach passiert."

Ich grummelte nach wie vor, war aber etwas besänftigt, dass er direkt nach dieser Begebenheit zu mir gekommen war. Das hieß für mich, er hatte es selbst gespürt, hier war einiges verkehrt gelaufen. Trotzdem muss ich zugeben, dass nicht nur das Ritual, sondern auch Götz' flapsiger Umgang damit bei der

Gruppe hervorragend ankamen. Der Raum war danach voller Lachen und guter Stimmung.

Hauptsache war doch, dass die Teilnehmer ihren Spaß hatten, und das hatten sie wirklich, wie ich im Nachhinein hörte.

Götz ist eben so. Ab und zu kommt der Schalk bei ihm durch, was auch in den meisten Fällen für Auflockerung sorgt.

Seit der Zeit trägt Götz, wenn er mich begleiten kann, bei diesem wunderschönen Ritual die alleinige Verantwortung für die Kamera …

Dagegen gibt es oftmals Situationen, wo er mir durch seine Tiefgründigkeit hilft, neue Perspektiven zu finden. So macht er es auch bei den Beratungsgesprächen, die er sowohl zu Hause als auch in den Pausen der Seminare anbietet. Da ist er wiederum völlig ernst und ruht ganz tief in sich.

Wir spüren, wie gut wir uns ergänzen, sind uns in vielem einig, aber nicht dafür da, dass der andere die Schwächen der eigenen Persönlichkeit ausgleicht. Frust in einer Partnerschaft kann nur dann entstehen, wenn Bedingungen und Erwartungen nicht erfüllt werden. Liebe stellt jedoch keine Bedingungen oder Erwartungen, sondern sie gibt. Auch wenn Menschen nicht immer der gleichen Meinung sind, so können sie doch letztendlich eine Einheit sein.

Götz ist mein Lebenspartner und in all den gemeinsamen Jahren auch mein bester Freund geworden – trotz seiner lockeren Sprüche!

Wie so oft saßen wir gemütlich in unserem Wintergarten und tauschten uns aus. Die Dämmerung war bereits hereingebrochen. Der ganze Raum war durch die vielen warmen Lichtpunkte heimelig beleuchtet.

Ich hatte meine Beine bequem auf dem Hocker ausgestreckt, und dachte eine Weile über unser vergangenes Seminar nach. Dort war das Thema Angst angesprochen worden, ein Problem, das wohl jeder von uns kennt.

„So wie an den vergangenen Tagen treffe ich oft Menschen, die Angst haben“, sinnierte ich, „Angst vor Verlust eines Menschen, ihres Hab und Gutes, ihrer Arbeitsstelle – ihres Selbstwertgefühls!“

Ich schwieg eine Weile, ehe ich den Gedanken weiterspann:

„Wenn wir die Kraft unserer Gedanken aber richtig einsetzen und damit unserem Leben Richtung geben, dann spüren wir die Energie, mit der wir wieder Vertrauen aufbauen können, um die Angst abzubauen.“

„Ja“, warf Götz ein, „Angst ist Mangel an Liebe, Zweifel ist Mangel an Weisheit, Sorge ist Mangel an Vertrauen.“

Wenn ich an mein Leben zurückdenke, muss ich erkennen, dass auch mich die Angst oftmals im Griff hatte, aber nicht lange! Und darauf kommt es an, dass man in der Situation der Sorge ins Vertrauen geht und sich auf diese Kraft besinnt.

Ich fuhr fort: „Ich glaube, bei jedem gibt es Lebensbrüche. Doch wichtig ist es, sich darauf zu besinnen, wer wir wirklich sind. Wir sind kein Wurm im Staub.“

Und dann fiel mir wieder der Satz ein, den Peter Wenzel mal gesagt hatte: „Wenn dir so etwas irgendwann mal jemand sagen sollte, Gila, dann bestehe auf ‚Raupe‘! Verwahre dich gegen ‚Wurm‘, denn in der Raupe ist schließlich das Schmetterlingsprogramm enthalten!“

Vor Jahrzehnten hatte Peter die überkonfessionelle Lebensschule Unity gegründet, wo jeder willkommen ist, egal welcher Religion er angehört. Anfang der 90-er Jahre hatten wir uns auf einem Vortrag von ihm kennen gelernt. Nachdem er dann meine Bücher gelesen hatte, lud er mich ein, Seminare in seinem Lichtquell zu halten.

Götz grinste. „Ich habe Peter ja nur ein einziges Mal persönlich kennen gelernt, bevor er ins Licht ging, aber so ein Satz ist typisch für ihn.“

„Er hat ja wirklich recht“, entgegnete ich lächelnd und dachte voller Liebe an die vielen Male, wo ich mit Peter und Esther, seiner Frau, entweder bei uns oder bei den beiden zu Hause zusammen gesessen hatte. „Wir sind viel eher der Schmetterling als die Raupe. Hier auf dieser Erde sind wir Mensch, Wesen aus Fleisch und Blut, aber vor allem sind wir geistige Wesen und verfügen damit über die Möglichkeit, diese Kraft jederzeit zu erleben. Wir müssen uns das nur immer wieder bewusst machen.“

Wie oft passiert es im Leben, dass wir plötzlich in Situationen hineingeraten, die uns unangenehm, vielleicht sogar bedrohlich erscheinen? Wir jammern und klagen – fühlen uns als Opfer! Alle haben sich gegen uns verschworen. Trennung vom Partner – Streit mit Kindern oder Eltern – gesundheitliche oder finanzielle Probleme! Ich könnte hier alle zentralen Lebensthemen aufzählen, für die ich in meinem Lebenshilfebüchern wunderbare und hochwirksame Affirmationen anbiete.

Und doch geschieht es immer wieder, dass wir im Nachhinein, manchmal früher, manchmal später, den Sinn erkennen in dem, was uns als Herausforderung in unserem Leben präsentiert wurde.

Es ist ganz natürlich, dass wir im Moment des Mangels problemorientiert denken und fühlen – das kenne ich auch! Aber es ist auch nicht verboten, über den Sinn solcher Probleme nachzudenken. Positiv ausgedrückt: Die Entwicklung, die dadurch geschieht, auch anzuerkennen – die Opferrolle zu verlassen und Verantwortung für die Ereignisse unseres Lebens zu übernehmen.

Wir saßen noch eine Weile zusammen, bis ich merkte, dass ich müde wurde. Durch die vielen Tourneen und Nachtfahrten war Götz ein Nachtmensch geworden, während ich meistens etwas früher zu Bett gehe.

Noch lange ging mir unser Gespräch durch den Kopf, ehe ich endlich einschlief.

KAPITEL 2

Die Lebensspanne ist dieselbe,
ob man sie lachend oder weinend verbringt.

(Aus China)

Ich bin damals mit Rainer, dem Mann meiner besten Freundin und Vater meiner beiden Kinder Dana und Rico in einer Nacht- und Nebelaktion nach Kanada ausgewandert. Die Beziehung scheiterte. Diese Situation und auch deren Fazit habe ich in meinem Buch *„... nicht heulen, Husky!“* so beschrieben, dass wir auf dem Unglück anderer kein neues Glück aufbauen sollten.

Ab und zu werde ich auf diese Feststellung angesprochen. Sie kann bei einem Menschen, der sich von seinem Partner trennen will, Skrupel auslösen. Die Worte klingen so belehrend, dass ich sie hier gern mal anhand meiner eigenen Geschichte relativieren möchte.

Ich trennte mich von Achim, meinem ersten Mann und Vater meiner älteren beiden Söhne André und Marco, nachdem ich ihm gegenüber die Beziehung zu Rainer offengelegt hatte. Er war todunglücklich und verständlicherweise voller Vorwürfe.

Zu dem Zeitpunkt, als ich mein erstes Buch schrieb, ahnte keiner von uns, dass genau diese Trennung es Achim ermöglichte, eine wunderbare Partnerin kennen zu lernen, die heute, fast 30 Jahre später, immer noch glücklich an seiner Seite lebt.

Und jetzt stellt sich die Frage: Hat die Trennung von Achim ihm denn wirklich Unglück gebracht? Oder stellt sich im

Nachhinein nicht sogar heraus, dass meine Entscheidung erst den Boden geebnet hat für eine neue und gute Partnerschaft? Sollte man sich nicht besser mit einer derartigen Behauptung zurückhalten, die so klar eine Aussage über Gut und Böse treffen will?

Es ist menschlich, so zu denken, wie auch ich mir lange Zeit vorwarf, einen Menschen enttäuscht zu haben. Doch niemand kann im Voraus ermessen, was so eine schicksalhafte Entscheidung auf Dauer nach sich zieht.

Erst wenn man – so wie ich jetzt – nach fast 30 Jahren Fazit zieht, erkennt man ganz klar die Zusammenhänge und auch den Sinn in der damaligen Entscheidung, mich zu trennen. Das hat mich vorsichtig werden lassen mit solchen Beurteilungen.

Trennt sich ein Paar, indem einer die Gemeinschaft verlässt, während der andere ungewollt zurückbleibt, hört man häufig den Satz, derjenige habe den verlassenen Partner ins Unglück gestürzt. Diese Sichtweise entspricht unserem typisch menschlichen Horizont, der ja weitaus begrenzter ist als unsere intuitive Wahrnehmung.

In unserer körperlichen und materiellen Welt unterscheiden wir zwischen Glück und Unglück, wir ordnen jedes einzelne Erlebnis sofort einem Bereich zu, um eine klare Struktur zu haben. Nehmen wir dagegen ein wenig Abstand zu den Geschehnissen und betrachten sie aus der geistig-seelischen Perspektive, können wir eine andere Struktur erkennen – den Vorgang der Entwicklung in unserem Leben.

Alles besitzt Pole – alles enthält Gegensätze. Doch auch die Gegensätze sind eins – Gleich und Ungleich sind eins, sind ihrem Wesen nach identisch. In unserer Welt der Polarität sollen wir lernen, die Einheit in allem wieder zu erkennen – indem wir immer mehr in die bedingungslose Liebe hineinwachsen. Das ist unser Lernziel hier auf der Erde!

In der geistigen Welt jedoch gibt es keine Polarität, demnach auch kein Glück und Unglück. Hier gilt nur das Prinzip von Ursache und Wirkung, was für die erwünschte Entwicklung sorgt. Insofern sorgt Negatives wie Positives gleichermaßen für unsere Entwicklung, und diese Erkenntnis können wir im Laufe des Lebens selbst und bewusst, also selbstbewusst erfahren.

Wenn wir uns auf Kosten anderer bereichern, müssen wir für alles bezahlen, was wir erhalten. Geben wir aber, ohne etwas zurückzuerwarten, liegt Segen auf unserem Tun. Über diesem Gesetz – über allen Gesetzen – steht die Liebe, die Gnade GOTTES!

Wie sehr ich in all den Jahren unter dieser Gnade stand, wird mir im Rückblick immer mehr bewusst. Alleinerziehend und mit zwei kleinen Kindern war ich damals in mein neuerworbenes Haus eingezogen. Zu dem Zeitpunkt übte ich eine Tätigkeit für einen bekannten Münchner Verlag im Außendienst aus, die für ein gutes Einkommen sorgte. In meinem Berufsleben hatte ich immer schon viel mit Menschen zu tun, was mir sehr viel Freude bereitete.

Danas 6. Geburtstag stand an. Da erhielt ich die Nachricht vom Verlag, dass genau an dem Tag ca. 50 km weiter ein Meeting angesetzt war, zu dem ich unbedingt kommen musste. Ich sagte ab, meine Anwesenheit war jedoch erforderlich.

Sehr fair fand ich es dann, dass die Verlagsleitung umdisponierte und ein Hotel ganz in der Nähe meines Wohnortes für das Treffen auswählte. Dadurch konnte ich bereits gegen 14 Uhr wieder zu Hause sein.

Zu der Zeit half mir Bärbel, ein junges Mädchen von 19 Jahren, im Haushalt und mit der Kinderbetreuung. Wochentags bewohnte sie ein Zimmer bei uns, am Wochenende fuhr sie nach Hause. Es war einfach klasse, wie sie mit Rico und Dana umging. So waren die Kinder sehr gut versorgt, wenn ich tagsüber im Außendienst unterwegs war. Allerdings hatte sie die Ruhe weg, wie man so schön sagt. Wenn sie etwas machte, nahm sie sich viel Zeit dafür, auch wenn um sie herum die Post abging.

Einige Tage zuvor besprachen wir, wie wir Danas Geburtstag gestalten wollten.

„Bärbel, wir backen zwei schöne Erdbeertorten für die Kinder! Lass uns die Erdbeerzeit jetzt im Juli noch genießen. Dazu backen wir noch einen leckeren Schokoladenkuchen."

„Ich habe eine andere Idee, Gila", meinte Bärbel hochmotiviert. „Ich backe eine Erdbeersahnetorte. Das ist meine Spezialität. Die kommt immer hervorragend bei allen an – vor allem mein selbstgebackener Boden. Und dann noch der Kuchen dazu, das reicht!"

Ja, das traute ich ihr zu. Sie hatte eine Hauswirtschaftsschule besucht, was sich auf unser Essen auswirkte. So überließ ich ihr weitgehend meinen Haushalt und vertraute darauf, dass sie an Danas Geburtstag alles vorbereitet hatte, bis ich vom Meeting zurückkam.

Hitzewelle im Juli. Seit Tagen erlebten wir bereits mehr als 30 Grad im Schatten. Alles lechzte nach Abkühlung.

Am Nachmittag vor Danas Geburtstag kam auch ich trotz Klimaanlage recht geschafft von den hohen Temperaturen von meiner Außendiensttätigkeit zurück.

Erwartungsvoll schaute ich in den Kühlschrank und wunderte mich, dass die Torte noch nicht fertig war.

„Ach, Gila", meinte Bärbel zuversichtlich, „das reicht, wenn ich sie morgen mache."

„Hast du denn die Zutaten schon eingekauft?“

„Nein, das mache ich auch morgen!“

Jetzt wurde ich langsam unruhig und meinte: „Wie willst du das denn alles schaffen? Einkaufen, backen, Kindergeburtstag vorbereiten? Du weißt, ich kann dir nicht helfen, da ich erst gegen Mittag zurückkomme.“

„Mach dir mal keine Gedanken“, erwiderte Bärbel seelenruhig. Das kriege ich schon hin!“

Na gut, dachte ich, wenn sie meint …!

Und dann nahmen die Dinge ihren Lauf – im wahrsten Sinne des Wortes! Bärbel hatte morgens mit den Kindern eingekauft und war erst kurz vor Mittag nach Hause gekommen. Dana hatte sich Spaghetti gewünscht – die Böden mussten noch gebacken werden – die Sahne – die Erdbeeren!

Ich muss gestehen, kurz bevor die Gäste kommen sollten, hatte sie aber ihre Torte, die wirklich grandios aussah, noch hinbekommen. Sofort ab in den Kühlschrank mit der Wuchtbrumme! Währenddessen hatte ich die Zubereitung des Schokoladenkuchens übernommen, weil ich merkte, dass Bärbel doch langsam, aber sehr langsam in Stress kam!

Gerade noch geschafft!

Bei dem Wetter hatten wir draußen alles wunderschön gedeckt. Gleich sollten unsere Gäste eintrudeln. Als die ersten kamen, öffnete ich die Kühlschranktür, um die zauberhafte Erdbeerkreation hervorzuholen. Ich traute meinen Augen nicht! Die gesamte mehrstöckige Torte war zusammengefallen und hatte sich über zwei Etagen im Kühlschrank verteilt. Die geschlagene Sahne hatte wohl mit dem noch warmen Tortenboden konkurriert.

Ich stieß einen Schrei aus. Was jetzt? Was sollte ich jetzt

bloß machen? Die ersten Gäste waren schon da! Ich konnte doch diesen Tortenmatsch nicht auf den Tisch bringen!

Kurzentschlossen nahm ich die Tortenreste und klatschte alles wieder aufeinander. Es sah schlimm aus – ein Berg Sahne, aus dem ab und zu mal ein Stück Boden und Erdbeeren herauslugten.

„So können wir sie keinesfalls aufdecken“, entschied ich. Bärbel stand völlig entmutigt neben mir. Irgendwie tat sie mir leid. In Notsituationen bin ich meistens sehr kreativ, und mir kam da eine Idee. „Haben wir noch Smarties im Haus?“

Bärbel nickte ergeben und sprintete los; etwas, was ich bei ihr nun gar nicht vermutet hätte. Soweit es ging, brachte ich den Sahneberg wieder einigermaßen in Form und belegte ihn schnell komplett mit den bunten Schokoplätzchen.

Immer noch fassungslos folgte Bärbel dem Geschehen. Ich beschloss: „Das ist jetzt eine Indianertorte!“

„Eine was?“, fragte Bärbel konsterniert zurück.

„Die heißt jetzt Indianertorte! Was meinst du, wie die ankommt bei den Kindern!“

Damit sie jetzt bloß ihre Form behielt, stellte ich das gute Stück in den Gefrierschrank. Erst als alle Gäste da waren, holte ich sie heraus und setzte sie mit Schwung auf den Tisch.

„Kinder, es gibt heute etwas ganz Besonderes! Wir haben eine Indianertorte gebacken. Nur für euch!“, strahlte ich.

Die Kinder standen Schlange. Jeder wollte Indianertorte! Manche aßen sogar noch ein zweites Stück – der Schokokuchen blieb völlig unbeachtet.

Noch Jahre später wurde ich von Danas Freundinnen angesprochen, ob ich nicht noch einmal so eine Indianertorte backen könnte.

„Es war ein absolutes Einzelstück“, habe ich dann weise lächelnd geantwortet. Manchmal ist so ein Provisorium sogar noch besser als das Original.

Es sind diese Beispiele aus dem Leben, die uns klarmachen, dass ein scheinbarer Misserfolg stets den Keim eines neuen Erfolges in sich trägt.

Natürlich hätte ich sauer sein können! Ich gebe zu, es gab den Moment, wo ich es auch war, aber das hätte keinem weitergeholfen. Da war ein junges Mädchen, das ihr Bestes geben wollte, aber auf andere Erwartungen stieß. Ein Haushalt mit zwei kleinen Kindern und einer Ausnahmesituation eines Kindergeburtstages, bei dem die Mutter für die Vorbereitungen ausfiel. Hätte ich Bärbel lautstark zur Verantwortung gezogen, wäre eine unangenehme Schwingung zwischen uns entstanden, die auch die Gäste gespürt hätten.

Es ist immer besser, die Energien in die Lösung zu geben als in das Problem. Nur diese Lösung hatte blitzschnell erfolgen müssen!

Als ich dem Geschäftsführer des Verlages einen Tag später von dieser Begebenheit berichtete, meinte er schmunzelnd: „Gila, das nennt man hervorragendes Marketing!“

Mit Bärbel haben wir noch eine weitere Geschichte erlebt, an die ich mich im Nachhinein auch gern erinnere. Sie hatte mich gefragt, ob sie an einem Tag ihren Hund Flocki mitbringen könne, da ihre Eltern nicht zu Hause wären.

Normalerweise hätte ich dagegen überhaupt nichts einzuwenden gehabt, nur Flocki hatte es auf Katzen abgesehen, und ich wollte nicht riskieren, dass unsere Katze das Zeitliche segnete.

So entschied sie, dass Flocki sich nicht im Haus aufhalten sollte, sondern in ihrem alten Bulli, den sie vor unserem Haus geparkt hatte. In ihren Pausen würde sie Flocki dann immer an der Leine ausführen. So war unsere Katze zumindest außer Gefahr.

Als sie dann an dem besagten Morgen mit Flocki ankam, bekam ich fast einen Lachkrampf. Ich hatte mir ein kleines Schoßhündchen vorgestellt. Flocki war jedoch eine riesige Dogge, die, wenn sie sich aufrichtete, größer war als Bärbel selbst.

„Na, du bist mir vielleicht ein Flocki!“, begrüßte ich die beiden lachend. „Wer hat ihm denn *den* Namen gegeben?“

„Das Tierheim“, schmunzelte sie. „Er ist ein ganz Lieber – nur Katzen sind seine Erzfeinde. Darum ist er auch im Tierheim gelandet.“

Ja, er war wirklich ein Lieber. Schade, dass ich Flocki nicht hineinbitten konnte.

In ihrer Mittagspause führte Bärbel Flocki durch Wiesen und Felder. Ihre Arbeitszeit endete täglich um 18.00 Uhr. Um 17.00 Uhr fragte sie, ob sie mal kurz ihre Gynäkologin anrufen könnte, um an einem der nächsten Tage einen Termin mit ihr zu vereinbaren.

Am gleichen Tag noch konnte sie in die Sprechstunde kommen, nachdem jemand kurzfristig abgesagt hatte. Darum bat sie mich, ausnahmsweise eine halbe Stunde eher gehen zu dürfen. Das war okay für mich, denn Bärbel blieb auch gern mal länger da, wenn ich sie brauchte.

„Gila, kann ich mich noch schnell frisch machen?“

„Klar.“

Frisch duftend verabschiedete sie sich nach einer Weile von mir und rief fröhlich: „Bis morgen! Jetzt muss ich erst einmal schnell Flocki rauslassen!“

Ich hatte Bärbel schon ganz vergessen, als ich plötzlich einen schrillen Schrei vom Hof wahrnahm: „Scheiße – Scheiße! Das darf doch nicht wahr sein!“

Aufgeregt lief ich raus und konnte nicht glauben, was ich da sah: Breitbeinig stand Bärbel vor der offenen Fahrertür ihres Bullis.

„Guck dir das an!“, schrie sie völlig aufgelöst. „So ein verdammter Mist!“

Im ersten Moment begriff ich gar nicht, warum sie so breitbeinig dastand. Ich lief hin zu ihr – und dann sah und roch ich die Bescherung!

„Flocki hat auf meinen Sitz geschissen – einen riesigen Haufen! Und ich hatte es so eilig! Darum habe ich nichts gemerkt und mich mitten rein gesetzt!“

Es musste wohl ganz frisch passiert sein. Es stank gen Himmel. Sie tat mir so leid, aber ich konnte nicht anders – ich hielt mir den Bauch vor Lachen!

Den Arzttermin sagte ich für sie ab. Bärbel konnte sich gerade noch breitbeinig ins Badezimmer schleppen.

Flocki hat sie übrigens nie wieder mitgebracht …

*

Im Dezember leite ich grundsätzlich keine Seminare und freue mich dann immer auf die Wochenenden zu Hause.

An einem Samstag war mir nach einem gemütlichen Bummel über den Weihnachtsmarkt, obwohl ich mich sonst gar nicht so gern ins Getümmel begebe. Götz übrigens auch nicht.

„Hast du Lust, heute Nachmittag mit mir nach Bielefeld zu fahren?“, fragte ich ihn vorsichtig beim Mittagessen. Ich rechnete schon mit einer Absage und war ganz erstaunt, dass er ohne Zögern zustimmte.

Kurze Zeit später fuhren wir los. Unterwegs sah ich kurz auf das Thermometer in Götz' Auto. Die Temperaturen lagen knapp über dem Gefrierpunkt. Regen lag in der Luft. Wir hatten Glück, dass wir noch einen freien Platz in einem Parkhaus erwischten. In Bielefelds weihnachtlich dekorierter Altstadt war dann selbst zu Fuß kaum ein Durchkommen möglich. Alles drängelte sich um die Glühweinstände, um wenigstens von innen ein wenig warm zu werden. Überall sah man rote Gesichter, ob nun von der Kälte oder vom Glühwein.

Nachdem wir eine Weile um die vielen weihnachtlichen Buden geschlendert waren, setzten wir uns zum Abschluss ein wenig durchgefroren in ein Café, um uns aufzuwärmen.

„Es ist immer wieder interessant", äußerte ich meine Gedanken, während ich meine kalten Hände an dem großen Becher mit Kaffee wärmte. „Einerseits habe ich so wie heute nach langer Zeit mal wieder das Bedürfnis, die vorweihnachtliche Stimmung in dem Menschengetümmel zu genießen. Andererseits, wenn wir so mitten drin sind und kaum einen Fuß auf die Erde bekommen, freue ich mich auch wieder auf die Ruhe bei uns zu Hause."

„Mir geht's ähnlich", lächelte Götz und trank einen Schluck aus seinem Becher Rotwein. „Das kommt sicher daher, Gila, dass wir – sowohl du in den Seminaren als auch ich auf den Tourneen – stets mit vielen Menschen zu tun haben, die allerdings nicht ganz so gleichgültig aneinander vorbeilaufen."

Ich dachte eine Weile über seine Worte nach. Als ich dann bemerkte, dass auch Götz' Becher leer war, schlug ich vor, den weiteren Abend gemeinsam zu Hause zu genießen.

Eine Viertelstunde später begaben wir uns dann auf den Heimweg. In der Zwischenzeit war es recht dunkel geworden. Ich war froh, als Götz die Heizung im Auto hochdrehte. So konnte ich meine klammen Finger direkt an die heiße Lüftung halten.

Die Straße, die aus Bielefeld herausführt, war sehr belebt. Feiner Nieselregen sprühte gegen die Fensterscheiben des Autos und ließ die Fahrbahn wie geschmiert aussehen. Gut, dass der Regen noch nicht gefror!

Gerade hatten wir das Ausfahrtschild Bielefeld erreicht, als wir im Dunkeln an zwei Personen vorbeifuhren, die offensichtlich versuchten, als Anhalter auf sich aufmerksam zu machen. Ich hatte die beiden nur ganz verschwommen wahrgenommen, während Götz sie schon eher gesehen hatte.

„Anhalter?“, fragte ich.

„Ja“, meinte Götz, fuhr rechts ran, legte den Rückwärtsgang ein und ließ die beiden so erkennen, dass wir sie mitnehmen wollten.

Wir hielten an. Es war ein Paar mittleren Alters. Es schien total durchgefroren zu sein.

„Danke, danke, dass Sie haben angehalten!“, sagte der Mann mit starkem osteuropäischen Akzent.

„Bitte, kommen Sie rein“, forderte ich die beiden freundlich auf. Dankbar dafür, ins Warme zu kommen, nahmen sie auf dem Rücksitz Platz.

„Wo möchten Sie denn hin?“

„Nach Bremen – zu Familie! Fahren Sie Bremen? Wir hier stehen seit 2 Stunden“, klagte der Mann, und ich sah, wie sich seine total durchgefrorene Partnerin immer wieder die Hände rieb, um wenigstens ein bisschen warm zu werden.

„Wir aus Polen. Da vorn steht Auto! 25 Jahre alt – jetzt Getriebe kaputt!“

Ich sah den Passat mit dem polnischen Kennzeichen dort im Dunkeln an der Straßenseite stehen.

„Wenn die beiden nach Bremen wollen“, wandte ich mich leise an Götz, „dann lass sie uns nach Bielefeld zum Bahnhof bringen, das ist wohl der einfachste Weg.“

„Nein, Gila“, entschied Götz großherzig, „wir fahren jetzt weiter, und ich bringe sie zum Bahnhof nach Osnabrück, auch wenn das noch über 50 km sind. Das ist bestimmt einfacher für sie.“

Das ist Götz – wenn er helfen kann, packt er zu, vor allem, wenn Menschen wirklich Hilfe benötigen. Und auch dafür liebe ich ihn …

Ich drehte mich zu dem Mann um und fragte anerkennend: „Woher sprechen Sie so gut Deutsch?“

„Ich studiert habe in Berlin Theologie – ich bin Pastor.“

Und dann hörte ich die ganze Geschichte der beiden. Seine Partnerin, die etwas jünger war als er, hatte in Bielefeld eine Stelle angeboten bekommen, eine alte Dame zu Hause zu pflegen. Sie hatte sich jetzt dort vorgestellt und auch tatsächlich die Zusage bekommen. Ende Dezember sollte sie ihre Tätigkeit dort beginnen. Nun wollten sie weiterfahren zu ihrer Familie nach Bremen, um dort ein paar Tage zu verbringen.

Ich sagte den beiden, dass Götz sie nach Osnabrück zum Bahnhof bringen würde, damit sie direkt nach Bremen fahren könnten. Ihre Familie könnte sie dann am Bahnhof abholen.

„Was kostet Zug?“

„Das weiß ich nicht, aber so teuer kann es nicht sein.“

Während Götz inzwischen einige Kilometer schweigend zurückgelegt hatte, fragte ich unseren polnischen Mitfahrer: „Haben Sie denn genug Geld?“

Er druckste etwas herum und entgegnete, dass er fast all sein Geld eben ausgegeben habe, um noch vollzutanken, in der Meinung, dass sie in zwei Stunden bei ihrer Familie in Bremen wären. Dann habe der Wagen nach wenigen 100 Metern jedoch seinen Geist aufgegeben.

Ich merkte, hier tat Hilfe Not, und sagte leise zu Götz: „Bevor du sie gleich nach Osnabrück bringst, fahren wir mit ihnen erstmal zu uns nach Hause. Dort können sie sich aufwärmen und frisch machen. Vielleicht möchten sie auch etwas essen.“

„Okay“, antwortete Götz, „du kannst dann auch gleich mal im Internet nachschauen, wann der nächste Zug von Osnabrück nach Bremen fährt. Dann brauchen sie nicht so lange auf dem Bahnhof zu warten.“

Ich wandte mich an unseren Gast auf dem Rücksitz und erklärte ihm die Situation, damit er sich nicht wunderte, dass wir jetzt im Dunkeln abbogen und es nur querfeldein ging. Nicht, dass sie auf abwegige Gedanken kämen …

Seine Partnerin war die ganze Zeit über sehr still geblieben. Sie sprach kein Deutsch, so dass er für sie übersetzte.

Zehn Minuten später erreichten wir unser Zuhause und baten die beiden herein. Gleich im Flur zogen sie ihre Schuhe aus, obwohl das bei uns normalerweise im gefliesten Erdgeschoss nicht üblich ist.

„Oh – Fußboden warm!“, stellte er dankbar fest, was bewies, dass ihre Füße wohl Eisklumpen ähneln mussten. Sie hatten mehr als zwei Stunden in der Kälte und im Regen gestanden, bevor wir angehalten hatten.

„Möchten Sie Ihre Mäntel ablegen?“

Beide wollten sie anbehalten, so durchgefroren waren sie.

„Herzlich willkommen bei uns zu Hause. Setzen Sie sich einfach“, bat ich sie, „ich mache Ihnen jetzt erst mal etwas Warmes. Was möchten Sie – Kaffee oder Tee?“

„Bitte, Kaffee.“

Bald darauf hielten beide ihren Becher mit heißem Kaffee in

den Händen, während ich mich gleich an den Computer begab, um die Fahrzeiten des ICEs von Osnabrück nach Bremen auszudrucken. In anderthalb Stunden würde ein Zug von dort fahren. Sie hatten also noch etwas Zeit, um sich aufzuwärmen und in Ruhe bei uns etwas zu essen. Auch den Fahrpreis konnte ich per Internet ermitteln.

Als ich wieder zu Götz und den beiden stieß, fragte mich der Pastor nach den Kosten für die Zugfahrt, und ich bemerkte, wie er etwas zusammenzuckte, als ich ihm den Preis nannte.

Wegen der Tankfüllung hatte er offensichtlich kaum noch Geld bei sich. Ich entschied mich daraufhin, ihm einen etwas größeren Geldschein zu übergeben.

„Das ist mein Weihnachtsgeschenk an Sie“, meinte ich lächelnd, „geben Sie es einfach irgendwann weiter, wenn *Ihnen* jemand begegnet, der in Not ist.“

Unsere polnischen Gäste wussten gar nicht, was sie daraufhin sagen sollten. Beide standen auf und dankten mir, indem sie mich immer wieder in ihre Arme nahmen.

Als es dann Zeit für die beiden wurde, sagte Götz: „Gila, ich starte schon mal das Auto.“

Ich begleitete sie zur Tür, und als wir Abschied nahmen, bekam ich von ihnen nicht nur eine herzliche Umarmung, sondern jeder von ihnen gab mir rechts und links einen liebevollen Kuss auf die Wange.

„Sie sind Engel!“, stammelte unser polnischer Pastor immer wieder. „Gottes Segen – Gottes Segen!“

Winkend mit Kusshänden stiegen die beiden bei Götz ins Auto, und auch ich winkte ihnen hinterher, solange sie sich in meinem Blickfeld befanden.

Mit einem unendlich guten Gefühl im Herzen wartete ich auf Götz’ Rückkehr.

Spät kehrte er heim und erzählte: „Sie wären nicht nur finanziell aufgeschmissen, sondern auch mit dem Lösen der Fahrkarte völlig überfordert gewesen. Selbst ich hatte extreme Schwierigkeiten mit dem Fahrkartenautomat, da ich selten mit der Bahn fahre und meinerseits selber Hilfe holen musste.“

„Gut, dass du sie zum Bahnhof gebracht hast, Götz. Das war eine gute Idee von dir. Danke! Und mir kommt da noch eine Idee: Was total ungewöhnlich ist für uns an einem freien Samstag – wir mussten einfach zusammen zum Weihnachtsmarkt fahren, um den beiden zu helfen. Als wenn wir vom Himmel dazu ausersehen waren!“

Götz und ich haben so manches gemeinsam erlebt in dieser Richtung. Oft treffen wir Entscheidungen mit dem Herzen, einfach intuitiv und unaufgefordert Menschen zu helfen, egal, in welcher Situation sie sich befinden. Ich könnte mir in dieser Hinsicht keinen besseren Partner wünschen, der genau diese Zivilcourage zeigt.

So erinnere ich mich gern an Manfred, einen Kumpel der Landstraße, der uns begegnete, als Götz und ich irgendwann an einem Samstagnachmittag mit dem Auto unterwegs waren.

Während der Fahrt sah ich plötzlich, wie links neben der Landstraße ein älterer Mann mit einem offensichtlich sehr schweren Rucksack beladen und einige Tragetaschen in den Händen haltend, gebeugt unter seiner schweren Last versuchte, vorwärts zu kommen.

„Komm, lass uns anhalten und fragen, ob wir ihn ein Stück mitnehmen können“, beschloss ich. Es gab kein Wenn und Aber von Götz' Seite – er hielt an. Ich stieg aus und ging dem Mann entgegen. Wie wir später erfuhren, hieß er Manfred.

Auf meine Frage hin, ob wir ihn ein Stück mitnehmen könnten, teilte er uns mit, dass er in die 30 km entfernte größere Stadt tippeln und dort versuchen wollte, bei der Caritas ein Nachtquartier zu bekommen. Die Nacht zuvor hatte er im Wald geschlafen.

Obwohl uns unser Weg in eine ganz andere Richtung führte, brauchten Götz und ich uns nur anzugucken, um zu entscheiden, Manfred bis vor die Tür der Caritas zu bringen. Auch ihm konnte ich mit einer finanziellen Unterstützung etwas Hilfe zukommen lassen.

„Das glaubt mir keiner, was ich erlebt habe!“, stammelte er glücklich. „Wem immer ich das auch erzählen werde, die denken bestimmt, ich habe mir das aus den Fingern gesogen!“

Manfred roch äußerst streng nach Natur, um das mal vorsichtig auszudrücken, aber weder Götz noch ich ließen uns davon abhalten, ihn zum Abschied fröhlich in die Arme zu nehmen. Wir behielten Manfred im Herzen. Und immer, wenn einer von uns beiden Kumpel Manfred, den wir übrigens nie wieder gesehen haben, erwähnen, zaubert das ein Lächeln auf unsere Gesichter.

Denn so ein Lächeln ist es wert, einfach mal spontan mit dem Herzen zu entscheiden, wo der Verstand mit vielen Gegenargumenten kommt – lasst uns doch mehr mit dem Herzen denken!

Die Geschichte von unseren polnischen Zufallsgästen habe ich vor kurzem einer Bekannten erzählt. Ich wurde bereits an der Stelle unterbrochen, wo ich beschrieb, wie Götz und ich in Bielefeld anhielten, um zwei im Dunkeln nicht näher auszumachende Personen mitzunehmen.

„Um Himmels willen!“, sagte sie ablehnend, „das hätte ich nie getan! Niemals! Was hätte da alles passieren können! Man hört so viel in den Medien, dass Hilfsbereitschaft gnadenlos für kriminelle Machenschaften ausgenutzt wird. Nein, das wäre mir zu gefährlich gewesen! Sei froh, dass das so gut ausgegangen ist! Na ja, du hattest ja auch Götz dabei.“

„Selbst, wenn Götz nicht dabei gewesen wäre“, entgegnete ich fest, „hätte ich mich genauso verhalten.“

Und mir fielen in dem Moment genug Situationen ein, in denen es so war.

Hat meine Bekannte aber nicht genauso recht mit ihrer Meinung? Immer wenn so ein Bericht, wo diese Hilfsbereitschaft ausgenutzt, ja manchmal sogar mit dem Leben bezahlt wurde, durch die Medien geistert, gilt unser Mitgefühl dem Opfer, das helfen wollte und dabei selbst zu Schaden kam. Und unser gutes Herz, was stets den Drang hat, für andere da zu sein, bekommt einen Dämpfer. Das können wir gut nachvollziehen, oder?

Meines Erachtens lenkt hier das Vertrauen, das wir ins Leben haben, die Ereignisse für oder gegen uns. Das heißt: Wenn ich Angst habe, dass Menschen mir Böses tun könnten, versetze ich mich unbewusst in diese Schwingung. Wir wissen doch inzwischen: Täter und Opfer ziehen einander an. Gleiches zieht Gleiches an.

Nun mag man sagen: Moment, da stimmt doch was nicht! Ein Täter hat doch eine andere Ausstrahlung als ein Opfer! Richtig, aber wir müssen berücksichtigen, dass die beiden unbewusst miteinander in Resonanz gehen, gemäß dem alten Sprichwort: Was du suchst – sucht auch dich! Strahle ich Furcht oder Angst aus, ziehe ich dementsprechende Ereignisse an. Schon die Hiobsbotschaft in der Bibel sagt: *Denn das, was ich befürchtet habe, ist über mich gekommen ...*

Was ist denn Furcht anders als eine starke Schwingung?

Lasst uns doch versuchen, diese Energie ins Gegenteil, also in Freude oder Vertrauen umzuwandeln – vielleicht mit einem neuen Satz: Das, auf was ich mich freue, tritt in mein Leben!

Also gehe ich mit Glaubenssätzen auf diese Weise um und baue dadurch immer mehr Liebe und Vertrauen zu anderen Menschen auf, auch zu denen, die ich nicht kenne, vor allem, wenn Menschen Hilfe benötigen. Ich bin überzeugt davon, dass das Universum sich um mich kümmert. Meine intuitive Wahrnehmung, durch die ich mit der geistigen Welt verbunden bin, lässt mich die Entscheidung treffen, den Platz zu finden, an dem ich richtig bin.

Wie war das denn noch mit unseren polnischen Anhaltern: Mehr als zwei Stunden lang haben sie unverschuldet an einer belebten Ausfahrtsstraße, einer Bundesstraße, in eisiger Kälte und Regen stehen müssen, ehe sie jemand mitnahm! Wie viele Autos sind in der Zwischenzeit wohl an ihnen vorbei gefahren – keiner hat entschieden, mal anzuhalten.

Und das in der Vorweihnachtszeit – wie ist das mit dem Fest der Liebe? Wenn jemand unsere Hilfe dringend benötigt, gilt das dann nur für denjenigen, den wir kennen oder vielleicht auch für die Menschen, die wir *nicht* kennen?

Es gibt noch einen weiteren Aspekt, den ich hier auch beleuchten möchte. Könnte es passieren, dass jemandem trotz seiner großen Liebe zu den Menschen und seines Vertrauens Böses – vielleicht sogar sehr Böses widerfährt? Dass er dadurch zu Schaden, vielleicht sogar ums Leben kommt, weil ein anderer seine Hilfsbereitschaft und Liebe ausnutzt?

Was wäre denn da mit dem Gesetz der Resonanz? Durch diese Frage komme ich unweigerlich auf das Thema Karma zu sprechen. Das Wort Karma kommt aus dem Sanskrit und bedeutet ‚Wirken, Tat‘. Es ist ein spirituelles Konzept, nach dem jede Handlung – physisch wie geistig – unweigerlich eine Folge hat. Diese muss nicht unbedingt im aktuellen Leben wirksam werden, sondern kann sich möglicherweise erst in einem der nächsten Leben manifestieren. Die Lehre des Karmas ist eng mit der Gültigkeit des Ursache-Wirkungs-Prinzips auf geistiger Ebene auch über mehrere Lebensspannen hinweg verbunden. Karma entsteht demnach durch eine Gesetzmäßigkeit. Es geht hier nicht um Strafe, sondern lediglich um Ausgleich, den die Seele selbst anstrebt.

Ich möchte hier gern einmal ein Beispiel anführen: Für mich ist ein einziges Leben viel zu kurz, um alle Facetten einer Seelenreifung zu durchleben. Kinder, die bereits kurz nach ihrer Geburt diese Welt wieder verlassen, haben unserer Meinung nach doch noch gar nichts erlebt. Ist ihr Leben dann weniger wert als das Leben eines alt und reif gewordenen Menschen, der mit über 90 ins Licht gehen darf? Wohl kaum.

Meine Teilnehmer wissen, dass ich das Prinzip der Reinkarnation für möglich halte, ohne jedoch dogmatisch mit dieser Überzeugung umzugehen. Das hieße ja sonst, dass nur das, was ich denke, richtig ist. Wie sollen wir dann noch voneinander lernen können? Ich weiß nicht alles, aber was ich als Wissen verinnerlicht habe, das versuche ich behutsam weiterzugeben. Was ist denn richtig? Was ist falsch? Für mich ist der einzige Maßstab die Liebe – und nur die Liebe.

Um zurückzukommen auf die Frage: Kann einem Menschen, der ein überwiegend liebevolles Bewusstsein hat, durch einen anderen Böses widerfahren? Kann es sein, dass dieser liebevolle Mensch eine karmische Verabredung eingegangen ist mit dem so genannten ‚Missetäter'? Dass diese Seele, die Liebe lebt, sich vor ihrem Erdenleben das Prinzip ‚Vergebung' ausgesucht hat, um es im Mensch-Sein weiterzuentwickeln?

Wie soll diese Seele denn sonst dieses Prinzip leben, wenn es nichts zu vergeben gibt, wenn alles nur schön, friedlich und harmonisch ist in ihrer Inkarnation?

Und deshalb kann es meines Erachtens sein, dass diese Seele vor ihrer Inkarnation mit einer anderen eine karmische Verabredung trifft, um ihr auf Erden einen Grund zur Vergebung zu geben. Wenn wir das annehmen können, könnte dann der so genannte Unhold vielleicht sogar eine sehr alte und reife Seele sein, die sich aus Liebe zu solch einer Tat zur Verfügung stellt?

Wir, die wir uns an unsere Vorleben nicht erinnern können, wissen nicht, ob das so ist. Darum möchte ich diesen Aspekt einfach mal so stehen lassen. Der eine wird entrüstet sein über einen derartigen Gedanken – der andere wird diese Frage oder diesen Aspekt vielleicht mal etwas tiefer beleuchten wollen. Schon in der Bibel werden wir ja bereits auf diese Gesetzmäßigkeit hingewiesen, indem wir aufgefordert werden: *Urteilt nicht, auf dass ihr nicht selbst verurteilt werdet.*

Damit ist sicherlich nicht gemeint, dass man tun und lassen kann, was man will, ohne dafür durch die irdische Gerichtsbarkeit zur Rechenschaft gezogen zu werden. Zu den seelischen Erfahrungen gehört auch, die Verantwortung für die Folgen einer Straftat zu übernehmen.

Egal, auf welche Lösung man schließlich kommt – es darf alles so sein. Diese Reflexion ist es, die ich mit diesem Beispiel erreichen möchte.

Und so nehme ich gern an, was ich mir ausgesucht habe, entweder durch das Karma, das ich in *diesem* Leben oder auch aus einem meiner vergangenen aufgebaut habe. Ich gehe nach wie vor – allein oder mit Götz – auf Menschen zu, egal in welcher Situation sie meine Hilfe benötigen.

Ich denke erst gar nicht an eine eventuelle Gefahr, in die ich mich begeben könnte, wenn ich einem anderen helfe. Es ist doch mein Verstand, der sofort abwägt, welche Risiken ich eventuell eingehe, aber ich habe gelernt, immer mehr auf mein Herz zu hören.

Allein das Wissen, Menschen geholfen zu haben, bringt ein unendlich leichtes und gutes Gefühl, das immer wieder hochkommt, wenn man an diese Geschichte und vor allem an die Menschen denkt, denen die Hilfe gegolten hat.

KAPITEL 3

Immer strebe zum Ganzen,
und kannst du selber kein Ganzes werden,
als dienendes Glied schließ an ein Ganzes dich an!

(Schiller)

Durch ein Erlebnis aus meiner Jugend möchte ich hier gern berichten, wie bei erstarrten oder festgelegten Standpunkten die Lebensenergie wieder fließen kann. Das ist aber nur möglich, wenn wir bereit sind, unser Herz zu öffnen.

Ich war damals 15 Jahre alt, als ich eine Brieffreundschaft zu einem pakistanischen Studenten begann. Er hieß Ramesh und schien aus einer recht angesehenen Familie zu kommen. Ein Nachbar, der einige Zeit in Pakistan als Ingenieur tätig war, hatte diesen Kontakt vermittelt. Damit ich meine englischen Sprachkenntnisse erweitern konnte, waren unsere Briefe in Englisch gehalten.

Alle paar Wochen ging ein Luftpostbrief zwischen uns hin und her, und wir schrieben Wichtiges, aber auch Belangloses – einfach das, was der Alltag so mit sich brachte. Es war schön, immer mal wieder Post aus Pakistan zu bekommen.

Wir kannten uns nun ungefähr ein Jahr, als Ramesh im Dezember schrieb, er habe sich vor Monaten bereits um einen Sprachkurs beim Goethe-Institut in Frankfurt beworben, der 4 Wochen dauern sollte, und soeben die Zusage erhalten. Er wollte mich damit überraschen. Es ginge zwar alles recht schnell, aber sehr gern würde er mich über Weihnachten in

Deutschland besuchen, um seine deutsche Brieffreundin endlich kennenzulernen.

Sofort war ich Feuer und Flamme und schrieb ihm begeistert nach Pakistan zurück, wie sehr ich mich auf seinen Besuch freute.

Als ich abends meiner Mutter freudestrahlend von der Einladung berichtete, erhielt ich einen massiven Dämpfer.

„Das kommt gar nicht in Frage", reagierte sie ärgerlich. „Du weißt genau, dass wir hier in diesem Haus außer unseren Freunden und unserer Familie keinen Übernachtungsbesuch empfangen können. Wir leben so beengt in unseren drei Zimmern und deinem Dachzimmer – dazu die Toiletten im Keller. Nein, das geht nicht!"

„Aber ich habe schon zugesagt", erwiderte ich kleinlaut. „Ich kann doch nicht wieder absagen! Aus welchem Grund auch? Wie stellst du dir das vor?"

„Außerdem spielt dein Vater da nicht mit, das weiß ich genau! Das ganze Jahr über arbeitet er so hart, dass er froh ist, wenn er seine freie Zeit mal zu Hause genießen kann. Weihnachten ist für ihn das Fest der Familie."

„Und jetzt? Was soll ich machen? Kannst du nicht mal mit Papa sprechen?"

„Das will ich wohl gern tun, aber ich sag's dir im Voraus. Das bringt nichts!"

Jetzt war wirklich guter Rat teuer. Ramesh war inzwischen in Deutschland eingetroffen und freute sich mit Sicherheit auf den Besuch bei uns. Einen Tag vor Heiligabend wollte er mit der Bahn in Bielefeld eintreffen.

Wie befürchtet war mein Vater rigoros dagegen, sein Weihnachtsfest mit einem unbekannten jungen Mann aus Pakistan zu verbringen. Dazu kam, dass sämtliche Konversation nur in Englisch möglich war, denn mein Vater sprach nur Deutsch.

Und als meine Mutter weiter auf ihn einredete, schaltete er auf stur und stellte sie vor die Wahl, entweder er – oder der Besuch!

„Hat keinen Zweck“, gab sie mir später zu verstehen. „Das gibt nur Ärger mit Papa, glaub mir! Du musst deinem Brieffreund absagen.“

„Und? Wie soll ich das machen?“, heulte ich los, „soll ich ihm schreiben, mein Vater ist gegen ihn? Was macht das denn bloß für einen Eindruck!“

„Dann schreib ihm von mir aus, ich sei krank und könne leider keinen Besuch empfangen.“

Es nutzte nichts. Sie war nicht zu erweichen. Da wir selbst noch kein Telefon besaßen, versuchte ich daraufhin enttäuscht, Ramesh von einer Telefonzelle aus im Goethe-Institut zu erreichen. Aber keine Chance. Für alle Fälle hatte er mir jedoch seine Anschrift in Deutschland mitgeteilt.

„Schick ihm ein Telegramm, dass er nicht kommen kann, weil deine Mutter krank ist. Dann weiß er zumindest, dass es ein Notfall ist!“, reagierte meine Mutter etwas hilflos.

„Haha!“, erwiderte ich ironisch, „einfach super! Toller Beitrag zur Völkerverständigung! So behandelt ihr Menschen, die uns besuchen wollen, um Deutsch zu lernen.“

Meine Mutter schwieg, ließ mir aber keine andere Möglichkeit. So lautete die Nachricht: „Mutter krank – müssen Besuch leider absagen!“

Ich war richtig traurig, dass es nicht zu einer persönlichen Begegnung zwischen Ramesh und mir kommen sollte. Dementsprechend verhielt ich mich am Tag vor Heiligabend beim Abendessen sehr schweigsam meinen Eltern gegenüber. Am anderen Tag wollten wir zusammen den Baum schmücken, wie das in unserer Familie so üblich war. Ich nahm mir vor, ich würde es sie schon noch merken lassen, dass sie so mit mir nicht umspringen konnten! Die typische Reaktion einer 15-jährigen!

Gerade schwelgte ich noch in Rachegedanken, da schellte es an unserer Haustür.

„Mach mal auf!“, sagte mein Vater, „das ist sicher Edmund. Er wollte noch kurz vorbeikommen.“

Ich stand auf, lief die Treppe hinunter und öffnete die Tür, in der Erwartung, den Freund meines Vaters vor mir zu sehen.

Stattdessen erblickte ich einen riesigen Blumenstrauß, ohne jemanden dahinter zu entdecken. Und dann lugte vorsichtig ein dunkler Kopf hinter dem Strauß hervor. Nein, das konnte nicht wahr sein! Es war Ramesh, der mich anlachte, bestimmt ein Kopf kleiner als ich. Er sah aus wie ein kleiner, aber erwachsener Junge.

Wie vor den Kopf geschlagen, stotterte ich: „Ramesh, du hast unser Telegramm nicht bekommen?“

„Welches Telegramm?“

„Ich habe es dir an deine deutsche Adresse gesandt.“

„O je, da war ich bereits seit ein paar Tagen nicht mehr. Ich habe pakistanische Freunde in Frankfurt besucht. Ist etwas passiert?“

Was jetzt? Meine Gefühle schlugen Purzelbäume: Hier stand Ramesh, dem ich zum ersten Mal begegnete, und wollte Weihnachten mit uns feiern – oben in unserer Wohnung befand sich meine Mutter, offiziell krank, aber glücklicherweise kerngesund – wir hatten nicht das Geringste für einen Gast vorbereitet – und mein Vater würde gleich ausrasten! Eine total irre Situation!

„Warte einen Moment – ich komme sofort zurück“, rief ich Ramesh völlig durcheinander zu und konnte gar nicht schnell genug die Treppe zu unserer Wohnung hochrennen.

„Ramesh ist da!“

Meine Mutter machte ein entsetztes Gesicht. „Wo?“

„Unten vor der Tür!“

Mein Vater schaute mich wütend an. Dann brach es aus ihm heraus: „Ich haue ab!“ Sofort stand er auf und verschwand durch den Hintereingang.

„Und jetzt?“, fragte meine Mutter hilflos. „Ich bin doch eigentlich krank! Was soll ich machen? Er liest das Telegramm doch später. Soll ich humpeln?“

Hektisch lief ich die Treppe wieder runter zur Tür, um endlich den inzwischen total verwirrten Ramesh in unsere Wohnung zu bitten und die Blumen ins Wasser zu stellen. Alles stand Kopf! Stark humpelnd ging meine Mutter dem jungen Mann aus Pakistan entgegen und begrüßte ihn zumindest einigermaßen höflich.

Etwas verlegen bat sie ihn zu Tisch – es war ja alles noch fürs Abendessen gedeckt. Ich musste ihn immer wieder anschauen. So ein netter kleiner, dunkler Mensch! Wenn er lachte, dann blitzten seine weißen Zähne, die in seinem braunen Gesicht dominierten. Er hatte mir in der Zeit unserer Brieffreundschaft ja schon Fotos geschickt, doch es macht natürlich einen Unterschied, ob man jemanden nur vom Foto kennt oder ihm persönlich begegnet.

Mein Vater war verschwunden, aber nicht sehr lange. Irgendwann hatte er wohl die Nase voll gehabt und war wieder nach Hause gekommen. Drinnen bei uns war es einfach wärmer, denn die Temperaturen lagen abends bereits bei minus 20 Grad.

Gleich nach dem Abendessen bereitete ich in aller Eile für Ramesh mein Mansardenzimmer vor. Nun muss ich sagen, damals gab es in Altbauten selten Zentralheizungen. Unser großer brauner Kachelofen stand unten im Wohnzimmer, das in der Mitte unserer Dreizimmerwohnung lag, und heizte die beiden anliegenden Räume.

Oben in meinem Zimmer stand ein Elektroofen, der jedoch die Macke hatte, nur auf der unteren oder mittleren Stufe zu funktionieren. Sobald man die höchste Stufe anschaltete, flog die Sicherung raus.

Als ich Ramesh dann später in mein ungeheiztes und eiskaltes Zimmer führte, fragte er höflich nach dem Badezimmer. Ich musste ihm gestehen, einen besonderen Waschraum für mein Zimmer gab es nicht, die einzige Waschgelegenheit befand sich eine Etage tiefer in unserer Wohnung, während die Toilette drei Etagen tiefer im Keller lag.

„Du weißt ja, wenn du auf die Toilette gehen möchtest, dann musst du in den Keller hinuntergehen. Hier ist der Schlüssel. Es ist eben so – ich kenne es nicht anders."

Ob er wollte oder nicht, er hatte keine andere Wahl, als sich in sein Schicksal zu ergeben.

„Gute Nacht", lächelte ich ihm zu, nachdem ich ihm noch die Tücke mit dem Elektroofen erklärt hatte. „Schön, dass wir uns jetzt persönlich kennen gelernt haben. Bis morgen!"

„Hoffentlich geht es deiner Mutter morgen etwas besser", rief er mir noch mitfühlend nach, während er seine Reisetasche auspackte.

„Ja, das hoffe ich auch."

Auf die anschließenden Kommentare meiner Eltern möchte ich hier einfach nicht näher eingehen, doch selbst mein Vater sah ein, dass niemand diese Situation jetzt mehr ändern konnte. So bereitete ich im Wohnzimmer die Schlafcouch für mich vor und freute mich trotz aller Turbulenzen auf Heiligabend.

Früh am nächsten Tag klopfte es von außen verhalten an unsere Wohnzimmertür.

„Ja, bitte?“, murmelte ich schlaftrunken.

Es musste Ramesh sein. Im Schlafanzug huschte ich von meiner Couch und öffnete verschlafen die Tür.

Da stand er – hatte zwei Handtücher um seine Hände gewickelt und zitterte wie Espenlaub! Trotz seiner dunklen Haut konnte ich erkennen, wie blass er war.

„Es ist so kalt“, stammelte er. „Ich friere so. Darf ich bitte reinkommen?“

„Ramesh, was ist los?“

Es stellte sich heraus, dass er wohl doch nicht verstanden hatte, dass man den Elektro-Ofen höchstens auf die mittlere Stufe stellen durfte. Weil es so kalt war in meinem Zimmer und er so fror, hatte er in seiner Not sämtliche Hebel bedient und damit für einen Kurzschluss gesorgt. Der Arme hatte die ganze Nacht bei einer Außentemperatur von inzwischen minus 25 Grad ohne Heizung und Licht in meinem Dachzimmer verbracht. Noch im Schlafanzug schüttete ich einen Eimer Kohle in den Kachelofen. Sofort entstand aus der schlafenden Glut ein loderndes Feuer.

Bibbernd setzte sich Ramesh vor den Ofen, während ich ihm schnellstens einen Tee zubereitete. Es dauerte längere Zeit, ehe er wieder aufgetaut war. Meine Schildkröte, die ihren Winterschlaf in meinem Zimmer gut eingepackt in ihrer Kiste verbringen sollte, hatte dagegen leider weniger Glück. Als ich am späten Vormittag vorsichtshalber nach ihr schaute, sah ich, dass sich ein Eispanzer um sie herum gebildet hatte. Obwohl ich gleich versuchte, sie in lauwarmem Wasser wieder aufzutauen, war es zu spät. Gut, dass wenigstens Ramesh mit dem Leben davon gekommen war …

Diese Geschichte ging meinem Vater dann so zu Herzen, dass er sich doch ab und zu mal um unseren Besuch aus Pakistan kümmerte.

Ramesh war Hindu. Am ersten Weihnachtstag nahmen wir ihn dann mit in die festlich geschmückte Kirche. Seine Augen strahlten, als er zum ersten Mal einen deutschen Weihnachtsgottesdienst miterlebte.

Und dann passierte etwas sehr Schönes. Ramesh, der inzwischen etwas Deutsch gelernt hatte, begann, aus vollem Herzen und voller Kehle mit der gesamten Gemeinde zusammen ‚Stille Nacht – Heilige Nacht!' zu singen. Seine schöne Stimme übertönte alles!

Plötzlich sah ich Tränen in den Augen meines Vaters, als er total bewegt auf Ramesh niederblickte, der sein auswendig gelerntes deutsches Weihnachtslied als Überraschung für uns losschmetterte. Mein Vater gab Ramesh die eine Hand und mir die andere. Daraufhin ergriff ich die Hand meiner Mutter, die neben mir stand und genauso berührt war von Ramesh' liebevoller Aktion.

So bildeten wir eine Kette der Liebe mit dem kleinen Ramesh in unserer Mitte. Jetzt war wirklich Weihnachten!

Heute sehe ich diese Begebenheit so, dass sich unsere Engel damals eingeschaltet haben, um Menschen in ihrer Entwicklung den Impuls zu geben, nicht immer auf verhärteten Ansichten zu beharren. Schön, dass sie diese Strukturen durch ein Telegramm, das den Empfänger nicht erreichte, auch bei meinem Vater aufweichen konnten.

Meine Mutter hatte jedoch eine etwas schwierigere Aufgabe, weil sie während der Tage von Ramesh' Besuch immer daran denken musste zu humpeln …

*

Jede Ursache hat eine Wirkung, jede Wirkung eine Ursache. Jede Aktion erzeugt eine bestimmte Energie, die mit gleicher

Intensität zum Ausgangspunkt, also zu mir zurückkehrt. Die Wirkung entspricht der Ursache in Qualität und Quantität. Gleiches muss Gleiches erzeugen. Dabei kann die Ursache auf vielen Ebenen liegen. Jeder Mensch ist Schöpfer, Träger und Überwinder seines Schicksals.

Jeder Gedanke, jedes Gefühl, jede Tat ist eine Ursache, die eine Wirkung hat. Es gibt also keine Sünde, keine Schuld, kein Zufall und kein Glück, sondern nur Ursache und Wirkung. Glück und Zufall sind nur Bezeichnungen für das noch nicht erkannte Gesetz. Nichts geschieht uns ‚zufällig'! Das Prinzip des Karmas ist also das Gesetz von Auge um Auge und Zahn um Zahn. Was ich jemandem zufüge, werde ich selbst erleiden müssen. Ich treffe also am Ende immer nur mich selbst!

Über allen Gesetzen steht die Liebe und das Licht – und zwar die bedingungslose Liebe, in der jedes Geschöpf in diesem wunderbaren Universum einen freien Willen haben darf und ohne Vorbehalte angenommen wird, so wie es ist.

Mir hat mal jemand gesagt: Der Geist – der Gedanke – verändert und hebt die Materie. Licht und Liebe sind demnach die höchsten und kraftvollsten Mächte der Schöpfung, und man kann mit ihnen alles verändern auf dem Weg zur Vollkommenheit.

Das Bewusst-Sein bestimmt das Sein – Gedanken erschaffen und verändern. Gedanken sind schöpferisch, und das Visualisieren erschafft die Lebensumstände. Entscheidend ist dabei die Intensität unseres Wunsches. Und wie Gottes Wort erschafft auch unser Wort die Wirklichkeit.

Jeder Mensch kann darum jederzeit aus der Unwissenheit in das Wissen des Lebens eintreten und bewusst das Erbe der Vollkommenheit des Menschen und der Schöpfung annehmen. Dadurch kann er seine Welt verändern und sie neu erschaffen.

Das Wichtigste für uns Menschen ist, auf die Kraft der Gedanken zu achten. Sie kann erschaffen und zerstören! Dabei sollten wir uns unserer Verantwortung bewusst sein! Welche Gedanken haben wir? Welche Worte sprechen wir aus? Was erschaffen wir dadurch? Ist es eine Welt der Liebe – oder nicht?

Warum haben wir bestimmte Eigenschaften? Woher kommen unsere Verhaltensmuster? Lasst uns bei all unserem Tun, Denken, Fühlen und Handeln die Wirkung bedenken. Wenn wir für jemanden Hass empfinden, kehrt Hass in mindestens der gleichen Intensität zu uns zurück. Wollen wir jemandem einen Schaden zufügen, schaden wir in mindestens derselben Weise uns selbst! Fürchten wir um das Wohl unserer Kinder, ziehen wir das für sie an, was wir befürchten. Wir sollten also diese negativen Gefühle loslassen und bedingungslos vertrauen.

Wir allein sind für uns und unser Erleben verantwortlich! Für mich ist das Wichtigste auf Erden die universelle Liebe. Und als mir das in den Jahren meiner Seminartätigkeit immer deutlicher wurde, verlor ich die Angst vorm Leben.

*

Ich war 17 Jahre alt, als über eine angeheiratete Cousine, die aus Wien nach Bielefeld gezogen war, eine weitere Brieffreundschaft zu Hansi entstand. Er wohnte in Wien und studierte Betriebswirtschaft. Wir schickten einander Fotos – ein sympathischer junger Mann.

Heutzutage hat man Handy, Skype oder Internet und in Sekundenschnelle die Verbindung und die Informationen, die man haben möchte. Damals war es anders – damals schrieb man Briefe! Und man konnte froh sein, wenn man sich überhaupt mal persönlich kennen lernte.

So war es auch bei uns. Wir standen zweieinhalb Jahre in nettem Briefkontakt, ehe Hansi neugierig wurde, wer sich hinter den Briefen verbarg. Er nahm dann die mehr als 900 km Entfernung in Kauf und besuchte mich.

Ich gebe zu, dass ab und zu so kleine Flirtansätze in unserer Korrespondenz zu spüren gewesen waren, doch ich hatte ihm vor seinem Besuch bereits mitgeteilt, dass ich in der Zwischenzeit in festen Händen war. So waren zumindest auch seinerseits keine Erwartungen da.

Ich lernte einen beeindruckend tiefgründigen jungen Mann kennen, 6 Jahre älter als ich mit einem ausdrucksstarken, lieben Gesicht.

Ein ganzes Wochenende weilte Hansi bei meiner Cousine und ihrem Mann in Bielefeld. Ich nahm mir währenddessen Zeit, ihm die Stadt zu zeigen. Dabei spürten wir beide, dass wir uns in den Jahren unserer Brieffreundschaft sehr vertraut geworden waren.

Etwas Wehmut stellte sich bei mir ein, als Hansi und ich dann Abschied nehmen mussten. Das war das letzte Mal, dass ich ihn sah – jedenfalls als jungen Mann. Mit 20 Jahren heiratete ich Achim, und unsere Brieffreundschaft war damit beendet.

Wenn ich mich in all den Jahren, die darauf folgten, mal bei meiner Cousine nach ihm erkundigte, erfuhr ich, er habe eine sehr liebe Frau geheiratet. Bei einer Bank habe er nach und nach eine recht steile Karriere gemacht. Immer wieder mal musste ich an ihn denken – er gehörte schließlich zu einem wichtigen Teil meiner Jugend.

Jahrzehnte zogen ins Land. Da erhielt ich eines Tages einen Anruf von einer Ärztin aus Wien. Sie bat mich, in Wien einen Kurs zu planen, da viele ihrer Patienten meine Bücher gelesen hätten und gern ein Seminar von mir besuchen wollten.

Es dauerte nicht lange, und das Hotel war gebucht. Und dann schoss mir der verwegene Gedanke in den Kopf, ob ich Hansi informieren sollte, dass ich nach Wien komme! Seit über 40 Jahren hatten wir uns jetzt nicht mehr gesehen und auch keinen Kontakt mehr zueinander gehabt.

Voller Vorfreude googelte ich seinen Namen – und stach mitten in ein Wespennest! Ich las, seine Bank war in arge Schwierigkeiten geraten und er war einer derjenigen, die dafür verantwortlich gemacht wurden.

Ich spürte sofort, mein Anruf würde ihm gerade jetzt gut tun, und wählte mit klopfendem Herzen die Telefonnummer der Bank. Die Zentrale meldete sich. Nachdem ich seinen Namen genannt hatte, wurde ich mit seiner Sekretärin verbunden.

„Ja, bitte?"

Ich stellte mich vor und bat sie, mich mit ihrem Chef zu verbinden. Äußerst reserviert hakte sie nach und versuchte natürlich, den Grund meines Anrufes in Erfahrung zu bringen.

„Es ist privat – und es soll eigentlich eine Überraschung sein!"

„Bitte, Sie müssen mir schon sagen, worum es geht", reagierte sie zwar freundlich, aber doch sehr bestimmt. In dem Moment erinnerte sie mich an Irmi, meine Mitarbeiterfreundin, die seit vielen Jahren in meinem Büro beschäftigt ist und sich genauso verhält. „Erstens ist Herr Direktor im Moment wirklich nicht da, und zweitens wäre es mir lieb zu wissen, worum es geht, ehe er zurückruft."

Jetzt half nur Offenheit. Ich erzählte ihr die ganze Geschichte, dass wir uns 40 Jahre nicht gesehen hätten – ich in 3 Monaten in Wien ein Seminar leitete und ihn gern fragen wollte, ob wir uns nach dieser langen Zeit nicht wiedersehen könnten.

„Na, das ist ja eine wunderbare Geschichte! Ihr Anruf wird

ihm gut tun, bei dem, was er im Moment durchmacht“, sagte sie voller Mitgefühl für ihren Chef. „Er ist so ein Lieber! Sie glauben gar nicht, was momentan hier los ist!“

„Ja, ich habe es im Internet gelesen.“

Wir unterhielten uns noch einen Moment über die geschäftliche Situation, die mir zu dem Zeitpunkt nicht so vertraut war. Dann versprach sie mir, innerhalb der nächsten halben Stunde zurückzurufen.

„Darf ich Sie um etwas bitten?“, fragte ich.

„Ja, bitte?“

„Sagen Sie bitte noch nicht meinen Namen – sagen Sie ihm nur, es sei eine kleine Überraschung! Ich möchte selbst erleben, wie er reagiert, ja?“

„Ja!“, lachte sie, „ausnahmsweise!“

Und dann schellte das Telefon.

„Ja, guten Tag, wer ist denn dort?“, hörte ich erwartungsvoll Hansis Stimme, die mir nur noch durch den Wiener Einschlag vertraut war.

„Hier ist Gila, Hansi. Gila aus Bielefeld!“

„Gila – aus Bielefeld?“, wiederholte er ungläubig. „Nein, das kann nicht sein! Nein!“

Die Überraschung war perfekt!

„Na ja, ich wohne jetzt in Halle/Westfalen, ganz in der Nähe von Bielefeld.“

Er war noch völlig fassungslos, als er sagte: „Jetzt wird mir auch klar, warum meine Sekretärin so geheimnisvoll getan hat! Du hast sie eingeweiht, ja?“

Ich lachte. Es wurde ein langes, gutes Telefonat, in dem er auch mit sehr viel Wehmut die geschäftliche Lage ansprach: „Ich werde zum Jahresende gehen – nach 39 Jahren, noch vor meinem eigentlichen Ruhestand. Du hast mir so eine große

Freude gemacht mit deinem Anruf, das kannst du mir glauben!“

Ich fragte ihn nach seiner Familie und erzählte ihm meinerseits von Götz, mit dem ich zusammenlebe.

„Im März leite ich einen Kurs in Wien über die Kraft der Gedanken. Ich lade dich und deine Frau gern dazu ein. Was hältst du davon, Hansi?“

„Ich muss mich erst einmal wieder sortieren nach der Überraschung. Auch wenn wir nicht teilnehmen, möchte ich dich zumindest treffen. Wann ginge das?"

„Am Sonntag gegen 17.00 h ist der Kurs beendet. Ich bleibe danach noch eine Nacht in dem Hotel. Was hältst du davon, wenn wir uns um 18.00 Uhr an der Rezeption treffen und irgendwo schön essen gehen?“

„Abgemacht!“, sagte Hansi vergnügt, und ich spürte seine ehrliche Freude.

Einige Telefonate gingen danach noch hin und her. Ganz besonders habe ich mich gefreut, als er Götz und mich in der Silvesternacht anrief, um uns beiden ein gutes, neues Jahr zu wünschen, das vor allem er jetzt brauchte.

Götz konnte in Wien nicht dabei sein, weil er auf Tournee war. Als ich am Freitag vor dem Kurs in dem Hotel mein Zimmer bezog, lief bereits mein Name auf dem Begrüßungsbild des Fernsehers. Da ich sonst kleinere Hotels oder Tagungsstätten buche, passiert das nicht sehr oft, aber bei diesem Hotel war es so. Man wünschte mir einen schönen Aufenthalt. Sehr aufmerksam!

Gerade wollte ich das Gerät mit der Fernbedienung, die mir nicht so vertraut war, wieder ausschalten, erwischte ich einen anderen Sender und erstarrte: Das war Hansi! Unverkennbar – Hansi!

Klar, dass ich mich in der Zwischenzeit im Internet informiert und dort auch einige aktuelle Bilder von ihm entdeckt hatte.

Älter geworden sind wir alle nach so einer langen Zeit. Das wäre sonst geradezu unnatürlich. Doch der Ausdruck seines Gesichtes und seiner lieben Augen ist gleich geblieben – er sah aus wie damals in Bielefeld, nur viel reifer und erfahrener.

Und jetzt saß ich hier in Wien auf dem Bett meines Hotelzimmers, und Hansi begrüßte mich im Fernsehen! Nein, natürlich begrüßte er mich nicht. Das wäre mir sicher lieber gewesen, als mitten in die Nachrichten hinein zu zappen, die über die Schwierigkeiten der Bank und in dem Zusammenhang auch über ihn berichteten. Wie musste er sich im Moment fühlen!

Ein volles Seminar in Wien – auch dank der Patienten der Ärztin, die mich kontaktiert hatte. Ich war gespannt auf die Wiener und spürte voller Dankbarkeit, dass dieses Gefühl anscheinend auch auf Gegenseitigkeit beruhte.

Bei einem Vortragskurs wie diesem bin ich stets sehr präsent. Ich bewege mich ständig in dem freien Raum der in U-Form angeordneten Tische und erzähle – gebe Beispiele aus dem Leben und stelle Fragen, um die Teilnehmer miteinzubinden.

„Seht mal“, brachte ich an, „unsere Fähigkeit, etwas Neues für möglich zu halten, ist ein Glaubensakt! Der Glaube an das Negative darf unser Bewusstsein ruhig verlassen. Wir können ausbrechen aus unseren alten Sicherheitsvorstellungen, unserem vertrauten, aber beengten Weltbild. Wenn wir erkennen, dass wir ewige, geistige, göttliche und wundervolle Wesen sind, schaffen wir das, was uns bisher als unmöglich erschien.“

„Haben wir eigentlich als Menschen jederzeit die Freiheit, uns zu entscheiden – auch für etwas, was uns nicht gut tut?“, fragte jemand aus der Gruppe.

„Und wie! Diese Art der Entscheidungsfreiheit ist immer wieder verantwortlich für Misserfolg in unserem Leben – und zwar in allen Bereichen. Das bedeutet, dass unverzichtbar zur Freiheit auch gehört, Nein zur Wahrheit, zur Liebe, zum Leben – Nein zur Göttlichen Ordnung sagen zu dürfen! Als freie Wesen können wir NEIN sagen zu allem, was Gott uns als Chancen und Herausforderungen anbietet."

„Aber damit setzen wir dann die Ursachen für das Leid, oder?", kam die Frage auf.

„Richtig! Mit dem NEIN zu diesen Qualitäten, also mit unserer eigenen Entscheidung, beginnt das Leid. Nicht dadurch, weil das Leben gegen uns ist, weil Gott uns verlassen hat, weil wir keine Chance haben! Jeder wird so lange unglücklich sein, wie er im Ego bleibt – im *Ich-Bewusstsein* – und das ‚Unser' nicht begreift, weil er immer nur ‚Ich' und ‚Mein' denken kann. Jeder wird so lange leiden müssen, wie er nicht begreift, dass Liebe die Botschaft des Lebens ist."

„Gila, wie gehe ich denn mit den Zweifeln um? Ich nehme mir etwas vor, gehe begeistert ans Werk – und wenn dann nichts geschieht, fange ich an zu zweifeln."

„Diese Frage höre ich öfter. Seht mal, wenn die Umstände, an denen wir arbeiten, sich nicht gleich ändern und Zweifel aufkommen, denkt einfach an Folgendes: Es geht in erster Linie bei unserem Lebens- und Lernprozess nicht darum, dass die Belastungsseite gemindert wird. Es geht darum, dass die Kraftseite aufgebaut wird. Das heißt, dass ihr euch mit mehr Kraft versehen solltet. Es geht um die Balance! Glücklich leben ist ein Balanceakt!

„Also nicht den Belastungen ausweichen?"

„Nein, nicht die Probleme müssen wegfallen! Holt euch in euer Bewusstsein: Ich bin stark genug, um mit den Problemen fertigzuwerden! Dann erst erscheinen sie uns lösbar. Es geht um unser Werden und Wachsen – um *innere* Veränderung, nicht in erster Linie um die Veränderung der Umstände."

„Gila, du schreibst in deinen Büchern, wir sollten die Probleme als Trainingspartner begrüßen! Das erscheint mir aber nicht immer leicht, wenn man mitten im Schlamassel steckt."

„Ich gebe zu, es ist in dem Moment auch nicht leicht! Doch wie oft passiert es – und ich behaupte mal, ausnahmslos bei jedem –, dass wir nach der Lösung eines Problems das Gefühl haben, wir sind stärker geworden, wir haben etwas gelernt, es hatte einen Sinn! Es geht um unsere Bewusstseinshaltung! Wenn wir das Gefühl haben, alles, was das Leben uns anbietet, meistern zu können, begrüßen wir die Probleme und freuen uns darauf, sie zu lösen! Bereits in meinem Buch *„Mutter Erde, trage mich!"* habe ich das Wort Problem so definiert:

PROB-leme, die wir im LE-ben ME-istern!"

Interessiert schrieben die Teilnehmer diesen Satz mit. Es war schön zu sehen, wie lebendig und aktiv diese Gruppe sich an dem Gedankenaustausch und den Themen durch rege Fragen und auch Antworten beteiligte.

So fiel zum Beispiel jemanden ein: „Damit hätte der negative Gedanke dann ja auch keine Macht mehr über uns."

„Dann spüren wir direkt: ‚Ich kann es ja! Ich kann meinen Fokus ändern! Ich bin derjenige, der Gedanken wählen kann! Nicht derjenige, der von Gedanken erwählt wird. Das macht uns ja als geistige Menschen aus, gibt uns als Menschen Würde. Wir werden nicht gedacht, wir denken! Wir werden nicht gewählt, wir wählen selbst!"

Ich gab der Gruppe zu verstehen: „Wenn wir diese Gedankengänge begreifen, dann wissen wir, welche überzeugende Logik darin liegt. Wir sind jederzeit imstande, unsere negativen Gedanken und Gefühle bewusst gegen positive Glaubensinhalte auszutauschen. Ich möchte da mal ein Beispiel anführen: Der Glaube ist wie eine Kraft, wie die Hand eines Töpfers, der Gefäße formt und dann das fertige Gefäß unter den Quell hält und das Wasser einfüllt. Was geschieht mit dem Wasser?"

„Du willst sicher darauf hinaus, dass das Wasser sich jeder Form, die das Gefäß hat, anpasst."

„Richtig, und so wird auch das Leben jede Glaubensform, die wir in uns tragen, mit lebendiger Wirklichkeit ausfüllen. Wie der Mensch in seinem Herzen denkt, so ist er. Im Herzen denken bedeutet: Hier ist meine Überzeugung. Ich erwarte! Ich halte dies für möglich!"

Der Kurs, der neben der Vortragseinheit noch einige schöne Rituale und auch eine tiefe Meditation enthält, war am späten Nachmittag des zweiten Tages beendet.

Ich gab den Teilnehmern mit auf den Weg: „Lasst uns doch unseren Fokus ändern und ihn von den negativen Gedanken und Gefühlen auf den Glauben an das Gute, an die Liebe, an die Harmonie richten und ihn nicht mehr im negativen Sinne anwenden! Mit dieser Erkenntnis schaffen wir es! Unser Leben wird dann immer mehr zu einem Erfolg – versprochen!"

Und lächelnd schloss ich dann: „Und ein Glückwunsch an uns alle, wenn wir das alles so hinkriegen!"

In diesem Kurs in Wien habe ich einige Teilnehmerinnen kennen gelernt, die ich auf vielen meiner Seminare wiedergesehen habe und die mir inzwischen sehr ans Herz gewachsen sind.

Ich möchte dies hier einfach mal zum Anlass nehmen, euch ganz herzlich für eure Treue zu danken: Christl – Eva – Jutta – Claudia – Martina und auch den vielen anderen Teilnehmern, die mir ebenfalls solange die Treue gehalten haben! DANKE!

Als sich alle von mir mit einer herzlichen Umarmung verabschiedet hatten, ging ich auf mein Zimmer.

Es blieb mir noch eine halbe Stunde bis zum Wiedersehen mit Hansi. Ich nutzte die Zeit, um mich noch etwas frisch zu machen und kurz aufs Bett zu legen. So konnte ich zumindest noch etwas entspannen und zur Ruhe kommen.

Die Vorfreude stieg. Vielleicht lernte ich ja auch seine Frau Maria kennen?

Dann wurde es Zeit. Ich erhob mich und ging voller Erwartung und mit einem richtig guten Gefühl die Treppe herunter zur Rezeption.

Ich sah ihn gleich – da saß er und strahlte mich an! Sofort stand er auf. Zwei Menschen, immer noch sehr vertraut, weil einfach die Chemie passt, nahmen sich in die Arme und schauten einander immer wieder an, um sich nach vier Jahrzehnten neu zu entdecken.

„Die Rose ist für dich“, sagte Hansi lächelnd und überreichte mir formvollendet eine Baccara-Rose.

„Danke!“, erwiderte ich gerührt. „Wie lieb von dir!“

Er berichtete, dass seine Frau Maria eigentlich gern mitkommen wollte, aber sie hätte verstanden, dass er nach der langen Zeit gern mit mir allein Erinnerungen austauschen wollte. „Aber ich soll dich ganz lieb von ihr grüßen.“

„Danke, ich würde mich so freuen, sie kennen zu lernen.“ Während ich das sagte, musste ich ihn immer wieder anschauen. Vierzig Jahre – wow!

„Gila, ich habe einen Platz in einem Fischrestaurant für uns reserviert. Lass uns fahren, komm!“

Er hatte sein Auto direkt vor dem Hotel geparkt. Bevor wir losfuhren, bat ich an der Rezeption darum, die Rose in einer Vase auf mein Zimmer zu stellen.

Nach dem Essen lud Hansi mich noch in die Bar eines bekannten Hotels ein. Es wurde ein wunderschöner Abend. Wir wussten gar nicht, wo wir anfangen sollten. So viele Fragen – so viele Antworten! Wir hätten die ganze Nacht über reden können.

Endlich hatten wir uns wieder getroffen, da mussten wir bereits nach nur einigen Stunden Beisammensein wieder voneinander Abschied nehmen – mit dem festen Versprechen, in Kontakt zu bleiben.

Und so sollte es auch sein. Einige Zeit später erhielt ich von einem großen Wiener Unternehmen ein Angebot, ein Firmenseminar in Wien zu leiten. Das konnte ich gut mit einem weiteren offenen Kurs, den ich dort bereits angesetzt hatte, verbinden, da die Anfragen von Interessenten aus Wien zugenommen hatten. Die Nacht zwischen diesen beiden Veranstaltungen habe ich dann bei Hansi und seiner Frau Maria verbracht.

Lieber Hansi, du bist in meinen Gebeten liebevoll eingeschlossen, dass bald wieder Frieden in dein Leben und auch in die geschäftliche Situation einkehrt.

Danke, Hansi, dass es dich gibt!

KAPITEL 4

Alles regelt sich
nach einem Gesetz des Gegensatzes,
das zugleich ein Gesetz des Ausgleichs ist.

(Theodor Fontane)

Das Leben sorgt für adäquaten Ausgleich – Gleiches zieht Gleiches an. Alles, was wir für andere tun, kommt auf irgendeine Weise zu uns zurück. Das ist mir wieder ganz deutlich geworden mit einer Geschichte, die ich vor langen Jahren erlebt habe, als André und Marco, meine beiden älteren Söhne, noch zur Schule gingen.

Zu dem Zeitpunkt war ich 25 Jahre alt und mit Achim verheiratet, als ich begann, für eine bekannte Porzellanmanufaktur im Außendienst zu arbeiten. Ich fand es wunderbar, mein eigener Chef zu sein. Nur die Nachmittage und frühen Abendstunden musste ich einsetzen – genau richtig für mich! Ich liebte es, Kunden schönes Porzellan zu präsentieren, und diese Tätigkeit machte mich rundherum glücklich. Ich verdiente gut, und von meiner Provision hatte ich mir als erstes Otto, unseren Papagei, leisten können.

Etwas später war dann eine neue Esstisch-Garnitur angesagt. Unsere alte war auch nicht gerade billig gewesen und sah noch recht gut aus. Ein befreundetes Paar, das heiraten wollte, zeigte starkes Interesse daran. Die beiden boten mir einen guten Preis, und normalerweise hätte ich das Angebot sofort akzeptiert, wenn da nicht meine Nachbarin gewesen wäre.

Alleinerziehend mit drei Kindern war sie auf staatliche Unterstützung angewiesen. Des Öfteren hatte sie auf unsere Kinder aufgepasst, wenn Achim und ich abends mal bei Freunden eingeladen waren.

Als sie hörte, dass ich die Esszimmermöbel verkaufen wollte, fragte sie vorsichtig an, was ich denn dafür nehmen wollte. Der Preis, den unsere Freunde bezahlen wollten, war allerdings utopisch für sie.

„Schade!“, sagte sie. „Ich hätte die Garnitur so gern genommen.“

Eine Nacht schlief ich darüber, dann stand mein Entschluss fest: Ich machte sie ihr zum Geschenk.

Über meine Firma war es möglich, Möbel direkt vom Hersteller zu beziehen, allerdings nur nach Katalogauswahl. Und daraus entwickelte sich folgende Geschichte:

Designermöbel mit Pilzfüßen waren damals angesagt und hochmodern. Ich hatte für uns einen wunderschönen weißen runden Ausziehtisch und 6 passende weiße Stühle bestellt. Diese waren sowohl auf der Sitzfläche als auch an der Rückenfläche mit Leder gepolstert – äußerst apart! Das Untergestell war in Pilzform gestaltet. Passend dazu war das Oberteil als geschwungene Sitzschale aus Holz konzipiert.

Schon damals war meine Lieblingsfarbe Orange, so kam auch für das Leder nur diese Farbe als schöner Kontrast zu dem weißen Holz in Frage. Im Katalog sah alles so ansprechend aus. Ich konnte die Lieferung kaum erwarten.

Die gutverpackten Stühle wurden per Spedition geliefert. Aber dann das Desaster! Als ich das erste Oberteil erwartungsvoll auspackte, hatte ich das Gefühl, ich bräuchte eine Sonnenbrille! So ein grelles Orange! Diese Farbe hätte ich bestimmt nicht ausgesucht, wenn ich sie im Original gesehen hätte! Ich war fix und fertig.

„Lass uns die Stühle erst einmal aufbauen“, schlug Achim vor. „Und dann schlaf mal eine Nacht drüber. Mal schauen, wie sie dir morgen gefallen.“

Am nächsten Tag wirkten sie noch hässlicher. Total enttäuscht und den Tränen nahe sagte ich zu Achim, bevor er ins Büro ging: „Nein! Ich behalte sie auf keinen Fall! Die Farbe ist schrecklich. Und wenn die Sonne darauf scheint, sieht sie noch schlimmer aus!“

„Ja, und was willst du jetzt machen?“, fragte er hilflos.

„Zurückgeben natürlich!“

„Du hast kein Rückgaberecht“, erklärte Achim, „weil du ja quasi als Händler auftrittst.“

Auch das noch! Was tun? Keinesfalls würde ich diese Stühle behalten – eher würde ich sie auch verschenken!

Als Achim gegangen war, kam mir eine Idee. Bei der Durchsicht des Möbelkatalogs war mir aufgefallen, dass die Sitz- und Rückenflächen alternativ in braunem Leder erhältlich waren.

Das könnte die Rettung sein! Ich suchte die Telefonnummer heraus und rief direkt bei der Herstellerfirma an, um mein Problem mit herzerweichenden Worten zu schildern, und hoffte auf Mitgefühl in Bezug auf einen Umtausch.

Und wirklich! Meine wortreiche Schilderung schien den Produktionschef zu rühren.

„Na gut!“, erklärte er sich schließlich am Telefon bereit, „wir tauschen um, aber nur, wenn Sie uns die Oberschalen hier persönlich zur Firma zurückbringen. Sie können sie zurückgeben und erhalten von uns im Austausch die Oberteile mit den braunen Polstern. Das müsste aber sehr bald geschehen.“

Ach, was war ich froh! Trotz des reduzierten Verkaufspreises war die ganze Garnitur doch recht kostspielig gewesen.

Bevor ich mich jedoch ans Werk machte und alles wieder originalgetreu verpackte, schaute ich auf die Uhr. Ich musste zuerst die beiden Kinder von der Schule abholen. Wir wollten noch gemeinsam zu Mittag essen und dann losfahren.

Nach dem Essen würde ich alles fertigmachen, die Stühle in den Kofferraum laden und meine Kinder ins Auto packen. Die Entfernung von 80 km war es mir wert, um endlich die Polster in der ungeliebten Farbe loszuwerden.

Einigermaßen besänftigt wegen der guten Lösung kehrte ich nach einer halben Stunde mit den Kindern nach Hause zurück. Ich schloss die Wohnungstür auf. Gerade wollte ich in die Küche gehen. Da sah ich etwas, was absolut nicht sein konnte – es konnte einfach nicht sein! Ich traute meinen Augen nicht! Otto, unser Papagei! In der Hektik dieses Morgens hatte ich vergessen, die Tür des Papageienkäfigs zu schließen. Und Otto van Delden saß auf einem der neuen Esszimmerstühle und war gerade dabei, unter wildem Gekreische das orangefarbene Leder zu zerhacken …

„Nein!“, brüllte ich völlig außer mir. „Nein!“

Erschrocken flog Otto direkt zu seinem Käfig zurück und trippelte dort aufgeregt hin und her. So einen gewaltigen Urschrei hatte er von mir in der Vergangenheit noch nicht vernommen!

Doch er hatte ganze Arbeit geleistet. Überall auf der Erde lagen die Lederfetzen.

„Oh nein!“, jammerte ich lauthals. „Otto, du blöder Papagei!“

Entsetzt untersuchte ich die Stühle. Der Lederbezug des einen Stuhls war oben ganz zerfetzt, beim zweiten hatte er sich noch nicht so ganz austoben können, weil ich ihn offensichtlich durch unser Kommen gestört hatte. Doch auch dieser hatte einige zerhackte Stellen und Schnabelhiebe aufzuweisen.

Marco und André versuchten mich zu trösten, als sie sahen, wie fertig ich war. Was jetzt? Der Produktionschef wartete auf den Austausch der Stühle. Sollte ich ihn anrufen, um ihm die Katastrophe zu schildern? Dann würde er mir am Telefon klipp und klar sagen, dass jetzt ein Umtausch mit Sicherheit ausgeschlossen sei.

Ich wollte aber die braunen Sitze! Vorsichtshalber holte ich eine Flasche Whisky, noch in Geschenkpapier verpackt, aus unserer Hausbar. Wer weiß, wofür ich sie benötigte.

Ein Sitz nach dem anderen wurde in die Originalverpackung zurückgeschoben. Die Kinder halfen mit, die Ladung nacheinander zum Auto zu bringen und im Kofferraum zu verstauen. Mit einem äußerst unguten Gefühl im Bauch fuhr ich los.

Wie sollte ich das bloß erklären? Einen Moment lang kam mir der verlockende Gedanke zu sagen, das wäre bei der Fahrt passiert. Nein, das wäre nicht ehrlich. Mit *der* Ausrede würde ich mich noch mieser fühlen. So harrte ich der Dinge, die da kommen sollten!

Dann war ich am Ziel. Beim Pförtnerhäuschen der Firma hielt ich mein Auto an und fragte nach dem Produktionschef.

Ich sah, wie der Pförtner telefonierte, sich dann wieder zu mir wandte und sagte: „Er kommt gleich, fahren Sie ihren Wagen schon mal dort vor die Rampe."

Mein Herz schlug wie wild. Nur das Geplapper der Kinder, die noch über Otto van Deldens Untaten herzogen, lenkte mich ein wenig ab.

Und dann kam auch schon der Chef mit den verpackten auszutauschenden Artikeln. „Na", sagte er freundlich, „da sind Sie ja! Hochachtung, dass Sie den ganzen Weg bis hierher gefahren sind. Schauen Sie sich aber zuerst einmal das braune Leder an, ob Ihnen das wenigstens gefällt.“

Mir gefiel in dem Moment alles außer den zerhackten orangefarbenen Teilen, die hinten im Auto wie heiße Ware vor sich hinschmorten.

„Sieht gut aus“, nickte ich, „und vielen Dank, dass Sie den Umtausch so unkompliziert vornehmen.“

„Nun“, meinte er, „dann wollen wir mal sehen. Wo sind die anderen Teile?“

„Hier“, antwortete ich etwas kleinlaut und öffnete die Heckklappe.

„Okay“, sagte er und hob die verpackten Stücke nacheinander aus dem Kofferraum.

Dann war es soweit. „Ich muss Ihnen etwas gestehen“, sagte ich weinerlich. „Schauen Sie mal hier!“

Ich zog einen der Sitze aus der Verpackung – und er sah die Bescherung!

„Was ist denn das? Ist das beim Transport passiert?“

„Nein“, bekannte ich, „das war unser Papagei!“

„*Wer* war das?“

„Unser Papagei! Wie Sie ja wissen, haben wir erst gestern Ihre Lieferung erhalten – und als ich meine Söhne heute Mittag von der Schule abgeholt habe, hat unser Papagei auf den Stühlen gesessen und wie wild das Leder zerhackt. Ich habe mich nicht getraut, Sie danach noch einmal anzurufen. Aber ich bezahle Ihnen natürlich den Schaden.“

Er schaute mich an, als käme ich von einem anderen Stern.

„Das war ihr Papagei?“

Ich nickte nur und schwieg bedeutungsvoll.

Und auf einmal prustete er los. „Das habe ich ja noch nie

gehört! Ein Papagei, der Stühle zerhackt! Ha, ha, ha! Das darf ich meinen Mitarbeitern gar nicht erzählen, die können nicht mehr weiterarbeiten vor Lachen. Das ist ja ein Ding!“

Mir fiel eine Zentnerlast vom Herzen, und ich stimmte zaghaft in sein Gelächter ein. Er hatte große Schwierigkeiten weiterzusprechen, so amüsierte er sich über das Bild unseres hackenden Papageis – was wiederum für mich ein Alptraum gewesen war!

Immer noch grinsend mutmaßte er dann: „Vielleicht gefiel ihrem Papagei die Farbe ja auch nicht?“

„Anzunehmen“, sagte ich sehr erleichtert. „Und jetzt? Ich möchte das natürlich gern ausgleichen.“

„Ach, lassen Sie mal!“, beschloss er gönnerhaft. „Sie haben mir heute so einen Spaß bereitet. Das ist mir die Sache wert.“

Ich holte tief Luft. Schlagartig fiel die ganze Anspannung von mir ab.

„Danke, Sie glauben gar nicht, wie sehr Sie mir geholfen haben! Erstens habe ich in der vergangenen Nacht wegen der Farbe kaum geschlafen, und zweitens dann heute Mittag das Desaster mit unserem Papagei! Doch wenn ich schon nichts bezahlen muss, dann nehmen Sie zumindest diese kleine Aufmerksamkeit.“

Ich holte die Flasche Whisky, die ich auf dem Rücksitz in einem Beutel verstaut hatte.

„Haben Sie immer so eine Flasche im Auto?“, scherzte er.

„Nein, nur heute – dem Anlass entsprechend.“

„Okay“, schmunzelte er, „die nehme ich gern. Dann haben meine Mitarbeiter nach Feierabend auch noch was davon – und wir können auf ihren verrückten Papagei anstoßen.“

*

Wenn ich heute an diese Geschichte von damals zurückdenke, erkenne ich ganz klar den Zusammenhang zwischen dem Geschenk an meine finanziell nicht so gut gestellte Nachbarin und dem Ausgleich, der mir hier vom Leben gemacht wurde.

Was wäre denn geschehen, wenn ich für die alte Esszimmergarnitur den angebotenen Betrag genommen hätte? Der Ausgleich wäre im energetischen Bereich dementsprechend vollzogen worden, dass auch ich die beiden Stühle hätte bezahlen müssen oder man sich seitens des Herstellers gar nicht auf einen Umtausch eingelassen hätte – dem Gesetz der Resonanz entsprechend.

Unser Leben hier auf Erden unterliegt Gesetzen, von denen uns manche bewusst sind, andere jedoch nicht. Das Gesetz der Schwerkraft beispielsweise ist uns bewusst. Es bewirkt, dass eine Frucht, wenn sie reif ist, auf den Boden fällt und nicht in den Himmel fliegt. Das ist ja auch sinnvoll, oder? Auf alle Fälle ist es eine unumstößliche Tatsache, selbst wenn wir das bezweifeln.

Dagegen ist das Gesetz der Resonanz aber leider nicht allen Menschen bekannt. Es bewirkt, dass wir *das* im Leben anziehen und erschaffen, was wir denken und fühlen. Es ist das energetische Gesetz: Gleiches zieht Gleiches an und wird durch Gleiches verstärkt. Ungleiches stößt einander ab. Unser Verhalten bestimmt also die Verhältnisse unserer gesamten Lebensumstände.

Positivität zieht Positives an, Helles zieht Helles an, doch genauso ist es mit der Angst, der Wut und der Aggressivität. Wenn wir nicht innehalten mit diesen destruktiven Gedanken, setzen wir eine Spirale nach unten in Gang, die irgendwann nicht mehr zu stoppen ist und zu Depression, Verzweiflung und Unglück führt. Die Gedanken, die wir denken, die Gefühle, die in uns brodeln, ziehen die dementsprechenden Energien und Ereignisse an.

Die Wirkung des Resonanzgesetzes habe ich so oft in meinem Leben verspürt. Wenn wir einen Menschen anlächeln, werden wir ebenfalls ein Lächeln erhalten. Wenn wir, so wie ich bei der Esszimmergarnitur, anderen ohne Eigennutz etwas schenken, werden auch wir beschenkt, wie die vorangegangene Geschichte beweist.

Wenn wir dagegen glauben, nie genug Geld zu haben, werden wir dauernd an Geldmangel leiden. Wenn wir uns beklagen, dass wir einsam sind, werden wir einsam sein und bleiben. Wenn wir uns ärgern, bekommen wir noch mehr, worüber wir uns ärgern können.

Wie wir sehen, ist unser Leben ein Spiegelbild unserer Gedanken und Gefühle. Wir sollten also diese Energien nutzen, um die Umstände unseres Lebens so zu erschaffen, wie es gut und richtig für uns ist.

Es ist sicherlich leichter, anderen die Schuld an unserem Missgeschick zu geben, aber mutiger und stärker ist es, die volle Verantwortung für unser Dasein zu übernehmen. Und dabei sollten wir aufhören, an Dinge zu denken, die wir *nicht* haben wollen, sondern mit Hilfe unserer Gedanken und Gefühle etwas Schönes aus unserem Leben zu machen.

Lasst uns nicht gegen den Krieg sein, sondern für den Frieden!

Inzwischen ist vielen Menschen bekannt, dass das Gesetz von Ursache und Wirkung für Ausgleich im Leben sorgt. In meinen Kursen spreche ich manchmal über das Fazit der Geschichte, wie wir als Kinder unseren Nachbarn geärgert haben.

Neben uns wohnte ein älteres Rentnerehepaar. Während sich

die Frau um den Haushalt kümmerte, war der Garten die ganze Leidenschaft ihres Mannes. Bei einigermaßen gutem Wetter hielt er sich dort den ganzen Tag auf. Dementsprechend gepflegt sah dieser auch aus – und überall Gartenzwerge!

Wir hätten die Uhr danach stellen können: Mittags um 12.30 Uhr wurde er von seiner Frau zum Essen gerufen. Nach seinem Mittagsschlaf ging er dann zufrieden und ausgeruht wieder in seinen Garten.

Meine Freundin, die direkt gegenüber wohnte, und ich waren damals richtige kleine Biester und hatten uns vorgenommen, unseren Nachbarn zu ärgern. Dieser war zugegebenermaßen auch nicht immer sehr freundlich zu uns kleinen Mädchen. Aus dem Grunde hatten wir mal im Frühjahr auf einer Wiese verblühte Löwenzahndolden gepflückt. Für uns hießen sie damals Pusteblumen.

Er hatte gerade wieder mal sein Land frisch umgegraben, da spornte ich sie eines Mittags an: „Komm, gleich ist es wieder soweit!“

Wir warteten den Essensruf unserer Nachbarin ab. Und als die Luft rein war, holten wir unsere Schätze heimlich aus einem Korb hervor. Nicht sichtbar von der Nachbarwohnung standen wir am Zaun und hatten einen diebischen Spaß daran, uns eine Pusteblume nach der anderen vorzunehmen. Wir fanden es einfach lustig, all die kleinen Schirmflieger auf das frisch umgegrabene Stück Acker zu pusten.

Dabei ging es uns nicht nur darum, die kleinen Schirmchen mit den Samenkörnchen bei ihrem Flug zu beobachten, das hätte man ja noch verstehen können. Nein, wir wollten unseren Nachbarn mal so richtig ärgern. Dementsprechend sah dessen Garten dann auch nach einiger Zeit aus. Manchmal hörten wir ihn murmeln: „Wo kommt denn bloß das ganze Unkraut her?“

Wir dagegen triumphierten, weil wir nie dabei erwischt wurden. Doch das Fazit der damaligen Aktion ist: Heute in meinem zauberhaften eigenen Garten wächst und gedeiht der Löwenzahn besonders gut.

Nur noch eine kleine Anmerkung, die zeigt, dass ich mich mit unserem Kleinmädchenstreich ausgesöhnt habe: Für mich gibt es kein Unkraut – für mich gibt es nur ‚Fehl-am-Platz-Kraut' …

*

Auf einem meiner Kurse lernte ich Hans kennen – eine interessante Persönlichkeit! Groß, markant, in meinem Alter. Auffallend an ihm waren seine vollen weißen Haare, die ihm bis auf die Schultern fielen, sein weißer gezwirbelter Schnurbart und seine klaren blauen Augen. Erfolgreicher Zahntechniker mit einem gutgehenden Labor und vielen Mitarbeitern, der nebenbei noch seinem Hobby als Rennfahrer nachkam.

Wir blieben jahrelang in losem, aber nettem Kontakt. Bis ich vor einigen Jahren von einer Bekannten hörte, dass er seine Firma schließen musste. Es ging ihm inzwischen geschäftlich gar nicht mehr gut.

Ich rief ihn an und lud ihn zu einem Seminar nach Oberorke ein in das Hotel, das ich bereits länger kannte.

„Danke, Gila! Ich komme gern. Wie heißt der Ort?", fragte er unbedarft am Telefon. „Obergurke?"

„Ach was", entgegnete ich amüsiert. „Oberorke!"

Als er später dort eintraf, begrüßte ich ihn mit den Worten: „Mit deiner roten Strickweste, deinen weißen Haaren und dem weißen Schnauzer siehst du wirklich aus wie der Weihnachtsmann."

„Ja, Gila, du sagst es!“, lachte er mich an und nahm mich zur Begrüßung in seine Arme. „Ich habe vor einigen Monaten in Thailand bei einem deutschen Zahnarzt Laborarbeiten übernommen – und dort hieß ich bei seinen Thai-Patienten nur ‚Father Christmas‘.“

Nach diesen gemeinsamen Tagen rief er mich an und bedankte sich nochmals für die Einladung. Ich wusste, dass er dringend Arbeit suchte, da er als Selbständiger keine staatlichen Leistungen in Anspruch nehmen wollte.

„Wie sieht’s aus bei dir, Hans? Hast du inzwischen einen Job in Aussicht?“

„Im Moment bin ich täglich bei einer alten Dame und unterstütze sie, indem ich für sie einkaufen gehe und sie zu Arztbesuchen fahre. Weißt du, Gila, das hat für mich auch den Vorteil, dass ich mich im Warmen aufhalte.“

Ich stutzte. „Im Warmen? Wie meinst du das denn?“

„Du weißt doch, ich habe zwar mein eigenes Haus, das aber inzwischen den Banken gehört. Ich kann jedoch jetzt im Winter nicht heizen, weil ich kein Geld mehr habe. Der Strom ist mir aber noch nicht abgestellt worden. Ich zahle monatliche kleine Raten. Die kann ich soeben noch aufbringen.“

Auf mein Schweigen hin fuhr er dann mit einem Anflug von Galgenhumor fort: „Und so setze ich mich tagsüber, wenn ich zu Hause bin, oftmals in den Keller und stelle den Heizofen an, damit zumindest der kleine Kellerraum warm wird. Und darum nehme ich jeden Job an, um jetzt im Winter ab und zu einen warmen Hintern zu haben!“

Ich war fassungslos. „Hans, du musst unbedingt staatliche Unterstützung beantragen. Das geht doch so nicht weiter! Du musst doch auch für deine täglichen Bedürfnisse sorgen können. Wovon kaufst du denn ein?“

„Och“, meinte er treuherzig, „momentan bekomme ich von Freunden Konserven oder Ähnliches geschenkt.“

„Das ist nicht dein Ernst, oder?“

„Doch.“ Und dann sprach er mit leiser Stimme weiter: „Weißt du, wenn es einem jahrzehntelang finanziell so gut gegangen ist wie mir, dann kostet es eine riesige Überwindung, Geld vom Amt anzunehmen.“

Dieses Telefonat fand genau zu der Zeit statt, als der Verkauf meines neuerschienenen Buches *„Liebe ist die größte Kraft!“* hervorragend angelaufen war.

Für mich war es klar, diesem Menschen zu helfen, ohne dass er mich darum bitten musste. So nahm ich mein neues Buch und schrieb eine persönliche Widmung für ihn hinein. Dazu legte ich einen hohen Geldbetrag in eine Engelkarte und schickte ihm das Päckchen per Post.

Danach fuhr ich mit viel Freude im Herzen wieder mal nach Oberorke.

Es dauerte nicht lange, bis er mich anrief und sich vor Rührung und Dankbarkeit kaum artikulieren konnte. Seine abschließenden Worte waren: „Ich hatte schon gestern versucht, dich anzurufen, aber da warst du noch in Obergurke.“

„Hans, so ein blöder Name für so einen schönen Ort! Sag das bloß nicht noch einmal“, drohte ich ihm lachend.

„Also, für mich bleibt es Obergurke! Ich finde den Namen klasse! Aber zurück zu dir und deinem Geschenk: Gila, jetzt habe ich wenigstens genug Geld für die Fahrt und die Übernachtungen in Holland, wo mir vor ein paar Tagen ein Job angeboten wurde. Eine Bekannte leiht mir ihren Wagen. Danke für das, was du getan hast, danke!“

Auch ich war sehr berührt, als ich bei diesen Worten seine tiefe Dankbarkeit spürte.

Meine Freundin Gabi kenne ich seit mehr als 40 Jahren. Auf recht ungewöhnliche Art hatten wir uns kennen gelernt, nämlich dadurch, dass sie mir damals fast ein Geschäft vermasselt hätte.

Mit der Kollektion der Porzellanmanufaktur hatte ich bei Gabis Familie einen geschäftlichen Termin. Sie ist die Älteste von 9 Geschwistern. Ihre beiden Schwestern im heiratsfähigen Alter saßen am Tisch und schauten mit leuchtenden Augen auf die Porzellangedecke und die Gläser, die ich vor ihnen aufgebaut hatte.

Ich war erst 26 Jahre alt und hatte mich als Außendienstmitarbeiterin ein Jahr zuvor selbständig gemacht. Schon immer liebte ich die Menschen – und das schien auf Gegenseitigkeit zu beruhen, denn ich war in dieser Branche trotz meiner Jugend sehr erfolgreich.

Nur Gabi bockte.

„Ja", meinte sie, als ich an dem Abend mit der Präsentation der Porzellankollektion mein Bestes gegeben hatte, „das ist ja alles schön und gut, was Sie hier zeigen. Aber so schön kann es doch nicht sein, dass wir nicht zumindest ein paar Nächte darüber schlafen sollten, bevor wir Ihnen einen Auftrag in dieser Höhe erteilen."

„Ach, Gabi!", unterbrach sie eine ihre Schwestern, „ich habe mich aber schon entschieden. Ich möchte es gern bestellen!"

„Nein", meinte Gabi energisch, „du überlegst dir das – und dann kannst du ja immer noch anrufen, wenn du ganz sicher bist."

Ich merkte, dass der Rat der ältesten Schwester doch schwerer ins Gewicht fiel, als mir lieb war.

Innerlich grummelte ich, hatte ich doch bei der Begeisterung der Kunden bereits mit einem Auftrag gerechnet. Jetzt saß ich hier schon seit fast zwei Stunden und hatte alle Register eines guten Verkaufsgesprächs gezogen – dazu eine wunderschöne Kollektion, die jedoch zugegebenermaßen ihren Preis hatte.

Es blieb bei ihrem Nein, zumindest noch an diesem Abend.

Später halfen mir dann alle Drei dabei, meine beiden schweren Kollektionskoffer wieder ins Auto zu hieven.

„Oh, ist der schwer!“, meinte Gabi fröhlich.

Ich fand ihre Fröhlichkeit gar nicht lustig, blieb ich doch ohne Auftrag, obwohl die besten Voraussetzungen dafür gegeben waren. Und doch verabschiedete ich mich freundlich von ihrer Familie mit den Worten: „Rufen Sie mich an, wenn Sie sich entschieden haben, ja?“

„Machen wir!“, entgegnete Gabi fest.

Einerseits fuhr ich mit der Enttäuschung nach Hause, an dem Abend nichts verkauft zu haben. Andererseits war da aber auch eine Spur von Anerkennung, dass sich diese junge Frau mit der damals recht herben Ausstrahlung von meiner Liebenswürdigkeit überhaupt nicht beeindrucken ließ. Sie tat einfach das, was sie für ihre beiden Schwestern für richtig hielt.

Ja, und dann? Dann rief sie tatsächlich an – und das war der Beginn einer sehr guten Geschäftsbeziehung und unserer späteren Freundschaft.

Völlig überraschend kam dann einige Monate später von Gabi die Bitte, bei ihrer Hochzeit Trauzeugin zu sein. Völlig verblüfft, da ich sie privat kaum kannte, hatte ich eine Zeitlang mit dieser Vorstellung gehadert, dann aber aufgrund unserer guten Geschäftsbeziehung zugesagt. Wer konnte da schon ahnen, was daraus später entstehen sollte …

Und damit hatten mich Gabi und ihr Mann Rolf wohl als Freundin adoptiert, was bei mir anfangs gar nicht so sehr auf

Gegenliebe stieß. Ich gebe zu, es dauerte etwas länger, ehe ich merkte, was für wunderbare Menschen mich als Freundin ausgewählt hatten. Egal in welcher Situation – sie waren immer für mich da!

So war Gabi auch dabei, als ich damals die ersten beiden Husky-Welpen aus Frankfurt vom Flughafen abholte, mit denen später die Beziehung zu Danas und Ricos Vater Rainer begann. Bei unseren mehrmaligen Umzügen haben Gabi und Rolf nächtelang bei uns tapeziert – und Gabi als gelernte Dekorateurin hat sämtliche Gardinen für uns genäht.

Als wir später nach Kanada auswanderten, haben sie und ihr Mann tagelang mitgeholfen, unseren gesamten Hausstand zu verpacken. Die beiden waren es auch, die mir für einige Zeit Obdach gewährten, als ich nach meiner ersten Auswanderung mit meiner kleinen Tochter an der Hand und 13 Koffern im Schlepptau aus Kanada zurückkehrte. In der Zeit war eine richtig gute und tiefe Freundschaft zwischen uns entstanden!

Und im Gegenzug konnte ich ihre Liebe und ihren Einsatz immer wieder auf meine Art ausgleichen. Das war auch der Grund, dass ich sie später bat, für meine Tochter Dana die Patenschaft zu übernehmen.

Auch Gabi hat in der Zwischenzeit eine immense spirituelle Entwicklung mitgemacht, jedoch auf ganz andere Art und Weise als ich. Manche Teilnehmer kennen sie von meinen Kursen, an denen sie des Öfteren teilnimmt. In den vergangenen Jahren gelang es uns immer mehr, uns wunderbar über tiefgehende Themen austauschen.

So saßen wir beiden jetzt mal wieder bei uns zu Hause im Wintergarten und philosophierten bei einer Tasse Kaffee.

„Ich war ja damals mit auf deinem Affirmations-Kurs“, begann Gabi. „Wie ist das, schreibst du eigentlich auch selbst immer noch deine Affirmationen?“

„Das kommt darauf an“, entgegnete ich, „normalerweise spreche ich sie halblaut vor mich hin, wenn ich täglich meine Runde marschiere. Doch wenn mal etwas ganz Wichtiges ansteht, dann schreibe ich sie auch auf – so wie früher.“

In meinen Seminaren und auch in meinen Büchern erkläre ich, was Affirmationen sind und wie sie wirken. Ich möchte es hier mal anders ausdrücken: Für mich sind Affirmationen Glaubenssätze oder auch Gebete. Wie das Wort Affirmation schon aussagt: bestätigen, was noch nicht ist. Nach dem Bibelwort: *Alles, um was ihr bittet, glaubet zuerst, ihr habet es empfangen, dann erst werdet ihr es empfangen.*

„Vor kurzem habe ich ein interessantes Buch gelesen, das mich wirklich fesselte“, fuhr ich fort, „bis ich im zweiten Drittel auf eine eigenartige Aussage stieß. Hier wurde dem Leser von dem christlich orientierten Autor recht dogmatisch dargelegt, dass Affirmationen gar nicht wirken könnten, aber Glaubenssätze, *die* wirkten!“

„Wo sieht er denn da den Unterschied?“

„Er brachte ein Beispiel mit dem Satz einer Affirmation: ‚Mein Krebs ist weg‘. Bei jemandem, der diesen Satz verinnerlichte, wäre Enttäuschung vorprogrammiert, wenn nichts passierte! Weißt du, Gabi, dieser Autor hat vollkommen recht – nur auf eine ganz andere Weise, als er selbst glaubt.“

„Wie meinst du das?“

„Sehen wir uns doch mal diesen Satz an: In diesen vier Worten sind bereits drei Fehler enthalten. Das Wort MEIN signalisiert dem Unterbewusstsein, der Produktionsabteilung unserer Persönlichkeit: ‚Also, Jungs, alles tun, dass Chef SEINEN Krebs behält. Chef will ihn behalten! Er sagt ja MEIN‘!“

„Ja“, unterbrach Gabi und schmunzelte, „das ist ja genau das, worauf du stets so unerbittlich hinweist, dass unser Unbewusstes kritiklos alles annimmt und versucht umzusetzen, weil es völlig anders funktioniert als unser Verstand.“

„Und der zweite Begriff, der nicht passt, ist das Wort KREBS. Unser Unterbewusstsein speichert in Bildern oder Begriffen. Wenn wir Krebs affirmieren, wird Krebs irgendwann kommen oder bleiben.“

„Und mit dem Wort WEG meinst du die Verneinung?“

„Richtig!“, fuhr ich fort, „unser Unterbewusstsein kann *nicht* mit einer Verneinung umgehen. Dieser Satz würde also vom Unterbewusstsein aufgenommen und umgesetzt werden als: Mein Krebs bleibt! Das gleiche Prinzip gilt doch für die Glaubenssätze! Wenn hier eine Negation angewandt wird, passiert genau das Gleiche! Für mich gibt es keinen Unterschied zwischen Affirmationen und Glaubenssätzen“, stellte ich fest. „Es ist das Gleiche! Die Hauptsache ist, dass wir mit unseren Worten genau das ausdrücken, was in unserem Leben passieren soll und nicht verneinen, was nicht passieren soll.“

Wir hingen eine Weile unseren Gedanken nach. Ich dachte daran, wie wichtig es ist, ganz sensibel mit unseren Worten umzugehen, wenn wir mit Affirmationen arbeiten. Vor allem in meinen Seminaren achte ich äußerst präzise auf die Formulierung dieser Glaubenssätze.

Meine Gedanken schweiften zurück zu der netten Episode, die sich genau eine Woche zuvor ereignet hatte.

Eines Nachmittags hatte ich unverhofft Besuch von einer guten Bekannten bekommen. Sie stand einfach da, mit einem Blumenstrauß in den Händen, und wollte sich dafür bedanken, dass ich ihr vor einiger Zeit in einer Notsituation bei ihrer Trennung finanziell unter die Arme gegriffen hatte.

Sie war inzwischen alleinerziehend und wieder auf Partnersuche. Vor kurzem hatte sie mich gefragt, ob sie durch Affirmationen auch einen Partner finden könnte. Ich hatte ihr einige hilfreiche Tipps dazu geben können.

„Na sowas!“, sagte ich nun überrascht zu ihr, „komm rein!“

„Gila, ich wollte mich nur bei dir für deine Hilfe bedanken. Nachdem du mir die erste Rückzahlung erlassen hast, habe ich heute den letzten Teil des noch ausstehenden Betrages überwiesen.“

Wir setzten uns in den Wintergarten. Ich bot ihr einen Kaffee an. Während ich in die Küche ging, rief sie mir nach: „Bitte nur eine kleine Tasse! Wenn ich Kaffee trinke, kann ich nachts nicht schlafen!“

Dann hörte ich, wie sie laut sagte: „Aber ich bin ganz stolz – jetzt sind wir wieder paarig!“

„Oh super“, antwortete ich überrascht, „hast du jetzt auch einen Partner gefunden?“

„Nein, wieso?“

„Weil du sagst, jetzt bist du wieder paarig!“

Stille.

„Gila, ich wollte eher damit sagen, dass meine Verpflichtungen bei dir nun wieder ausgeglichen sind.“

Ach je! Sie meinte wahrscheinlich – pari sein, aber ‚paarig‘ sein ist doch viel schöner, nicht? Es war so süß. Ich wollte sie einfach nicht korrigieren. Vielleicht hilft ihr dieser liebe Versprecher ja wirklich, endlich den Partner zu finden, den sie schon lange sucht. Ihr Unterbewusstsein hat dieses besondere Wort zumindest schon abgespeichert …

Doch jetzt war es an mir, mich diplomatisch aus der Affäre zu ziehen, indem ich mich zu ihr setzte und dabei schnell einen Spruch zu dem inzwischen servierten Kaffee losließ: „Was hast du eben gesagt? Wenn du Kaffee trinkst, kannst du nachts nicht schlafen?“

„Ist das bei dir etwa anders?“

„Bei mir ist das genau umgekehrt: Wenn ich nachts schlafe, kann ich keinen Kaffee trinken …!“

„Ach, Gila!“, lachte sie fröhlich, „so habe ich das noch gar nicht gesehen!“

Als ich Gabi diese nette Geschichte erzählt hatte, schmunzelte sie, fragte daraufhin aber nachdenklich: „Meinst Du, Gila, dass Worte von unserem Unterbewusstsein *so* genau umgesetzt werden?“

„Ja, Gabi. Es kommt jedoch darauf an, mit welchem Gefühl man diese Worte ausspricht.“

„Was heißt das?“

„Sieh mal, du kannst denken, fühlen und sagen: Ich habe viel Geld. Welcher Begriff wird dabei in deinem Unterbewusstsein gespeichert?“

„Geld.“

„So wird dafür gesorgt, dass stets Geld vorhanden ist, denn du bestätigst mit der Aussage ja deinen Reichtum.“

„Dann müsste es ja eigentlich egal sein, ob ich sage: Ich habe Geld oder ob ich sage: Ich habe *kein* Geld!“

„Und da liegt der Irrtum! Wenn ich sage, ich habe viel Geld, schwingt das Gefühl der Fülle mit. Aber genau das gegenteilige Gefühl tritt ein, wenn ich sage, ich habe *kein* Geld. Bei dieser Aussage steht das Gefühl des Mangels im Vordergrund.“

Abschließend gab ich ihr noch den entscheidenden Satz mit auf den Weg, warum das Gefühl wichtiger ist als das Wort selbst: „Denk daran, Gabi, das Gefühl ist der Programmierer unserer Gedanken!“

KAPITEL 5

Wie wenig ist am Ende der Lebensbahn
daran gelegen,
was wir erlebten,
und wie unendlich viel, was daraus hervorging.

(Friedrich Wilhelm von Humboldt)

Immer wenn ich an Karl denke, sehe ich seine blauen Augen und sein mitreißendes verschmitztes Lachen vor mir. Er war selbständiger Unternehmer im Ruhestand und hatte eine ganz bescheidene liebenswerte Art. Ich lernte ihn als Teilnehmer auf einem Kurs in Bezau in Vorarlberg kennen. Danach kam er jährlich mehrmals zu mir. „Gila, es ist immer wie ein Nachhause kommen“, sagte er dann lächelnd, wenn er mal wieder zur Tür hereinkam.

Zwischenzeitlich hatte ich in Leutkirch das wunderschöne Tagungshaus Regina Pacis gefunden und einen Teil meiner Seminare dorthin verlegt. Karl hatte sich mit einigen Teilnehmern aus seiner näheren, aber auch weiteren Umgebung angefreundet, und es war schon fast die Ausnahme, wenn er bei einem Seminar mal nicht mit dabei war.

Ähnlich ging es mir mit Ruth. Auf recht ungewöhnliche Weise hatten wir uns kennen gelernt. Vor vielen Jahren war eines meiner Seminare bei ihr in der Nähe völlig ausgebucht, was Ruth allerdings nicht davon abhielt, unangemeldet zu erscheinen und fröhlich und sehr selbstbewusst zu sagen: „Wenn noch ein Plätzchen frei sein soll für mich, dann ist es das auch!“

Und so war es dann auch – und nicht nur *ein* Plätzchen, sondern zwei bis drei Plätze pro Jahr. Auch sie hatte ihr Geschäft inzwischen aufgegeben und tat sich immer wieder ein Wellness-Wochenende für die Seele bei mir an. Sowohl Ruths Tochter Daniela als auch ihre erwachsene Enkeltochter Nathalie habe ich inzwischen ebenfalls auf meinen Kursen kennen und schätzen gelernt.

Karl und Ruth waren sich schon oft begegnet. Wenn einer von beiden mal allein kam, fragte er stets im Spaß, wo der andere denn bliebe.

Direkt nach einem Kurs rief Karl mich persönlich an und teilte mir sehr glücklich mit, in den vergangenen Tagen habe er sich in Birgit, eine Teilnehmerin, verliebt. Etwas Ähnliches hatte ich dort schon gespürt und erkannt, dass es auf Gegenseitigkeit beruhte. Später telefonierten wir ein weiteres Mal. Er sprach dabei über seinen bevorstehenden Umzug zu ihr. Wie glücklich hörte er sich an!

Erstaunlicherweise hörte ich danach längere Zeit nichts mehr von ihm, bis ich dann im Sommer in Leutkirch meine neue Kreation *‚Heilung, Licht und Liebe'* vorstellte – in Kurzform: unser inzwischen sehr beliebtes *‚Hei-Li-Li'*.

Karl hatte sich zwar nicht angemeldet, doch ich hörte von Ruth, dass er sich mit einigen Teilnehmern, die er gut kannte, in der längeren Mittagspause verabredet hatte. Am Hinterausgang lief ich Karl direkt in die Arme.

„Na, das gibt's doch nicht", lachte er mich an, als er mich erblickte. „Das nenne ich Glück! Ich weiß ja, dass du es nicht gern siehst, wenn Teilnehmer deiner anderen Seminare dich während der Zeit besuchen, aber das sollte jetzt wohl so sein!"

Damit hatte er recht. Als ich ihn ansah, fiel mir auf, wie dünn er geworden war. „Sag mal, Karl, wieviel hast du denn abgenommen?"

„Ja“, druckste er etwas herum, „ich war krank, aber jetzt geht es wieder bergauf.“

Ich spürte, es war ihm unangenehm, darüber zu sprechen. Auch über Birgit hielt er sich bedeckt. Ich dachte mir, dass er wohl seine Gründe dafür hätte, und beließ es dabei.

An dem Nachmittag sollte unser zauberhaftes Heilungsritual in der Natur stattfinden. Und da kam mir ein Gedanke: „Sag mal, Karl, hättest du Lust, nach der Mittagspause daran teilzunehmen? Ich lade dich ganz herzlich dazu ein. Normalerweise geht es nicht, dass jemand erst am Samstagnachmittag dazu stößt. Da du aber fast die gesamte Gruppe kennst, würde ich dich gern dabei haben.“

„Ach Gila“, entgegnete er bescheiden, „das kann ich doch gar nicht annehmen …!“

„Ach so“, zog ich ihn auf, „annehmen kannst du das nicht, aber seit Jahren für andere da sein, das geht? Also, hast du Zeit?“

Wieder dieses liebe Lachen von ihm!

„Ja, gut“, willigte er ein, „ich bin dabei. Danke, Gila!“

Wunderschön zu sehen, wie Karl die Kraft der Heilung der Elemente in sich aufnahm. Ich wünschte ihm von Herzen, dass diese Kraft auch für ihn die Heilung brächte, die er brauchte.

Es war herrlich, wie sehr er das lachintensive Abendritual genoss! Und auf meine Bitte hin blieb er auch am Abschiedstag bis mittags bei uns.

„Gila, ich bin dir so dankbar für diese wunderschönen Stunden hier, die mir so unerwartet geschenkt worden sind, und auch die Zeit der Begegnung mit den anderen Teilnehmern. Ich kenne ja fast alle. Hier ist übrigens meine Anmeldung zum Engelseminar im November in Bezau.“

„Oh, du kommst! Das ist schön! Sieh aber zu, dass du bis dahin wieder etwas auf die Knochen bekommst!“, scherzte ich und nahm ihn zum Abschied herzlich in meine Arme. Irgendwie fehlte mir sein weicher Bauch.

Vier Monate später sollte dieser Kurs in Bezau stattfinden, der Tagungsstätte, die er mit seinem Unternehmen Jahre zuvor umgebaut hatte. Dort hatte auch unser erstes Treffen stattgefunden. So konnten wir uns alle wieder auf Karl freuen.

Je schöner und voller die Erinnerung, desto schwerer ist die Trennung, aber die Dankbarkeit verwandelt die Erinnerung in stille Freude. Dieser Satz bedeutet, die Vergangenheit in Dankbarkeit zu betrachten, sie jedoch nicht verklärt zu sehen, wenn die Gegenwart uns vor Herausforderungen stellt und die Zukunft sich damit bedrohlich vor uns aufzutürmen scheint. Die Natur ist uns ein Beispiel, dass jede Zeit etwas Wunderbares für uns bereithält.

So kann ich beispielsweise der Jugend und der mit ihr einhergehenden körperlichen Ansehnlichkeit, die im Alter nachlässt, nachtrauern – oder ich kann mich in der jetzigen Lebensphase über die geistigen Erfahrungen und die seelische Reife freuen. Einem auf Äußerlichkeiten ausgerichteten Menschen mag dieses schwerfallen. Für dessen Bewusstsein muss geradezu die Enttäuschung vorprogrammiert sein, wenn er spürt, dass die Frische der Jugend langsam, aber sicher nachlässt. Was ist es, worüber er sich dann definieren kann?

Das Verhängnis liegt im Vergleich, sagt man. Wenn der Zeit der Aktivität in der Blüte unseres Lebens die Phase der Ruhe folgt, dann sollten wir auch in diesem Ausruhen etwas Beglückendes erkennen. Und wie schön ist es, wenn wir dann in Zeiten neuer Herausforderungen durch unsere Erinnerungen wertvolle und hilfreiche Impulse bekommen. Sie sollten uns nicht wehmütig stimmen, sondern uns das große Glück dieser Erfahrungen deutlich machen.

Wenn wir jedoch ein Gefühl von Leere in uns empfinden, so wird dieses Gefühl alle weitere Lebensfreude ersticken, weil unsere gesamte Lebenskraft dadurch eingeschränkt wird.

Die gesamte Natur ist unser Vorbild. Denken wir an einen Baum, wie er sich im Laufe der Jahreszeiten verändert. Im Frühjahr bekommt er Wasser und Nährstoffe aus dem Boden durch seine Wurzeln. Die Nährflüssigkeit steigt den Baum hinauf, verteilt sich durch die Leitgefäße weiter bis in die Äste und Zweige. Überall bilden sich Knospen, die immer praller werden. Dann platzen sie vor Vitalität und geben kleine Blätter und Blüten frei. Die Blätter entfalten sich grün und saftig. Die Blüten duften und leuchten verschwenderisch.

Blätter und neue Triebe entwickeln sich daraus. Im Laufe des Sommers reifen die Früchte. Schließlich werden die Blätter älter, sie färben sich bunt und fallen herab, wenn der Herbst kommt. Die Blätter fallen auf den Boden und werden mit der Zeit im Laufe des Winters ein Teil des Bodens. Dann werden die aus der Zersetzung entstandenen Nährstoffe wieder von den Wurzeln absorbiert, wenn der Baum im Frühling zu neuem Leben erwacht.

So besitzt jede Jahreszeit ihren Zauber, ihre Bedeutung und ihre Wertigkeit. Fehlte nur eine dieser Phasen, wäre der Kreislauf des Lebens unterbrochen – und der Mensch ist ein Teil dieses Kreislaufs. Entsteht auch nur eine Disharmonie in diesem System, würde dieses sowohl für die Natur fatale Folgen haben als auch bei uns Menschen zu Krankheit führen.

Doch Krankheit hat den tieferen Sinn, Veränderung zu bewirken. Das kann einerseits heißen, das Leben durch diese Veränderung bewusster und verantwortlicher in die Hand zu nehmen. Andererseits kann Krankheit auch bedeuten, dem tiefen Wunsch der Seele zu entsprechen, ins Licht zu gehen, wenn sie sich das vorher ausgesucht hat.

Viele Teilnehmer hatten sich wieder zum Engel-Seminar im November in Bezau angemeldet und freuten sich auf ein Wiedersehen.

Nach und nach trudelten sie ein. Jedes Mal hörte ich Ausrufe der Freude, wenn wieder jemand Bekanntes eintraf. Auch Ruth war gerade angekommen und nahm mich herzlich in ihre Arme.

„Ach Gila, wie ist das schön, dass ich mich wieder auf dieses Energiewochenende freuen kann! Viele glauben ja schon, ich gehöre zum Inventar bei dir, aber ich brauche das einfach. Meine gesamte Familie versteht das inzwischen."

Lachend schaute ich sie an. Mit ihrer kurzen grauen Stoppelfrisur und ihren blitzend blauen Augen wirkt sie weit jünger als sie ist. Und vor allem ihr köstlicher Humor zeichnet sie aus. Ich liebe es einfach, wenn sie dabei ist.

„Ist Karl schon da?", fragte sie und schaute sich suchend um.

„Nein", antwortete ich, „er müsste aber jeden Moment kommen. Du weißt ja, er ist immer pünktlich."

Der Kurs füllte sich zusehends. Wie immer wollten wir mit dem gemeinsamen Mittagessen beginnen – nur Karl fehlte noch. Das war sehr ungewöhnlich, weil er sonst stets einer der ersten war.

„Wo bleibt er bloß?", fragte Ruth. „Hast du nach unserem Treffen im Juli noch mal Kontakt zu ihm gehabt?"

„Nein, aber das war in der Vergangenheit auch nie der Fall. Er hatte sich angemeldet und kam. Nie musste ich bei ihm nachhaken."

„Schon eigenartig", meinte Ruth nachdenklich, „na ja, er wird schon noch kommen."

Kurz bevor wir mit dem gemeinsamen Essen begannen, bat ich Norbert, den damaligen Geschäftsführer des Bildungshauses, ob ich Karl mal anrufen dürfe. Zu Hause meldete er sich nicht, also schien er bereits unterwegs zu sein. Ich probierte es auf seinem Handy, und als der Anrufbeantworter ansprang, sprach ich einen lieben Gruß darauf und sagte ihm, dass wir auf ihn warteten. So weit – so gut.

Dennoch erfasste mich eine innere Unruhe. Das sah Karl überhaupt nicht ähnlich. Plötzlich kam ich auf die Idee, im Krankenhaus seines Ortes anzurufen, ob er vielleicht dort läge, nachdem es ihm im Sommer bereits nicht gut gegangen war. Bei dem Anruf erfuhr ich, dass das wahrhaftig der Fall war!

„Norbert, vielen Dank, dass ich anrufen durfte, aber meine Befürchtungen haben sich bewahrheitet. Karl liegt im Krankenhaus. Er wird nicht kommen."

Alle, die ihn kannten und sich so auf ihn gefreut hatten, waren betroffen, als sie diese Nachricht erhielten.

Als wir nach dem Mittagessen im Tagungsraum zusammensaßen, sagte ich zu der Gruppe: „Lasst uns Karl einfach während dieser gemeinsamen Tage das Licht unserer Kerze widmen. Ich spüre, er braucht jetzt unsere gute Energie. Immer wenn wir in das Licht der Kerze schauen, senden wir ihm Heilung und Liebe."

Es war der 11.11.11 – ein Freitag, als ich mittags in der Pause noch einmal bei ihm zu Hause anrief. Seine Tochter meldete sich. Ich stellte mich vor, und als ich sie vorsichtig fragte, wie es ihrem Vater ginge, sagte sie mir nur, ihr Vater sei morgens um 5.05 Uhr ins Licht gegangen.

Erschüttert von dieser Nachricht zog ich nur Ruth ins Vertrauen. Sie weinte, während wir einander tröstend in die Arme nahmen. Die Gruppe sollte es erst spät abends erfahren, da eine sehr lustige Abendeinheit angesetzt war, und der wollte ich einfach nicht die fröhliche Schwingung nehmen. Das hätte Karl auch nicht gewollt.

Ja, Karl – du hast dir einen wunderbaren Zeitpunkt ausgesucht. Während eines von dir gebuchten Engelseminars bist du ins Licht gegangen! Und viele deiner Freunde, die dich seit Jahren kennen und lieben gelernt hatten, waren zusammengekommen. Gemeinsam konnten wir für dich an dem Platz, wo wir beide uns zum ersten Mal getroffen haben und den du mitgestaltet hast, eine wunderschöne Engelmeditation für dich machen.

Dein von mir mit einem roten Herzen vorbereitetes Namensschild habe ich an ein Bild von dir geklebt, da ich es dir persönlich nicht mehr an dein Herz heften konnte. Dieses Bild habe ich voller Liebe zwischen all unsere Engel gesetzt. So warst du die ganzen Tage über mitten unter uns – so wie du es gewollt hattest. Danke Karl!

Wieder zu Hause kam mir Birgit in den Sinn. Was war mit ihr? Offensichtlich war Karl in seinem Heimatort ins Licht gegangen und nicht bei ihr. Wusste sie, dass er diese Welt verlassen hatte? Ich entschied mich, sie anzurufen.

„Gila? Ich glaube es nicht! Du am Telefon?“

„Ja, Birgit – und zwar aus einem ganz bestimmten Anlass. Es geht um Karl.“

„Um Karl?“

Ich erzählte ihr, was geschehen war – und ihr langes Schweigen sprach Bände. Es stellte sich heraus, dass die beiden wohl sehr glücklich zusammengelebt hatten, bis Karl sie plötzlich von heute auf morgen ohne ein Wort der Erklärung verlassen hatte. Daran hatte sie immer noch stark zu knacken. „Wie konnte er das tun?“

Ich erklärte ihr, dass er meines Erachtens aus reiner Liebe gehandelt hatte, als er seine Diagnose erhielt, und sie mit seiner Krankheit und deren Folgen keinesfalls belasten wollte.

„Aber wie geht das, Gila! Wir waren ein Paar! Ich hätte für

ihn gesorgt bis zum Schluss! Das ist doch selbstverständlich!“

„Ja, Birgit, das stimmt. Für uns ist das so, aber wir müssen auch die Menschen verstehen, die eine so schmerzliche Entscheidung treffen, um den anderen zu schützen. Er wollte seine Würde behalten, indem er dir nicht zugemutet hat, ihn so krank zu sehen. So sehr liebte er dich. Ich weiß es, denn er hat ja in der Anfangszeit mit mir über eure Beziehung gesprochen.“

„Ich wäre für ihn da gewesen – bis zuletzt! Dass er mich einfach ohne ein Abschiedswort verlassen hat, war viel schlimmer.“ Ich vernahm ihr leises unterdrücktes Schluchzen.

„Das kann ich gut verstehen“, bestätigte ich voller Mitgefühl, „aber nimm es als ein Zeichen seiner Liebe, dass er sich so verhalten hat. Und er hat mich offensichtlich als Mittler ausgesucht, dir den wahren Grund seines Verhaltens nahezubringen. Ruth hat mir übrigens von seiner Beerdigung eine kleine Broschüre mit seinem Bild übersandt, Birgit, die möchte ich dir gern schicken, ja?“

„Gern Gila. Und vielen, vielen Dank, dass du mich angerufen hast. Ich bin jetzt völlig durcheinander und muss meine Gefühle erst einmal sortieren: Karls Weg ins Licht, sein wirkliches Motiv! Alles ist jetzt anders.“

Liebe Birgit, ich bin dir sehr dankbar, dass ich die Geschichte in diesem Buch erwähnen darf. Ich bin sicher, dass Karl von dort, wo er jetzt ist, in Liebe seine Hand über dich hält. Und ich bin auch dankbar zu erkennen, dass sich seine Seele den besonderen Zeitpunkt ihres Gehens bewusst an unserem gemeinsamen Engelseminar ausgewählt hat, damit ich über dieses Ereignis auch schreiben kann.

Damit konnte ich dir die Botschaft geben, die für dich heilend und tröstend ist. Karl hat dich aus Liebe zu dir verlassen. Ich weiß, dass es so ist – glaub mir einfach!

Gerade in dem Moment, wo ich diese Zeilen schreibe, geschieht etwas Merkwürdiges: Ich erhalte eine E-Mail von Karl mit der Überschrift DANKE!

Erschrocken schaue ich noch einmal genau hin. Erst beim zweiten Hinsehen bemerke ich, dass die Nachricht nicht von Karl, sondern von Kari, meiner Schwiegertochter aus Alaska kommt. Völlig ungewöhnlich, weil ich fast ausschließlich mit meinem Sohn unter seiner Adresse korrespondiere. Ausnahmsweise hat André eben mit der E-Mail-Adresse von Kari geschrieben – und dann auch noch DANKE als Überschrift!

Für meine Seele aber bleibt es: E-Mail von Karl – DANKE!

Danke Karl – ich habe verstanden!

Für mich ist es wieder ein Beweis, dass es diese andere Welt gibt. Es ist die Erkenntnis der Göttlichen Ordnung, die uns dieses Wissen gibt. Mit dem beschränkten Fokus unseres Kopfes aber wollen wir das sehr oft nicht wahrhaben.

In der östlichen Literatur gibt es eine Fabel von einem Frosch, der in einem kleinen Brunnen lebte. Er hatte diesen Brunnen noch niemals verlassen.

Eines Tages kam ein anderer Frosch, dessen Heimat das weite Meer war, zu dem Brunnen und sah neugierig hinein. Dort saß sein Kollege auf einem Brett. Der Meeresfrosch sprang mit einem großen Satz zu ihm und setzte sich neben ihn.

„Wer bist du denn? Wo wohnst du?", fragte ihn der Frosch aus dem Brunnen.

„Ich bin der Meeresfrosch und wohne im Meer."

„Im Meer? Was ist das denn? Wo ist denn das Meer?"

„Das Meer ist eine große Wasserfläche, gar nicht weit von hier."

„Und wie groß ist dein Meer?"

„Oh, sehr groß!"

„So groß wie dieser kleine Stein hier?“
„Oh, viel größer!“
„So groß wie dieses Brett, auf dem wir sitzen?“
„Oh, viel größer!“
„Nun, wie viel größer denn?“
„Das Meer, in dem ich wohne, ist größer als dein ganzer Brunnen. Man könnte Millionen solcher Brunnen damit füllen.“
„Unsinn! Unsinn! Du bist ein Lügner und Betrüger. Geh fort von meinem Brunnen! Geh fort! Ich will nichts von einem solchen Frosch wissen!“

Ein schönes Beispiel – finde ich! Bezogen auf uns Menschen heißt das: Wir können uns absichtlich gegen neue Einsichten verschließen, weil diese mit bestehenden Glaubensmustern und vorgefassten Meinungen nicht übereinstimmen.

Alle Reibungen, Ungewissheiten, Ängste und Verwirrungen treffen uns bloß deshalb, weil wir nicht in Harmonie mit der Göttlichen Ordnung der Dinge sind. Solange wir dies nicht erkennen, werden solche Eigenschaften Macht über unser Leben haben. Gegen die Strömung der Liebe zu rudern, ist schwer und unsicher, mit dem Strom der Liebe aber, um so das Wirken einer großen Naturkraft für sich zu nutzen, geht umso leichter.

Wenn wir uns also neuen Erkenntnissen und Ansichten öffnen, so wird von allen Seiten her dementsprechende neue und gute Energie in uns einfließen.

Bei dem Kurs in Bezau, wo ich auch Karl zum ersten Mal traf, bekam Michael den Namen Bärli. Er, ein sehr sympathischer Mann Mitte Vierzig mit schwarzgrauem, dichten Stoppelschnitt, groß und imposant, ist Diplomingenieur in der IT-Branche und gleichzeitig sehr spirituell – eine ganz besondere Kombination!

Liebenswert an ihm sind auch sein verschmitztes Lachen und seine warme dunkle Stimme, weshalb die Teilnehmer ihm den Namen Bärli verpassten.

Oft habe ich Bärli seitdem getroffen. Ich durfte ihn in dem vergangenen Jahrzehnt auch aus der Ferne auf seinem geschäftlichen Weg begleiten. Besonders habe ich mich gefreut, als ich auf einem Kurs auch seine Frau Rita und seine Tochter Verena kennen lernen durfte.

Viele Leser und Leserinnen meiner Bücher sowie Teilnehmer schauen regelmäßig in unser Gästebuch und finden dort auf unserer Internetseite über Jahre hinweg viele Einträge von Bärli Michael. Seine indianischen Weisheiten, die er uns dadurch zur Verfügung stellt, machen immer wieder nachdenklich.

Alle freuten sich also wieder auf Bärli Michael im Tagungshaus Regina Pacis in Leutkirch und waren recht enttäuscht, als er ganz plötzlich einige Tage vorher aus dienstlichen Gründen absagen musste.

Doch dann kam die Überraschung, als während des gemeinsamen Mittagessens ein Postpaket von Bärli bei der Rezeption abgegeben wurde! Ich öffnete es und lachte laut auf – ein Stoff-Teddy von Bärli, damit er doch noch in unserer Mitte sein konnte!

Viele, die ihn persönlich kannten, haben sich dann im Internet für Bärlis Bärli revanchiert, mit einem Bild, auf dem sie ihm alle zuwinkten.

Lieber Bärli – bitte bleib so! Wir lieben dich!

*

Susi, eine Teilnehmerin, sprach bei einem Kurs in Hürtgenwald über ihr Leben und ihre Familie. Dass sie 7 Kinder zur

Welt gebracht hatte, sah man ihrer zierlichen Figur nicht an. Sie war ganztags als Friseurmeisterin in ihrem eigenen Salon tätig gewesen, eine Frau mit Herz und Verstand.

Bei einer Krebserkrankung hatte sie Heilung erfahren dürfen, obwohl ihre Chancen sehr gering gewesen waren. Auf meinen Wunsch hin erzählte sie, welchen Bruch ihr Leben dadurch erlitten hatte und wie sie damit umgegangen war.

Etwas nachdenklich sprach sie darüber, wie während ihrer zweiten Schwangerschaft bei ihr schwarzer Hautkrebs diagnostiziert wurde. „Eigentlich dürfte ich gar nicht mehr hier sein. Die Schulmedizin hatte mich aufgegeben. Überall Metastasen in meinem Körper, unkontrollierbar, unaufhaltsam. Heute findet sich kein einziger Krebsherd mehr in mir. Ich gelte als medizinisches Wunder."

Wie gebannt hing die Gruppe an ihren Lippen, als sie fortfuhr: „Meine Geschichte begann vor 12 Jahren. Da entdeckte ich, dass an meinem rechten Ellenbogen, genau da, wo man es ohne Spiegel mit eigenen Augen nicht sehen kann, ein schwarzes Muttermal anschwoll. Ich ging zum Hausarzt. Es wurde weggeschnitten."

Alles schien gut zu gehen. Aber nach einigen Monaten bildeten sich bei Susi unterhalb der Narbe Knoten.

„Ich dachte mir, auch die werden herausgeschnitten, dann ist es wieder gut."

Als ein Vierteljahr später vergrößerte Lymphknoten sowohl in beiden Leisten als auch in ihrem Oberschenkel entdeckt wurden, kam die Angst bei ihr hoch. Die Knoten wurden wiederum entfernt.

„Jetzt muss ich was tun", beschloss Susi. „Ich war total aufgewühlt und dazu auch wieder schwanger!

Sie sollte mit hochdosierten Chemo-Medikamenten behandelt werden. Aufgeschreckt machte sie einen Termin und wollte erst mal eine Beratung. Aber die Operation war schon fest eingeplant, wie sie am Telefon erfuhr. „Dort wurde ein Automatismus gestartet", sagte Susi bitter, „bei dem ich das ungute Gefühl bekam, der Patient hätte gar kein Mitspracherecht mehr."

Aus der Runde heraus stellte Anne die Frage: „Und du warst ja auch noch schwanger. In welchem Monat?"

„Im dritten! Ein Kind, das unterwegs war! Als ich mit den Ärzten darüber sprach, fragten sie mich, was mir wichtiger sei – *mein* Leben oder das Leben des Fötus. Ich habe danach die Behandlung abgesagt."

„Was für eine mutige Entscheidung!", meinte Anne.

Susi wurden dann Spezialisten einer Universitätshautklinik empfohlen. Sie sollte an einer Doppelblindstudie teilnehmen, die dazu diente, ein neues Medikament zu testen, sich aber verpflichten, keine andere Therapie zu machen. Doch als erstes müsste die Schwangerschaft unterbrochen werden, da ihr Kind dadurch geschädigt werden könne.

„Und? Hast du unterschrieben?"

„Nein", erwiderte Susi, „da meinte die Ärztin, dann könne sie leider nichts mehr für mich tun. Mit diesen Worten wurde mir mitgeteilt, dass die Schulmedizin fertig war mit mir. Die Natur hat dann übrigens entschieden, dass mein Baby in dieser besonderen Phase nicht geboren werden sollte. Ich habe es damals von selbst verloren", berichtete sie traurig.

Alle schwiegen bewegt.

„Ich habe mir dann im Internet Info-Material über eine alternative Behandlung besorgt und die Prospekte meinem Hausarzt vorgelegt. Er hat sie durchgelesen und nur kopfschüttelnd gemeint, das sei doch keine Krebstherapie."

Aber Susi hatte nichts mehr zu verlieren. Durch eine Fernsehsendung war sie auf eine Klinik in Bad Mergentheim aufmerksam geworden. Dort erfuhr sie, dass die Behandlung von Melanomen bei jedem Menschen individuell erfolgen würde. Allerdings würde bei allen Patienten eine Basis-Therapie angewendet. Der Körper sollte entgiftet, der Stoffwechsel optimiert werden, etwa durch Vitamine und gesunde Ernährung. Diese unspezifischen Maßnahmen wären für alle Patienten günstig. Sie erhöhten die Leistung des Körpers und damit die Chance, dass die Selbstheilungskräfte eines Menschen wieder aktiviert würden. Der Ansatz dieser Klinik ist, das Milieu der Krebszelle so zu beeinflussen, dass der Körper eine Selbstheilung startet.

„Ich hörte, dass hier nicht das Symptom Krebs bekämpft werden sollte, sondern dass ich bei dieser Therapie als ganzer Mensch betrachtet würde. Das machte Sinn für mich. Aber das Gespräch war auch ernüchternd, als der Leiter sagte, er könne mich nicht heilen, sondern nur unterstützen."

„Er hat dir also keine Heilung versprochen?“, kam die Frage aus der Gruppe.

„Nein. Und genau das war einer der Gründe, weshalb ich mich für das Programm dieser Klinik entschieden habe. Ich stellte um auf Vollkornbrot, verzichtete auf Schweinefleisch und Zucker, und unterzog mich einer Fiebertherapie, die eine Heilung begünstigt. Fieber ist eine der natürlichen Heilreaktionen des Körpers."

Susi erzählte, dass trotz dieser Fiebertherapie im Jahr danach das Ergebnis ernüchternd war. Im Laufe des Jahres machte der Kernspintomograf weitere Hautmetastasen sichtbar. Sie bekam den siebten Fieberstoß und noch einen achten. Die Knoten wuchsen trotzdem.

„Bei dem pausenlosen Einsatz in unserem Salon hatte ich mich vorher oft nach dem Sinn meines Lebens gefragt. Und dann fasste ich einen Entschluss“, sagte sie mit fester Stimme, und wir alle spürten die Kraft dieser Persönlichkeit. „Wie ich euch eben erzählt habe, konnte mein Baby damals nicht geboren werden, was mich sehr traurig gemacht hat. Ich bin ein gläubiger Mensch – und habe während dieser Phase viel gebetet, das könnt ihr mir glauben! Ich hatte ja plötzlich viel Zeit, weil ich nicht mehr von morgens bis abends in unserem Salon arbeiten musste. Und dann schien es, als wenn sich zwischen dem Baby, was ich verloren glaubte, und mir ein Kontakt aufbaute. Es war, als wenn es mir sagte, es wolle wiederkommen – ich sollte einfach daran glauben. Ein unglaubliches Glücksgefühl durchströmte mich! Es war wie eine totale Befreiung!

Und dann ging ich in das Gebet: ‚Vater im Himmel, wenn DU es für richtig hältst, dass dieses Baby und noch weitere Kinder zu mir kommen möchten, dann sind all diese Kinder bei uns aufs Herzlichste willkommen!‘

Mein wunderbarer Mann, der tagsüber in unserem Friseursalon arbeitete und sich in seiner Freizeit während meiner Klinikaufenthalte zusammen mit meiner Mutter um unsere kleine Tochter kümmerte, war damit einverstanden. Den Preis, sagte er voller Liebe, würde er gern zahlen, wenn ich bloß wieder gesund würde.“

Die Gruppe war mucksmäuschenstill geworden. Man hätte eine Stecknadel fallen hören können, als Susi fortfuhr: „Gila, ich hatte inzwischen meinen Frieden gemacht und akzeptiert, dass ich ins Licht gehen könnte, wie du immer so schön sagst. Durch diese Entscheidung, keine Angst mehr zu haben vor dem, was auf mich zukommen könnte, machte ich mich jetzt auf die Suche nach meinem inneren Kern und begann, wieder zu malen, was ich seit Jahren nicht mehr getan hatte. Ich habe ein Leben gelebt, das nicht meiner Natur entsprach. Vieles war verschüttet. Jetzt hatte ich Zeit und Ruhe und begann, nach dem Menschen zu graben, der ich einmal war.“

Zwei Jahre nach Entdecken des ersten Knotens ließ sich Susi zum zehnten Mal unter künstliches Fieber setzen.

Und dann passierte es!

Eine Woche nach dem Fieber begannen die Knoten zu schrumpfen. Der Lymphknoten in der linken Leiste, der bereits so groß war wie eine Walnuss, bildete sich zurück. Während ihres weiteren vierwöchigen Aufenthaltes in der Klinik verschwand auch die letzte Metastase. Bei Susis Entlassung war ihr Körper frei davon. Das ist bis heute so geblieben.

„Und dann“, schmunzelte sie, während ihre dunklen Augen blitzten, „hat Gott sich wohl an mein Versprechen erinnert und meinen Mann und mich beim Wort genommen. Wir haben danach noch weitere sechs Kinder bekommen. Mein jüngster Sohn ist jetzt zwei Jahre alt.“

„Unglaublich“, sagte Anne mit feuchten Augen. „Was für eine Geschichte, Susi!“

„Auf den langen Spaziergängen mit meinen Kindern habe ich stets ein Dankgebet auf den Lippen, und mein Herz fließt über vor Liebe, wenn ich meine Rasselbande um mich herumwuseln sehe. Mein Glaube ist fester geworden. Heute nehme ich mir die Zeit, die ich früher nicht hatte. Unseren Friseursalon, in dem ich wie ein Hamster im Käfig rotierte, haben mein Mann und ich verkauft. Dieser Umbruch ist uns anfangs nicht leicht gefallen. Aber dadurch haben wir uns die Chance auf ein erfülltes Leben erkämpft. Mein Mann arbeitet nur noch sporadisch im Salon mit, und das tut uns allen gut. Ich bin gesund und kann mir jetzt viel Zeit für unsere Kinder nehmen. Mein Leben fühlt sich jetzt manchmal wieder so an wie als Jugendliche. Unbeschwert – trotz der vielen Aufgaben, vor die mich meine Kids stellen.“

Anne wollte wissen: „Was hat wohl am meisten zu deiner Heilung beigetragen, Susi?“

„Sicherlich auch die Fiebertherapie, die Selbsterkenntnis oder auch die Besinnung auf meine Persönlichkeit. Ich bin jedoch überzeugt“, bekannte Susi, „dass die Heilung an sich in meinem Glauben lag. Meine kleine Tochter war inzwischen vier Jahre alt. Und als ich danach zum ersten Mal wieder schwanger wurde, ist ein enormes Glücksgefühl in mir erwacht. Da wusste ich einfach, mein Angebot war auch Gottes Wille. Ich habe dann all meine Lebenskraft auf die Zukunft und die Freude auf das Leben, welches noch vor mir liegt, gerichtet – und nicht mehr auf meine schwierige Vergangenheit.“

Eine herzergreifende Geschichte, die die gesamte Gruppe stark berührte …

Und doch möchte ich auch gern über die Gedanken berichten, die nach Susis berührender Schilderung laut wurden.

Dirk, ein Gruppenmitglied, traute sich, die Frage zu stellen: „Susi, wir gehen hier ja alle sehr offen miteinander um, verzeih daher mein Nachhaken: Ich möchte noch einmal den Aspekt aufgreifen, dass eure Kinder heute da sind. Als ich deine Geschichte, die mich wie alle anderen auch sehr berührt hat, gehört habe, ist bei mir die Frage aufgetaucht, ob man mit Gott ein Abkommen treffen kann. So nach dem Motto: Wenn DU mich heilst, bin ich bereit für weitere Kinder. Ehrlich gesagt, ich glaube nicht, dass das so funktioniert.“

Ich schaltete mich ein und bestätigte: „Dirk, das sehe ich genauso, mit Gott kann man nicht handeln. Aber wenn unser Wunsch, oder nenne es ruhig Angebot ans Leben oder an Gott, übereinstimmt mit unserem Lebensplan, dann kann und wird es geschehen."

„Aber dann wäre das doch auch vorbestimmt gewesen?“, fragte Dirk nachdenklich.

„Ja, das erscheint mir plausibel. Und jetzt kommt ein wichtiger Aspekt: Wenn Susi ihren Fokus auf Angst und frühes Ende ihres körperlichen Lebens gerichtet hätte, wäre sie höchstwahrscheinlich ins Licht gegangen."

„Und die Kinder wären nicht geboren worden?"

„Wenn ihre Kinder nicht die passenden Lebensumstände, die sie für ihre Inkarnation brauchten, vorgefunden hätten, wären sie vielleicht bei anderen Eltern inkarniert."

„Och, nein", reklamierte Susi trocken, „das musste nicht sein, so sehr sie mich auch manchmal nerven!"

Ihr lockerer Einwurf brachte die Gruppe, die sehr nachdenklich geworden war, wieder zum Lachen.

Dirk stellte noch eine abschließende Frage, die sehr interessant war. „Susi, sorry, dass ich das Thema erneut anschneide: Ich möchte den Gedanken, Gila, den du eben ausgesprochen hast, noch einmal aufgreifen, dass Susi durch die Veränderung ihres Fokus und das Besinnen auf ihre Lebenskraft wahrscheinlich gesund geworden ist. Wenn sich aber ihre Seele, bevor sie inkarniert ist, ein Leben mit Kindern ausgesucht hat, und sie entscheidet sich, auf das Weiterleben zu verzichten, ohne dass ihre Kinder geboren werden konnten, wo bleibt dann die Erfüllung ihrer Lebensaufgabe in Bezug auf ihre Kinder?"

Ich merkte, wie gespannt die Gruppe auf meine Antwort wartete, und sagte: „Also, ich persönlich glaube, diese Aufgabe muss nicht unbedingt im aktuellen Leben wirksam werden. Sie kann sich ebenso in einem der nächsten Leben manifestieren. Ein Mensch kann bewusst oder unbewusst entscheiden, ob er seine Lebensaufgabe leben will, beziehungsweise leben kann, wenn zum Beispiel die Lebensumstände nicht mehr gegeben sind.

Anhand der anschließenden Diskussion in der Pause spürte ich, wie sehr sich die Teilnehmer noch mit diesem Thema auseinandersetzten. Doch wir können uns noch so oft die Frage stellen: Was wäre gewesen, wenn? Woher kommen wir – wer sind wir – wohin gehen wir?

Uns Menschen ist nun mal der Schleier des Vergessens gegeben, zu unserem eigenen Wohle übrigens, deshalb werden wir eine abschließende Antwort als Mensch wohl nicht erhalten.

Wenn ich auch nicht alles weiß, so doch eines: Wenn wir liebevolle Ursachen setzen, werden liebevolle Wirkungen erfolgen – egal ob in diesem Leben, im nächsten oder erst in irgendeinem anderen Leben. Wir alle sind auf unserem Weg, und dieser Weg mündet in die Liebe Gottes – in die Liebe des Universums.

KAPITEL 6

Freunde sind Engel,
die uns wieder auf die Beine helfen,
wenn unsere Flügel vergessen haben
wie man fliegt!

(Verfasser unbekannt)

„Weißt du, Gila“, sagte Gabi nachdenklich, „viele Menschen wissen gar nicht, über welche kreativen Kräfte sie verfügen. Sie sind ganz überrascht, wenn ich mit ihnen darüber spreche. Für mich ist das inzwischen ganz normal, dass ich Dinge vorher geistig plane, damit sie später in meinem Leben als Ereignisse und Lebensumstände erscheinen.“

„Ja, du hast recht, Gabi! Wir sind ja nicht nur auf dieser Welt, um für unser körperliches Wohl zu sorgen, sondern sollten auch mehr für unser geistiges Wohlbefinden tun. Erst dadurch bekommen wir wieder Kraft fürs Leben, Frieden, Liebe und Vertrauen.“

„Ja, Gila“, entgegnete sie, „wenn wir daran nur immer denken würden …!“

„Es ist nun mal so“, fuhr ich fort, „dass wir geistige Wesen sind. Wenn wir uns wieder darauf besinnen und uns inspirieren lassen – still, fest und klar werden, schaffen wir das, worüber wir uns jetzt noch Sorgen machen. Diese Erkenntnis ist ja nur der Anfang, dem dann auch Taten folgen müssen. Halten wir uns nicht daran, sind Sorgen, Defizite und unerfüllte Sehnsüchte unausweichlich. Die geistige Welt, die uns inspiriert und leitet, steht nun mal ständig mit uns in Kontakt, ob wir daran glauben oder nicht."

Ich hielt einen Moment inne und spürte, wie Gabi meine Worte verinnerlichte.

Nachdenklich entgegnete sie dann: „Auf deinen Engelseminaren, wo wir Kontakt aufnehmen können zu unseren Engeln, habe ich diese Verbindung zur geistigen Welt in den stillen Stunden ganz deutlich erlebt."

„Ja, das passiert oft. Gerade dort! Diese Erfahrungen helfen uns auch, die Bruchstücke der eigenen Vergangenheit einzuordnen. Wer anfängt, den Weg der Liebe zu gehen, wird erleben, wie sich seine Vergangenheit aus widersprüchlichen, schmerzhaften Fragmenten zu einem sinnvollen Wachsen und Werden zusammenfügt, so wie bei dir. Wie gerade die schwärzesten Stellen der Vergangenheit zur Pupille des Auges werden, mit dem wir die Vielfalt des Lebens erkennen."

„Das ist ein schöner Vergleich, Gila! Wenn ich da an die schwärzesten Stellen meines Lebens denke, müsste ich sicher riesengroße Pupillen haben!"

Ach, tat das gut, mit ihr zu lachen, vor allem, wenn ich daran dachte, was sie bereits alles erlebt hatte!

Gabi war jetzt wieder ernst geworden. Ich spürte, dass ihre Gedanken abschweiften zu den Ereignissen, die ihr Leben bis vor einigen Jahren bestimmt hatten.

Nachdem ich in der Küche einen weiteren Becher Kaffee für uns zubereitet hatte, setzte ich mich wieder zu ihr in den Wintergarten. Da kam mir noch ein weiterer Gedanke.

„Gabi, stell dir vor: Das Bild eines Gesichtes setzt sich aus vielen Farbpunkten zusammen. Die schwarzen Punkte sind keine hässlichen Flecken, sondern nur die schwierigsten Teile unseres Lebens. Wie bereits eben gesagt, sind sie die Pupillen der Augen, durch die uns aber wiederum auch die wichtigsten Erkenntnisse zugetragen werden."

Wir schwiegen beide eine Weile, bis Gabi plötzlich sagte: „Wer bin ich eigentlich? Ich bin doch in Wahrheit sichtbar gewordener Ausdruck einer geistigen Kraft. Ich bin so etwas wie ein Baum, für jeden erkennbar, mit Wurzeln, die im Unsichtbaren liegen."

„Das lässt mich an das wunderschöne Buch ‚*Die Möwe Jonathan*' denken", antwortete ich, „es hat so viel Erfolg, weil etwas davon anklingt, was du eben gesagt hast, diese andere Sichtweise – als sichtbar gewordener Ausdruck einer geistigen Kraft!"

Ich habe dieses Werk bereits in meinem ersten Buch *„... nicht heulen, Husky!"* erwähnt, weil es damals für die Beziehung zu Danas und Ricos Vater Rainer eine große Rolle gespielt hat.

„Ja, das habe ich auch gelesen, Gila!"

„Heute sehe ich dieses Buch vor allem als Symbol meines spirituellen Erwachens an. Nur noch mal zur Erinnerung: Diese Möwe tat etwas völlig ‚Unmöwisches', völlig Unmögliches. Millionen haben es gelesen, weil eine verborgene Wahrheit in dieser simplen Tiergeschichte steckt, die auch mich sehr berührt hat."

„Ja, Gila, stimmt! Ich habe mir beim Lesen gedacht: ‚Toll, was diese Möwe alles kann!' Ganz unbewusst schwang damals der Gedanke mit: ‚Schön wäre es, wenn ich mich auch aus dem Massendenken lösen und aufhören könnte, von den Brocken zu leben, die mir andere hinwerfen'!"

Es ging noch eine Weile so weiter mit unserer tiefgründigen Unterhaltung.

Da wechselte sie plötzlich das Thema und fragte: „Apropos

Vogel – wo ist eigentlich Otto, euer toller Papagei, geblieben?"

„Wir haben ihn schon vor längerer Zeit in einen Vogelpark gebracht, wo er mit anderen Papageien zusammenlebt. Wir waren einfach zu oft unterwegs. Ich habe ihn ungern und mit viel Wehmut losgelassen. Er war ja schon so lange bei uns, doch es ging mir mehr um das Wohl des Tieres. Ab und zu besuchen wir ihn dort. Obwohl er jetzt eine eigene Papageienfamilie gegründet hat, erkennt er mich noch wieder."

„Wie bist du überhaupt damals auf die Idee gekommen, einen Papagei anzuschaffen?", fragte mich Gabi.

„In meiner Kindheit hatte ich einen Wellensittich mit dem sehr originellen Namen Peter, den ich – und der mich – heiß und innig liebte. Wenn ich zu Hause war, saß er nur auf meiner Schulter, knabberte an meinem Ohrläppchen und zwitscherte mir ins Ohr. Interessant war, dass er mich stets mit lautem Gezeter begrüßte, noch ehe er mich gesehen hatte."

„Wie das?"

Ich erzählte Gabi, dass ich in meiner Teenagerzeit das Mansardenzimmer bewohnte, welches über der Wohnung meiner Eltern lag und nur durch eine geschwungene Treppe aus Holz zu erreichen war. Zwei dieser Stufen knarrten laut, wenn ich morgens aus meinem Zimmer in unsere Wohnung ging. Das war stets das Zeichen für Peter, dass ich gleich erscheinen würde.

Jeden Morgen das gleiche Spiel: Betrat ich die beiden laut knarrenden Stufen, ging das laute Geschrei unten im Käfig los. Es hörte erst auf, wenn ich unsere Wohnung betrat. Dann war er zufrieden!

Es geschah in meiner Sturm- und Drangzeit. Ich hatte mein erstes Date, ohne dass ich gleich meine Eltern darüber informieren wollte. Also machte ich auf müde, gähnte ein paarmal demonstrativ, nahm ein Buch, rollte sogar Lockenwickler in meine langen Haare und klinkte mich aus.

Da meine Eltern beizeiten aufstehen mussten, gingen sie auch früh ins Bett, während ich mich oben in meiner Mansarde aufbrezelte und sehnlichst darauf wartete, dass das Licht im Schlafzimmer meiner Eltern erlosch.

Dann war es soweit. Leise öffnete ich meine Tür, alles ruhig im Flur! Vorsichtig schlich ich Stufe für Stufe die Treppe hinunter. Und dann ging es los – ein Gezeter von Peter, das sich gewaschen hatte!

Erschrocken und mit klopfendem Herzen hielt ich inne. Mist! Daran hatte ich überhaupt nicht gedacht. Und ich brauchte auch nicht lange zu warten. Die Tür ging auf – meine Mutter erblickte mich in einer Aufmachung, an der es nun gar nichts mehr zu deuteln gab, und machte ein Riesentheater!

„Mein Wellensittich hatte mich im wahrsten Sinne des Wortes verpfiffen", grinste ich, „aber ich habe ihm auch eins gepfiffen. Nach und nach legte sich das Misstrauen meiner Mutter nämlich wieder, nachdem ich ihr gesagt hatte, es sei eine einmalige Sache gewesen."

„Und wieso hast du ihm eins gepfiffen?", schmunzelte Gabi.

„Na ja, irgendwann kam natürlich eine neue Verabredung. Da habe ich Peter ausgetrickst. Ich wusste ja, um welche Stufen es sich handelte. Ich habe sie einfach beim Runtergehen vorsichtig übersprungen – und Peter hielt ab sofort den Schnabel."

Gabi lachte und kam noch einmal auf Otto zu sprechen. „Der Vogelpark tut ihm sicher gut. Wenn ich daran denke, wie wir ihn damals aus Holland geholt haben!"

„Geholt, Gabi? Geschmuggelt habe ich ihn! Erinnere mich nicht mehr an die Geschichte!"

„Ach, Gila, sei nicht so streng mit dir! Wie alt warst du damals?“

„Mitte Zwanzig!“

Zu der Zeit hatte es zwischen Deutschland und den Niederlanden noch Grenzkontrollen gegeben. Und ich erinnerte mich noch sehr deutlich …

Früher war es wegen der holländischen Kolonien noch möglich, in Holland sehr preiswert einen Papagei mit allen Papieren offiziell bei einer Zoologischen Handlung zu erwerben. Er musste allerdings bei einer Einfuhr nach Deutschland verzollt werden.

Aus dem Grund waren Gabi, ihr Mann Rolf, Achim und ich nach Holland gefahren. Nachdem wir uns dort einen wunderschönen Vogel ausgesucht hatten, übergab uns der Händler den Papagei in einem Pappkarton mit vielen Luftlöchern.

„Möchten Sie nicht auch noch einen Käfig?“

Ich schaute Achim an. Er zuckte mit den Schultern. Bekannte hatten uns erst mal einen alten Käfig geliehen, der zu Hause stand und unseren neuen Mitbewohner erwartete. Wir wollten eigentlich erst ein paar Tage später einen neuen Käfig besorgen.

Doch als ich hörte, dass auch dieser große Messingkäfig um einiges preiswerter war als in Deutschland, entschied ich mich für den Kauf.

„Na, dann gute Fahrt!“, verabschiedete uns der Händler. Jetzt hatten wir nicht nur einen Papagei, sondern auch einen neuen Käfig!

Und damit hatten wir plötzlich ein Problem: Was wäre, wenn die Zöllner den Käfig entdeckten? Sie würden dann bestimmt auch nach einem Papagei suchen. O je! Daran hatte ich bei meiner Entscheidung überhaupt nicht gedacht. Was sollten wir jetzt tun?

Es war schon dunkel. Wir standen noch vor dem Zoogeschäft und berieten hin und her, was wir nun tun sollten. Da kam mir eine Idee.

„Ich hab‘s! Kurz vor der Grenze setzen wir Rolf mitsamt dem Käfig ab und fahren ohne ihn über die Grenze.“

„Und was mache ich in der Zwischenzeit?“, reklamierte Rolf.

„Du wartest einfach mit dem Käfig auf das, was da kommt! Auf deutscher Seite steigen Gabi, ich und Otto aus. Dann fährt Achim noch einmal auf die holländische Seite und holt dich mit dem Käfig ab. Und wir warten hier auf euch.“

„Und wenn wir den Käfig verzollen müssen?“, fragte Achim.

„Ihr fragt ganz einfach, ob er verzollt werden muss, dann hört ihr das schon. Gegebenenfalls zahlt ihr den Differenzbetrag. Das kann ja nicht viel sein.“

Rolf, der meistens nicht viel Worte macht und sich aus allem heraushält, meinte trocken: „Der Plan ist gut! Das machen wir!“ …

„Weißt du noch, Gila“, lachte Gabi, „was wir für einen Spaß hatten, als wir Rolf mit dem großen verpackten Käfig aus dem Auto steigen sahen! Irgendwie tat mir mein armer Mann ja leid, als wir ihn dann einsam und allein in der Dunkelheit an einer Landstraße zurückgelassen haben.“

„Und das alles, um einen Papagei nach Deutschland zu schmuggeln!“

„Das ist aber inzwischen längst verjährt!“, beruhigte mich Gabi.

„Ich hatte den Karton mit Otto ja unauffällig zwischen meine Füße im Fahrgastraum gestellt und darauf gehofft, dass Otto die Klappe hielt."

„Na, glücklicherweise ist alles gut gegangen", grinste Gabi fröhlich.

Nach der Grenzkontrolle hatte Achim ungefähr einen Kilometer weiter angehalten. Gabi und ich mit der Schachtel unterm Arm waren ausgestiegen. Sofort danach war Achim wieder zurückgefahren, um Rolf mit dem Käfig über die Grenze zu holen.

„Erinnerst du dich noch, ob ihr damals Zoll zahlen musstet?"

„Nein, es war ja schon spät. Die Zöllner haben nur kurz die Pässe kontrolliert und nicht einmal nach dem Käfig oder eventuell sogar nach einem Papagei gefragt."

So waren wir zu Otto van Delden gekommen.

„Weißt du, Gabi, so kurios diese Geschichte auch ist, über die wir jetzt lachen, mit dem Wissen von heute würde ich den Zoll gern für den Papagei bezahlen. Damals jedoch war es nur ein prickelndes Abenteuer, was ich meiner Jugend zugute halte."

„Ja, das ist ja richtig, Gila, aber wir haben uns doch alle irgendwann mal etwas geleistet, was wir aus der Sicht von heute gar nicht mehr gut finden. Und wie stolz waren wir darauf, dass wir nicht ertappt wurden!"

Bei ihren Worten spürte ich, wie wohl ich mich stets in ihrer Nähe fühle. Dieser Gedankenaustausch gibt uns beiden immer wieder ein Gefühl von tiefer Dankbarkeit, dass unsere Freundschaft schon so lange besteht und wir beide füreinander offensichtlich eine wichtige Rolle spielen.

*

Nicht nur die langjährige Freundschaft zu Gabi macht mich glücklich, sondern auch das sehr gute Verhältnis zu meinen Mitarbeiterinnen, die ich gern ‚Mitarbeiterfreundinnen' nenne.

So hatte sich Anke mal wieder um das Packen der Sachen, gekümmert, die ich stets für die Ausstattung der Räume benötige. Am Vortag ist der Wagen meistens schon vollgepackt, so kann ich am Mittwochmorgen gleich starten.

An diesem Tag fuhr ich allein nach Leutkirch. Ich rechne stets 6 Fahrstunden für 600 km Entfernung von Haus zu Haus. Treffe ich dann gegen 16.00 Uhr dort ein, kann ich gerade noch die Hilfe des Hausmeisters in Anspruch nehmen. Er ist es, der dann die schweren Bücherkisten für mich aus dem Auto in den Tagungsraum trägt, worum sich sonst Götz kümmert.

Abfahrbereit hatte ich mich bereits von allen durch eine liebe Umarmung verabschiedet. Schnell ging ich noch einmal alles in Gedanken durch. Da bemerkte ich, dass die Kupferschale für das Kerzenritual versehentlich im Packraum stehen geblieben war. Also musste mein Auto noch einmal halb aus- und umgepackt werden. Die Zeit lief mir davon. Trotz der Vorfreude auf die kommenden Tage spürte ich, dass ich mir selbst Stress bereitete, da ich somit erst eine halbe Stunde später abfahren konnte. Hoffentlich war dann der Hausmeister noch da!

Bisher hatte in all den Jahren zuvor immer alles geklappt bei Anke. Ich bin so dankbar, dass sie die schweren Sachen für sämtliche Kurse allesamt allein ins Auto trägt, ohne überhaupt je ein einziges Wort darüber zu verlieren. Als ich mir das bewusst machte, verflog meine Anspannung und wich tiefer Dankbarkeit – trotz des Zeitverlustes.

Wie immer wenn ich unterwegs bin, bat ich auch jetzt meine Engel um ihren Engelschutz und fuhr los. Unterwegs eine längere Pause zu machen, war diesmal nicht mehr möglich, es musste auch ohne gehen.

Knapp 300 km war ich inzwischen gefahren. Ich befand mich jetzt auf der A7 und befuhr die rechte Spur. Da überholte mich plötzlich bei Bad Hersfeld ein Polizeiauto, das es auch ohne Blaulicht wohl sehr eilig hatte. Weder vor noch neben mir fuhr ein weiteres Fahrzeug. Ich weiß noch, wie ich dachte, dass sich die Polizisten wegen ihrer Eile im Einsatz befänden, wurde dann aber eines Besseren belehrt, als das Auto wieder langsamer fuhr, um sich scheinbar auf meine Spur zu begeben.

Aber nein! Die Polizisten fuhren nicht, wie erwartet, zu mir herüber, sondern blieben auf der mittleren Bahn, verringerten dann sogar noch ihre Geschwindigkeit. Um den entsprechenden Abstand zu wahren, ging auch ich auf die Bremse.

‚Was soll das denn?‘, ging es mir durch den Kopf. ‚Wieso fahren die in der Mitte? Sie blockieren ja beide Spuren! Da kann doch keiner mehr überholen! Hier ist doch keine Geschwindigkeitsbeschränkung! Komisch!‘

Und dann sah ich das Display vor mir rot aufblinken. ‚O je!‘ dachte ich, ‚jetzt halten sie mich an. Irgendetwas habe ich verkehrt gemacht! Sicherheitsgurt? Klar – immer! Brille auf? Auch das! Im oder am Auto irgendetwas Auffälliges? Nichts!‘

Offensichtlich sollte ich ihnen folgen, oder? Was blinkte denn da in Rot? Bewusst fuhr ich etwas näher heran und las die Worte: Vorsicht Falschfahrer auf Ihrer Bahn – Vorsicht Falschfahrer auf Ihrer Bahn!

Falschfahrer? Ach du Schreck! Ein Geisterfahrer! Er kam mir auf meiner Bahn entgegen! Plötzlich begriff ich die ganze Tragweite ihrer Handlung: Es war zu unserem Schutz gewesen, dass die Polizisten im Moment beide Bahnen blockierten, damit keiner überholen konnte!

Voller Dankbarkeit betätigte ich kurz das Fernlicht und winkte den beiden Polizisten zu. Sie hoben kurz die Hand – und ich zog den Wagen ganz rechts herüber.

Mit all den anderen Autos im Gefolge fuhr ich noch knapp 10 km langsam hinter ihrem Auto her, bis dann die rote LED-Leuchte kurz vor der nächsten Ausfahrt erlosch und die Polizisten die Autobahn verließen.

Aufgewühlt drückte ich auf die Kurzwahltaste meiner Freisprechanlage und rief Götz an, der zur gleichen Zeit im Auto unterwegs war. Ich berichtete ihm, was gerade geschehen war.

„Ja, Gila, die Warnung ging über alle Sender, dass sich auf der A7 ein Falschfahrer befindet. Hast du die Meldung denn nicht gehört“, fragte er mich ziemlich betroffen.

„Nein, natürlich nicht! Ich höre ja stets während der Fahrt meine CDs mit Entspannungsmusik, um mir nicht alle 30 Minuten Nachrichten anhören zu müssen.“

„Sorry“, meinte Götz etwas bedauernd, „ich hätte dich gewarnt, wenn ich das gewusst hätte! Ich dachte, du wärst schon viel weiter. Bist du denn später von zu Hause losgefahren?“

„Die Kupferschale war noch im Packraum geblieben. Das Umpacken hat dann noch einige Zeit gekostet.“

Da kam mir plötzlich ein verwegener Gedanke: „Weißt du, was mir gerade einfällt? Vielleicht war das genau die Zeit, die die Polizisten brauchten, um mich zu erreichen. Wäre ich pünktlich abgefahren, hätte es mich treffen können! Du weißt, wenn ich freie Fahrt habe, nutze ich auch gern die Überholspur. Ein Geisterfahrer hätte mich in dieser Situation total überrascht …!“

Tiefberührt und unendlich dankbar, wie sehr ich wieder von meinen Engeln beschützt worden war, setzte ich meine Fahrt nach Leutkirch fort, wo der Hausmeister noch geduldig auf mich gewartet hatte.

Zu Hause begrüßte ich Anke direkt mit den theatralischen Worten: „Anke, du hast mir das Leben gerettet!“

„Ich? Wieso? Davon weiß ich ja gar nichts!"
„Kannst du auch nicht, aber hättest du nicht vergessen, die Kupferschale einzupacken, hätte es durchaus einen katastrophalen Unfall geben können."
Anke schaute mich groß an, und als ich ihr die ganze Geschichte erzählt hatte, bekam auch sie eine Gänsehaut.
„Gila, es ist gut, dass du stets den Sinn eines Ereignisses hinterfragst. Mancher wäre gar nicht bereit dazu oder auch nicht in der Lage, solche Zusammenhänge zu erkennen."
Sie atmete tief durch und versuchte, ihren Schrecken mit Humor zu überspielen: „Gottseidank bist du uns erhalten geblieben! Das wäre ja auch nichts gewesen, so plötzlich ohne Chefin dazustehen! Aber ich muss zugeben, es ist ein gutes Gefühl, dir mal das Leben gerettet zu haben."
„Das heißt aber nicht, dass du in Zukunft bewusst etwas im Packraum stehen lässt, um wieder so ein Erfolgserlebnis zu haben", neckte ich sie abschließend.
Voller Dankbarkeit und Demut vor den Göttlichen Strukturen trug ich dieses Erlebnis noch lange in meinem Herzen.

*

Ich bin dankbar, dass auch meine Kinder den Impuls des Mitgefühls, das ich ihnen vorgelebt habe, für ihr Leben angenommen haben und andere Menschen miteinbeziehen.
Mit fällt da eine nette Episode ein, als Rico ungefähr 4 Jahre alt war. Wir wohnten bereits in dem Haus, in dem Götz und ich jetzt leben. Es liegt an einem kleinen wenig befahrenen Wirtschaftsweg.
Ricos kleine Welt war unser Garten und unser großes Grundstück, wo er oft mit seinem Dreirad herumfuhr.
Eines Nachmittags war Rico verschwunden. Ich rief nach

ihm – keine Antwort. Ich suchte im Haus – kein Rico da! Dana war bei ihrer Freundin. So konnte sie mir auch nicht sagen, wo er war.

Ich wurde langsam unruhig und lief zu unserer nicht abgesperrten Einfahrt. Da sah ich meinen Sohn auf seinem Dreirad von dem ungefähr 50 Meter entfernten Nachbarhaus zurückradeln. Zum ersten Mal hatte er die Welt außerhalb unseres Gartens erkundet.

Ich lief ihm entgegen und rief: „Wo kommst du denn her? Du weißt doch, dass du auf unserem Grundstück bleiben sollst. Ich muss doch wissen, wo du bist!“

Munter trat dieser kleine Knirps weiter in die Pedale, bis er mich erreicht hatte.

„Mom“, meinte er etwas weinerlich, während mich seine wunderschönen großen dunklen Augen traurig anblickten, „da drüben wohnt ein ganz armer Mann.“

„Wo wohnt ein ganz armer Mann?“

„Da drüben!“ Er wies mit seiner kleinen Hand auf das Nachbarhaus.

Mir war absolut neu, dass unsere Nachbarn bedürftig waren. Sofort hakte ich bei ihm nach: „Wie kommst du denn darauf?“

„Der Mann hat keine Schuhe. Wir müssen ihm helfen.“

„Du meinst – Herbert?“

Er nickte bekümmert und wiederholte dann: „Wir müssen ihm helfen, Mom!“

„Woher weißt du denn, dass er keine Schuhe hat?“

„Er läuft ohne Schuhe herum, und da habe ich ihn gefragt, warum er das macht. Und da hat er gesagt, weil er kein Geld hat. Können wir ihm bitte helfen?“

In dem Moment fiel bei mir der Groschen! Ich kannte Herbert, unseren gutsituierten Nachbarn, schon länger. Im Sommer lief er meistens barfuß draußen herum – eine Marotte von ihm. Und als Rico ihn nun mit seinem Dreirad unerwartet besucht hatte und ganz erstaunt auf seine bloßen Füße schaute, hatte sich Herbert einen Scherz mit Rico erlaubt.

„Ja, Rico, du hast recht! Da hast du schön aufgepasst. Komm, ich gebe dir jetzt Geld, und dann bringst du das zu Herbert und sagst, deine Mutter möchte gern, dass er sich ein Paar Schuhe kauft."

„Ja, das machen wir", strahlte er mich überglücklich an und drückte mich. Jetzt war seine kleine Welt wieder in Ordnung.

Ich hatte natürlich meinen Spaß an der Sache, ging ins Haus, nahm ein größeres Geldstück aus meinem Portemonnaie und drückte es meinem kleinen Sohn in die Hand.

Stolz wie Oskar dreht er um und fuhr, so schnell wie ihn sein Dreirad trug, noch einmal frohen Herzens zu unserem Nachbarn.

Eine halbe Stunde später kam er mit leuchtenden Augen zurück und war unendlich glücklich, einem anderen Menschen etwas Gutes getan zu haben. Er hatte sogar ein Stück Schokolade bekommen für seine großherzige Tat.

Obwohl dieses Erlebnis schon so lange zurückliegt, ist es immer wieder mal ein herrliches Gesprächsthema zwischen unseren Nachbarn und mir.

Viele Jahre später hat Rico seinen Abschluss als Ingenieur gemacht und wohnt nicht weit von uns entfernt mit seiner Freundin zusammen.

Kurz vor Weihnachten trat er mit einer Bitte an mich heran: „Mom, ist es okay, wenn ich dieses Jahr am Heiligen Abend vier Freunde, deren Eltern nicht zu Hause sind, zum Fondue-Essen zu uns einlade?"

Da ich Ricos Freunde kenne und auch sehr schätze, freute ich mich sehr auf sie, zumal Dana und ihr Mann Jorgen aus Friedrichshafen auch das Weihnachtsfest bei uns verbrachten.

Es war zwei Tage vor Heiligabend. Da rief Hans an. „Gila, ich bin wieder zurück von meinem Job aus Holland! Es hat alles gut geklappt. Er war zwar befristet, aber ich habe wieder etwas Geld in der Hand, so dass ich meinen Stromrückstand bezahlen kann. Doch das soll jetzt nicht das Thema sein. Ich möchte dir noch einmal danke sagen und dir hiermit ein besinnliches und gutes Weihnachtsfest wünschen."

„Danke, Hans, das ist lieb, dass du anrufst. Was machst du denn zu Weihnachten?"

„Ich? Rate mal – ich bin zu Hause."

„In deinem Keller?"

Er lachte. „Na, wo denn sonst? Hast aber ein gutes Gedächtnis!"

Während Hans weiter von seinem Job in Holland berichtete, kam mir der Gedanke, ihn Heiligabend zur Bescherung und zum Fondue-Essen einzuladen. Gedacht – getan!

„Meinst du das ernst?", fragte er gerührt.

„Sonst hätte ich es nicht gesagt, Hans."

„Dann komme ich gern", antwortete er.

„Ich habe aber eine Bitte an dich, Hans."

„Schieß los!"

„Ich wünsche mir einen Gutschein über einen Blumenstrauß, den ich zu dem Zeitpunkt einlösen möchte, wo es dir finanziell wieder so richtig gut geht. Ist das okay?"

„Klar, Gila! Und der Zeitpunkt kommt, versprochen!"

In welch berührender Form dieses Geschenk dann kommen sollte, konnten wir beide in dem Moment noch nicht ahnen.

Doch erstmal war es ein wunderschöner Heiligabend – einer

der schönsten überhaupt, den wir je erlebt haben. Wie eine große Familie! Zum guten Schluss nahmen Götz und Rico dann ihre Gitarren und spielten Lieder – und alle sangen mit!

Hans saß mit leuchtenden Augen und einem seligen Lächeln im Gesicht dabei. Alle spürten, wie gut es ihm tat, wieder Teil einer so großen und fröhlichen Gruppe zu sein – satt zu sein und im Warmen zu sitzen!

Einige Monate später. Ein liebgewonnenes Ritual zwischen Hans und mir war es, einander jeweils telefonisch zum Geburtstag zu gratulieren. Meistens erreichte er mich zu dem Zeitpunkt nicht, weil ich als Geburtstagsflüchtling vorziehe, diesen Tag woanders zu verbringen.

Doch jetzt erwischte er mich ausnahmsweise mal persönlich. „Da hast du aber Glück gehabt!“, lachte ich.

„Es geschehen noch Zeichen und Wunder, dass du tatsächlich mal da bist. Ich dachte, ich müsste wieder auf deinen Anrufbeantworter sprechen!“

„Nein, dieses Mal nicht! Götz ist nämlich auf Tournee, und allein wollte ich auch nicht wegfahren!“

Wir unterhielten uns noch eine Weile, bis er die Frage stellte: „Sag mal, wann bist du eigentlich wieder in Obergurke?“

„Hans, ich habe dir schon mal gesagt, ich mag diesen Namen nicht“, reklamierte ich, „ehrlich gesagt, ich finde ihn richtig blöd!“

„Ach, Gila“, erwiderte er scherzhaft, „sei doch nicht so streng mit mir! Also, wann bist du wieder dort?“

„Im Juni.“

„Kannst du dich noch an die Sache damals mit dem Kamin erinnern?“

„Na klar!“, lachte ich. „Wie könnte ich das bloß vergessen!“

Er spielte auf die kuriose Geschichte an, als wir beide einen Tag vor Seminarbeginn dort in dem Hotel abends im Kaminzimmer saßen. Ein imitiertes Kaminfeuer sollte für gemütliche Stimmung sorgen. Die Glut der täuschend echten Holzscheite wurde durch Strom erzeugt – sehr wirkungsvoll auch die dazu passenden Knistergeräusche. Man hatte quasi das Gefühl, die Wärme direkt auf der Haut zu spüren.

Obendrein hatte noch ein rustikaler Korb mit echten Holzscheiten neben dem Kamin gestanden. Damit war die Illusion perfekt.

So passierte es dann, dass ein älterer Herr, der mit seiner Frau neben uns gesessen hatte, plötzlich aufgestanden war und versucht hatte, einige Holzscheite nachzulegen, die natürlich alle wieder herauspurzelten.

„Weißt du noch?“, schmunzelte ich, „was der für ein Gesicht gemacht hat?“

„Interessant war auch, dass gleich am nächsten Tag der Korb mit dem Holz verschwunden war! Komisch, seit der Zeit sage ich immer Obergurke. Wie gern möchte ich im Juni wieder mit dabei sein – mal sehen, ob es bei mir klappt!“

„Du weißt, Hans, ich lade dich gern ein.“

„Aber ich kann nicht immer nur von dir annehmen, Gila!“

„Ach was, ich freue mich einfach auf den Blumenstrauß, wenn es dir finanziell wieder gut geht.“

Es sollte ihm jedoch auf eine ganz andere Weise wieder gutgehen, denn zwei Tage nach diesem Telefonat erhielt ich einen Anruf von Andrea, einer Bekannten von Hans, dass er am Tag nach diesem Gespräch ganz plötzlich zusammengesackt war und seine Seele dann ihren Weg ins Licht ging.

Ja, Hans, dort brauchst du nicht in einem Kellerraum zu sitzen – dort ist es heller und wärmer …

KAPITEL 7

Erzähle mir von der Vergangenheit,
und ich werde die Zukunft erkennen.

(Konfuzius)

Mit 16 Jahren hatte ich mich verliebt – in einen Holländer! Er hieß Lou und war Nato-Zeitsoldat. Seine Einheit war zu der Zeit noch vorübergehend in Bielefeld bei den Engländern stationiert. Während dieser Zeit sollten die Kasernen für die holländische Einheit in Borgholzhausen, einem idyllischen kleinen Städtchen am Teutoburger Wald, 20 km von Bielefeld entfernt, fertiggestellt werden.

Er sprach kein Deutsch – ich kein Holländisch. Es war eine harmlose und trotzdem intensive Verliebtheit mit uns. Miteinander schlafen? Trauten wir uns einfach nicht, aber wir waren auch so glücklich, bis er dann ein halbes Jahr später zurück nach Holland versetzt wurde.

Schrieb er mir einen Brief in Holländisch, konnte ich ihn nicht verstehen – schrieb ich zurück in Deutsch, musste er ihn übersetzen lassen. Telefonieren war nicht möglich, da die wenigsten Familien damals überhaupt ein Telefon besaßen.

Unsere Beziehung schien daran zu zerbrechen. Irgendwann wurden die Lebenszeichen weniger und hörten ganz auf. Doch ich wäre nicht ich, wenn ich nicht eine Lösung für dieses Problem anvisiert hätte, denn meine Gefühle für Lou waren nicht erloschen.

Ich kaufte mir ein Lehrbuch und lernte Abend für Abend

Holländisch. Um auch die Aussprache richtig zu erfassen, hörte ich jeden Abend Radio Hilversum. Es machte mir wirklich Freude, eine fremde Sprache ohne die Hilfe eines Lehrers oder von Kassetten, die erst später auf den Markt kamen, zu erlernen.

Innerhalb eines halben Jahres konnte ich mich fließend verständigen und fuhr mit 17 Jahren das erste Mal voller Vorfreude allein nach Holland in Urlaub. Meine Eltern und ich hatten bereits ein Jahr zuvor Ferien in einer Pension gemacht, ganz in der Nähe von Lous Heimatort Heemstede. Und das war nun mein Ziel.

Voller Schmetterlinge im Bauch trafen wir uns wieder. Und als wir uns in dieser gemeinsamen Zeit plötzlich austauschen konnten, merkte ich trotz all der guten Gefühle aus der Vergangenheit, er schien wohl doch nicht der Richtige für mich zu sein. Das Gute daran war, dass ich jetzt zumindest holländisch sprach.

Und das sollte ein weiterer wichtiger Aspekt in meinem Leben sein.

Ich hatte mich nach meinem Schulabschluss entschieden, eine Ausbildung beim Fernmeldeamt in Bielefeld zu beginnen. Dort wurde ich eine Zeitlang sowohl im Fernamt als auch in der Auskunft eingesetzt.

Zu der Zeit konnte man nur innerorts selbst telefonieren, Ferngespräche mussten noch vermittelt werden. Die Holländische Einheit in Borgholzhausen war Dauergast bei uns, da dieser kleine Ort überhaupt noch nicht über eine Telefonverbindung nach außen verfügte. Sobald jemand die ‚0' wählte, landete er bei uns im Fernamt. Was waren das doch für gute alte Zeiten …

Man kann sich das heute kaum noch vorstellen, nur die älteren von uns werden sich vielleicht daran erinnern: Wir saßen mit riesigen Kopfhörern vor einem sogenannten Klappenschrank, vor uns ein Pult mit einer kleinen Bedienungsfläche. Vierzehn Schnurpaare waren auf diesem Pult nebeneinander angeordnet. Die Verbindungskabel, von denen jeweils nur die beiden Stöpsel herauslugten, wurden von Gewichten heruntergezogen. Direkt vor uns schauten wir auf die große weite Welt, allerdings in technischer Form von vorgeschalteten Leitungen und deren Städtekürzel.

Gern erinnere ich mich noch an eine nette Episode, als ich bei der Auskunft arbeitete. Ein Anruf blinkte. Der Stimme nach zu urteilen, war es ein älterer Herr, der anrief:

„Frollein“, begann er, „ich hätte gern eine Auskunft in Frankfurt.“

„Gern, wie heißt der Teilnehmer?“

„Eier, Franze.“

„Wie nochmal?“

„Eier, Franze“, wiederholte er geduldig.

„Einen kleinen Moment“, entgegnete ich freundlich, „ich schau mal nach.“

Hätte ich mir bloß den Namen gleich buchstabieren lassen, wäre mir die ganze weitere Suche erspart geblieben, aber auch diese nette Geschichte. Ich suchte also in Frankfurt erst einmal eifrig nach Franz oder Franze Eier. Nicht lachen – bei der Telefonauskunft hat man mit weit ungewöhnlicheren Namen zu tun. Aber nein, in ganz Frankfurt und Umgebung gab es keinen Telefonteilnehmer, der Eier mit Familiennamen hieß!

„Können Sie mir den Namen bitte mal buchstabieren?“

„Ja, Frollein. Also, A wie Ameise – I wie Igel – R wie Ratte – F wie Frösche – R nochmal wie Ratte – A wieder wie Ameise – N wie“, er stockte einen Moment und schien wohl seine Frau zu fragen: „Else, sag doch mal was für N!“

„Nähmaschine“, meinte Else trocken.

„Also, Frollein – N wie Nähmaschine. Aber jetzt weiß ich nichts für C, hinten dran kommt dann aber noch ein E!“

Schon während ich die ersten 5 Buchstaben mitgeschrieben hatte, kam mir ein Verdacht, der sich dann wahrhaftig bestätigte. Ich konnte nur noch mit unterdrücktem Lachen sagen: „Moment, bitte!“ Ich musste einfach für einen Moment die Verbindung unterbrechen.

„Es ist die Air France – wahrhaftig die Air France“, prustete ich los und hielt mir den Bauch vor Lachen, während mich meine Kolleginnen verdutzt anschauten. Ich hatte große Mühe, ernst zu bleiben, als ich diesem netten Zeitgenossen dann einen Moment später die Telefonnummer der Air France durchgab.

Dadurch, dass ich nun fließend holländisch sprach, war ich natürlich sehr begehrt bei den Telefonisten, die täglich von ihrer Einheit in Borgholzhausen viele Gespräche nach Holland übers Fernamt anmeldeten. Wenn ich im Dienst war, fragten sie ständig nach mir. Einer von ihnen war Achim. Er sprach kaum Deutsch.

Eines Tages hatte er wieder einige Gespräche bei mir angemeldet, als ich ihn nebenbei fragte, aus welcher Stadt er käme.

„Heemstede“, antwortete er, „das liegt bei Haarlem.“

„Ich weiß, wo Heemstede liegt“, reagierte ich überrascht und erzählte ihm kurz die Geschichte mit Lou. Erstaunt fragte er nach dem Familiennamen.

„Das gibt’s doch gar nicht!“, meinte er überrascht und erzählte, dass er vor einiger Zeit mit Lous Schwester befreundet gewesen war. So klein ist die Welt!

Wir hatten also genug Gesprächsstoff, um ein erstes persönliches Kennenlernen zu vereinbaren.

*

Wenn ich heute in der Reife meines Lebens auf manche Ereignisse zurückblicke, erkenne ich gewisse Muster in mir.

Da war die Auswanderung in die kalten Yukon-Territories in Kanada, die mir zeigte, ich bin weder am richtigen Ort noch mit dem richtigen Mann zusammen. Das allein hätte eigentlich schon genügen müssen, um Pläne einer zweiten Auswanderung endgültig fallenzulassen. Vor allem, wenn man sich überlegt, wie viele Aktionen und Planungen mit Auswanderung und Rückwanderung verbunden sind, ganz zu schweigen von dem finanziellen Einsatz!

Meine Einstellung war aber: Wenn schon Mann und Ort nicht passen, dann hilft nur ein neuer Versuch! Erst als dieses Experiment auch wieder in die Hose ging, musste ich klein beigeben. Ich sah ein: Wo Gott mich hinsät, da will ich blühen! Und offensichtlich wollte der Herrgott, dass in Deutschland noch ein paar mehr Knospen aufblühen.

Im Rückblick wird mir klar: Ich lasse mich von einem Ziel, das ich einmal ins Auge gefasst habe, nicht so leicht abbringen. Was aber geschieht, wenn Schwierigkeiten auftauchen? Können diese nicht als Zeichen gewertet werden, besser aufzugeben und sich lieber dem Fluss des Lebens anzupassen? Das ist sicherlich *ein* Aspekt, doch ein weiterer Gesichtspunkt dabei könnte sein: Vielleicht brauchen wir all die Erfahrungen, die wir nur deshalb machen können, weil wir nicht gleich aufgeben. Selbst wenn wir meinen, auf diese besonderen Erfahrungen in dem Moment locker verzichten zu können, stellen sie sich im Nachhinein doch als eine gewisse Würze des Lebens dar. Hier passt das nette Sprichwort: Der Stress von heute ist die gute alte Zeit von übermorgen.

Dazu fällt mir eine Begebenheit ein, die sich direkt nach dem Telefonat mit Achim ereignete. Am Sonntag wollte unsere Gruppe vom Fernmeldeamt eine Tagesfahrt mit dem Bus nach Bremen unternehmen. Um 8.30 Uhr war Treff vorm Fernamt angesagt. Unter anderem war an dem Tag ein Abstecher ins Überseemuseum in Bremen geplant.

Am Freitag zuvor begegnete mir Marion, eine Nachbarstochter in meinem Alter, und wir kamen ins Gespräch. Ganz zum Schluss stellten wir kurioserweise fest, dass auch sie am gleichen Sonntag mit ihrem Turnverein nach Bremen fuhr und ihre Gruppe ebenfalls eine Besichtigung des Museums geplant hatte.

Für die Fahrt hatte ich einen engen weißen Rock angezogen. Dazu passten nur meine weißen hohen Stöckelschuhe, aber wir waren ja die meiste Zeit mit dem Bus unterwegs. Der Knaller aber war meine neue, auf 10 Monatsraten erworbene braune Wildlederjacke, für die ich mich echt abgerackert hatte.

Im letzten Jahr meiner Schulzeit hatte ich direkt nach der Schule nachmittags in *der* Großbuchbinderei gearbeitet, die 30 Jahre später alle meine Bücher konfektionieren sollte. Vor kurzem rief mich der Chef dieser Firma wegen einer Lieferung an. Durchs Telefon spürte ich quasi seinen großen Respekt, den er mir als Autorin und langjährige Auftraggeberin entgegenbrachte. So ganz nebenbei erzählte ich ihm dann, dass ich mit ihm bereits als unsicheres junges Mädchen zusammengearbeitet hatte, als er noch Lehrling in der Firma seines Vaters war. Schade, dass ich sein Gesicht am Telefon nicht sehen konnte!

Damals jedoch konnte ich damit meine Eltern finanziell entlasten und selbst für meine Kleidung sorgen – auch wenn ich sie monatlich bei einem Versandhaus abzahlen musste.

Bei dem vereinbarten Treffpunkt standen schon ein paar Kolleginnen und warteten auf den Bus. Der kam aber nicht. Auf meinen Anruf hin hörte ich, dass kurzfristig entschieden worden war, den Abfahrtsort zum Bahnhof zu verlegen, aber es waren offensichtlich nicht alle davon in Kenntnis gesetzt worden. Jetzt war es zu spät!

Was nun? Alle entschieden enttäuscht, sich wieder nach Hause zu begeben – außer mir. Ich hatte mich auf die Fahrt nach Bremen gefreut. Und wenn ich mir einmal etwas vorgenommen habe, ziehe ich es auch durch.

Aber wie? Wie kam ich dorthin? Zurück wäre sicher nicht die Frage, da ich ja wusste, ich würde nicht nur meine Gruppe, sondern gegebenenfalls auch noch den Turnverein beim Überseemuseum treffen. Obendrein wohnte mein Cousin in Bremen-Walle, der mir notfalls weiterhelfen könnte.

Etwas Taschengeld hatte ich bei mir, Verpflegung und Eintritt waren bereits im Fahrpreis enthalten. So entschied ich, mit der nächsten Straßenbahn zum Bahnhof zu fahren, um dort eine Fahrkarte nach Bremen zu lösen.

Ich schluckte, als ich erkannte, dass dafür mein gesamtes Barvermögen bis auf einen kleinen Betrag draufging – doch immerhin war ich unterwegs nach Bremen!

Spätvormittags stieg ich am Hauptbahnhof in Bremen aus dem Zug. Das Überseemuseum lag zwar direkt in der Nähe, aber ich wusste nicht, wann dort die Besichtigung geplant war. Darum rief ich meinen Cousin an. Er besaß kein eigenes Auto und schlug vor, dass ich erst einmal mit der Straßenbahn zu ihm kommen sollte. Dann würden wir bei ihm zu Hause weitersehen.

In meinem Portemonnaie befanden sich nur noch ein paar Münzen – hoffentlich reichte das Geld noch! Ich fragte einen älteren Herrn, welche Linie nach Walle führe. Nachdem er mir bereitwillig Auskunft gegeben hatte, hakte ich nach: „Wissen Sie, was die Fahrt dorthin kostet?"

Er nannte mir eine Summe, die etwas über dem Betrag lag, den ich noch in der Tasche hatte. Ich hatte es befürchtet – ich musste laufen!

„Wie viel Kilometer sind es denn bis Walle von hier aus?"

„Na, bestimmt 5 Kilometer."

„Ach du Schreck!", entfuhr es mir, als ich an meine neuen weißen Pumps dachte.

Er schaute auf meine Aufmachung, vor allem auf meine hohen Schuhe und vermutete richtig: „Sie haben wohl nicht genug Geld dabei – oder?"

Beschämt blickte ich zu Boden.

„Wieviel brauchen Sie denn?"

Verlegen nannte ich ihm den Differenzbetrag. Großzügig zückte er sein Portemonnaie und glich ihn aus.

„Danke!", sagte ich betreten.

„Na, dann noch einen schönen Tag – und eine gute Fahrt", schmunzelte er, währenddessen es mir die Schamesröte ins Gesicht trieb.

Und dann fuhr auch schon die Bahn ein. Dankbar, doch nicht den gesamten Weg laufen zu müssen, stieg ich ein. Damals gab es noch keine Automaten, an denen man Fahrscheine ziehen konnte. Man musste vorn beim Einsteigen zahlen.

„Wo möchten Sie denn hin, junge Dame?", fragte mich der Schaffner freundlich. Ich nannte ihm die Haltestelle. Und dann forderte er einen Betrag, der wiederum noch etwas höher lag als mein jetziges, teilweise bereits geschnorrtes Barvermögen!

Ich schaute ihn groß an und musste ihm gestehen, dass ich nicht so viel Geld bei mir hätte. Ob er mir denn sagen könnte, bis zu welcher Haltestelle mein Geld reichte, dann würde ich den Rest laufen. Hilflos legte ich ihm alle Münzen, die ich in meiner Geldbörse vorfand, auf sein Pult.

Er zählte, schüttelte den Kopf und reklamierte: „Zu wenig!"

Direkt hinter mir stand ein junger Mann, der sich jetzt zum Retter berufen fühlte. „Bitteschön!", sagte er und legte die fehlende Münze auf das Pult – das zweite Mal in einer Viertelstunde, dass jemand in die Tasche griff und mir aushalf!

Mit hochrotem Kopf bedankte ich mich erneut. Bloß schnell weg hier! Bewusst setzte ich mich auf einen Platz in der hintersten Ecke. Das alles musste ich erst einmal verdauen!

In Begleitung meines Cousins fuhr ich kurze Zeit später zum Übersee-Museum und hoffte, dort auf meine Kollegen zu stoßen.

An der Information erfuhr ich jedoch, dass unsere Gruppe bereits dagewesen war, aber der Besuch des Turnvereins aus Bielefeld stand noch aus. Mein Cousin blieb vorsichtshalber bei mir, bis der Bus mit Marion wirklich vorgefahren war.

Groß war die Wiedersehensfreude! Nach Fürsprache von Marion war der Vorsitzende ihres Vereins einverstanden, mich wieder mit zurück nach Bielefeld zu nehmen.

Es wurde wirklich noch ein sehr schöner Tag in Bremen, obwohl ich außer Marion niemanden von ihrem Verein kannte.

Die letzte Station auf der Rückfahrt sollte der Dümmer See sein. Dort war das Abendessen für die ganze Gruppe bestellt.

Marion lud mich großzügig ein. Nach dem Essen machte der Gruppenleiter die Ansage, dass noch ungefähr 45 Minuten bis zur Abfahrt blieben.

„Komm!“, schlug Marion vor, „lass uns noch einen kleinen Spaziergang zum See machen.“

Trotz meiner äußerst unbequemen Schuhe ließ ich mich auf ihren Vorschlag ein und stöckelte mit ihr zu einem Holzsteg, an dem auch ein Bootsverleih ansässig war.

„Möchten Sie noch ein Boot mieten?“, wurden wir gefragt.

„Ja, gern! Geht das auch für eine halbe Stunde?“

„Also gut – es ist ja nicht mehr viel los!“

Überrascht schaute ich Marion an. Niemals hätte ich ihr als Stadtkind zugetraut, dass sie wusste, wie man ein Ruderboot fährt! Hochachtung!

Da sie von ihrer Figur her recht behäbig war, bekam sie von dem Bootsverleiher beim Einsteigen Unterstützung. Und trotzdem schwankte das Boot unter ihrem Gewicht stark hin und her. Ich wartete einen Moment, bis es sich wieder beruhigt hatte. Dann stieg auch ich ein. Und los ging's!

Das erste Mal, dass ich in so einem Boot saß! Und Marion als Expertin! Ich hatte sie bisher immer für ein wenig naiv gehalten – und jetzt das!

Ich versuchte, ihre Ruderschläge zu imitieren, was auch hervorragend klappte! Es machte mir so richtig Spaß, immer weiter auf den offenen See zu rudern. Ich hätte jubeln können! Was für ein schöner Abschluss für einen Tag, der so turbulent begonnen hatte!

„Macht Spaß, nicht?“, lachte mir Marion zu.

„Und ob!“, gab ich fröhlich zurück.

Immer weiter ruderten wir raus, bis wir kaum noch das Ufer erkennen konnten.

Ich schaute auf die Uhr und meinte: „Du, wir müssen zurück. Ich möchte nicht noch einmal zu spät kommen. Das habe ich heute schon mal gehabt.“

„Ja“, meinte Marion munter, „dann lass uns zurückrudern.“

„Okay!“

Verstohlen schaute ich ihr zu, wie sie das Boot drehen wollte. Nur – sie ruderte weiter zur Mitte des Sees.

„Wir müssen zurück, Marion!“, reklamierte ich vorsichtig.

„Weißt du, wie das geht?“, fragte sie mich.

„Iiiiich?“

„Ja“, entgegnete sie arglos, „*ich* hab doch keine Ahnung!“

Mit offenem Mund sah ich sie an. „Du hast keine Ahnung?“

„Nein, ich bin doch noch nie gerudert!“

Hatte ich zuvor noch heimlich Marions maritime Künste bewundert, sank mir jetzt das Herz in die Hose.

Keiner wusste wirklich, wie wir den Kahn wenden sollten. Nach einigen Fehlversuchen übernahm ich dann schließlich das Kommando, und nach weiteren Drehübungen hatten wir endlich das Ufer im Blick. Dort sahen wir zwei Männer stehen, die bereits heftig gestikulierten. Ach du lieber Himmel! Ich schaute auf die Uhr – längst war die vereinbarte Zeit überschritten. Ausgerechnet ich, der blinde Passagier hielt alle auf!

Doch dann schien es zu klappen. So wie es uns vorher gelungen war, auf die Mitte des Sees hinauszurudern, steuerten wir jetzt mit viel Krafteinsatz in Richtung Ufer. Gottseidank!

Als wir dann mit Mühe versuchten, das Boot ordnungsgemäß an den Anleger zu steuern, wurden wir bereits lautstark empfangen: „Seid ihr denn von allen guten Geistern verlassen!“, schimpfte der Vorsitzende los. „Die ganze Gruppe wartet auf euch. Ihr seid mehr als eine halbe Stunde zu spät!“

„Tut mir wirklich sehr leid“, murmelte ich geknickt.

Marion erhob sich und machte einen Schritt nach vorn zur Spitze des kleinen Ruderbootes. Äußerst verdächtig schwankte das Boot jetzt unter ihrem Gewicht hin und her.

Und da passierte es! Der Bootsverleiher hatte ihr hilfsbereit seine Hände entgegengestreckt, doch wegen einer heftigen Schlingerbewegung verpasste sie diese. Ich dachte entsetzt: ‚Jetzt klatscht sie ins Wasser!‘ Nein – sie fiel nicht ins Wasser! Im letzten Moment erwischte sie mit ihren Händen den Holzpfahl des Anlegers! In höchster Not hatte sie nach allem gegriffen, was ihr Halt bot. Ihre Füße hingen jedoch noch im Boot, so dass sie mit ihrer gesamten üppigen Vorderseite waagerecht im Wasser hing.

„Hilfe, Hilfe!“, schrie sie entsetzt. „Hilfe!“

Ein absolut verrücktes Bild, wie Marion da mit ihrem Bauch und Busen im Wasser baumelte – der Mann, der sie nicht bergen konnte, weil sie in ihrer Panik den rettenden Holzpfahl nicht losließ – und dann unser Boot, das langsam voll Wasser lief. Mit ihrem gesamten Gewicht drückte sie es vorn nach unten. Und ich saß hinten schockgefrostet im kalten Wasser, das stetig mehr anstieg, mit Stöckelschuhen, engem Rock – und der auf Monatsraten abgestotterten Wildlederjacke! Es war alles sehr unwirklich!

„Geben Sie mir ihre Hand!“, rief der Bootsverleiher aufgebracht. Keine Chance! Marion ließ den rettenden Pfahl nicht los! Sonnenklar, was passierte, sobald sie eine Hand losließe!

Auch ich befand mich jetzt bis zum Bauch im Wasser, traute mich aber nicht, mich zu rühren, da ich nicht wusste, was das mit dem Boot machen würde. Alle Aufmerksamkeit war jetzt auf Marion gerichtet, die eisern den Pfosten festhielt und immer wieder laut um Hilfe schrie – ein äußerst skurriler Anblick!

Der Bootsverleiher entschied: „Es hilft nichts. Ich muss ins Wasser!“ Sprach‘s, zog seine Hose und sein Hemd aus und sprang!

Direkt neben der verzweifelten Marion tauchte er auf. „Tut

mir leid, meine Liebe“, prustete er und schüttelte sich das Wasser aus den Haaren, „ich muss Sie jetzt mal vorn anheben!“ Mit einem Arm fasste er sie fest um den Bauch – mit dem anderen hielt er sich am Holzpfahl fest.

Und das war die Lösung! Als sie ihren Retter im Wasser wahrnahm, ließ sie endlich den Pfosten los und schlang krampfhaft beide Arme um ihn. Kraftvoll hob er sie an.

Inzwischen hatten sich fast alle Mitglieder des Turnvereins am Steg versammelt. Mit vereinten Kräften wurde Marion an Land gehievt. Der Retter schob von unten, und mehrere Männer zogen die inzwischen vom Seewasser triefende Marion auf den Holzsteg. Gerettet!

Jetzt war ich dran. Ich verhielt mich dabei etwas geschickter, und so gelang es den Männern, mich mit einem Schwung aus dem Boot zu ziehen.

Beide wurden wir jetzt unter Geleitschutz zur Gaststätte gebracht, deutliche Wasserspuren hinter uns herziehend. Marion war fix und fertig – ich aber auch! Meine wunderschöne Wildlederjacke war zur Hälfte in Seewasser gebadet.

Wie zwei nasse Katzen stiegen wir in den Bus ein, doch keiner von der Gruppe machte uns noch weitere Vorwürfe. Während der sehr schweigsamen Rückfahrt nach Bielefeld trockneten unsere Sachen einigermaßen, auch meine Wildlederjacke! Allerdings war sie danach steif wie ein Brett.

Und als ich dann abends spät mein Zuhause erreichte, fragte meine Mutter unbedarft: „Na, wie war’s denn heute in Bremen?“

„Schön“, lächelte ich gequält, „aber jetzt bin ich müde. Gute Nacht!“

Was für ein Tag!

Achim kannte ich vier Monate, bevor wir ein Paar wurden: ein einziges Mal – und schon war ich schwanger mit André! Zwei Monate später war Achim dann verschwunden. Er hatte sich nach Holland versetzen lassen.

Nachdem ich das in Erfahrung gebracht hatte, fragte ich mich enttäuscht, ob ich ihn eigentlich wirklich noch wollte. Nach wie vor lag mir zwar etwas an ihm, doch so, wie er sich jetzt verhielt, war ich unsicher geworden.

Während der Beziehung mit Achim war zwischen mir und Grada, der Frau von Achims Kompaniechef Dick, ein besonders nettes Verhältnis entstanden. Ich hatte sie bei der Weihnachtsfeier von Achims Kompanie kennen gelernt. Grada, eine hübsche Frau mit blonden halblangen Haaren und einer lieben Art, hatte wohl sehr beeindruckt, dass sie kaum einen Akzent hörte, wenn ich mich mit ihr auf Holländisch unterhielt.

Dick, ihr Mann, war ein kleiner, aber smarter Typ vielleicht Anfang Vierzig. Er trug eine starke Brille, war lebendig, agil und sehr sympathisch.

Grada war es auch, der ich ein paar Monate später mein Herz am Telefon ausschüttete.

„Das gibt's doch gar nicht, Gila! Sich einfach so nach Holland abzusetzen!“, schimpfte sie aufgebracht. „Weiß Dick das schon?“

„Dass er weg ist?“

„Nein, dass du schwanger bist“, entgegnete sie. „Dass er sich hat versetzen lassen, weiß Dick natürlich, aber er wusste bisher nicht den wahren Grund.“

Zwei Monate später kam ich auf die Idee, Achims Eltern zu informieren. Sie betrieben ein kleines Lebensmittelgeschäft in Heemstede. Als ich sie anrief, erfuhr ich, Achim hatte zu Hause kein Wort über mich verloren. So wussten sie weder etwas von einer Freundin in Deutschland noch davon, dass diese obendrein noch ein Baby erwartete!

Wie man sich vorstellen kann, war das ein Schlag ins Kontor dieser christlich-reformierten Familie, die den Sonntag noch darin heiligte, dass der Hahn an diesem Tag von den Hühnern entfernt wurde, um sie nicht zu begatten.

Aufgebracht teilten sie mir am Telefon mit, sie würden umgehend mit ihrem Sohn sprechen. Selbst danach kam von Achim kein persönlicher Rückruf.

Und dann war es Dick, der kurze Zeit später den Plan entwarf, mit Grada und mir zusammen ein Wochenende nach Holland zu fahren, um unerwartet Achims Eltern zu beglücken.

„Und wie stellst du dir das vor, Dick?“, fragte ich, nun doch etwas unsicher geworden.

„Kein Thema! Wir fahren hin, ich klingele bei ihnen, stelle mich vor und bitte die Eltern um ein gemeinsames Gespräch mit dir. Und dann schauen wir mal, was passiert!“

Die beiden machten oft Campingurlaub. Sie wollten gern diese Fahrt mit einem Wochenende in Zandvoort kombinieren und luden mich jetzt ein, mit in ihrem Zelt zu übernachten.

„Sie sollen mal sehen“, schimpfte Grada los, „was du für ein Mensch bist! Eine bessere Schwiegertochter können die doch gar nicht bekommen!“

Aber wollte ich das wirklich noch? Ich war den beiden zwar unendlich dankbar, dass sie sich so für mich einsetzten, gleichzeitig fühlte ich mich aber auch wie auf einem Präsentierteller. Ein wenig unwohl war mir schon bei der ganzen Aktion. Und das alles, nur um einen Vater für mein Kind zu bekommen?

Nein, ich wollte lediglich Achims Familie kennen lernen – und sie sollten wissen, wer ich war. Ich würde mein Kind auch allein großziehen können …

Am Wochenende war es dann so weit. Wir waren über 300 km gefahren. Gespannt wie ein Flitzebogen saß ich auf dem Rücksitz von Dicks Auto. Vor dem kleinen Lebensmittelgeschäft der Eltern stieg er aus, um ihnen die schwangere Freundin ihres Sohnes, der die Fliege gemacht hatte, zu präsentieren.

Währenddessen versuchte Grada, die Zeit mit munteren Worten zu überbrücken, aber ich hatte nur die Eingangstür im Auge. Hübsch zurechtgemacht – ein Bäuchlein war noch nicht sichtbar – harrte ich der Dinge, die da kommen sollten.

Und die kamen auch – in Form von Dick, der allerdings allein wieder ins Auto stieg.

„Und?“, fragte Grada hochinteressiert.

„Heute passt es ihnen nicht“, entgegnete Dick und startete den Wagen, „aber ich habe einen Termin bei uns zu Hause in 14 Tagen mit ihnen vereinbart, wo Achim auch dabei sein soll.“

„Das halte ich für eine sehr gute Lösung“, meinte ich, höchst erleichtert, dass dieser Spießrutenlauf an dem Tag an mir vorüber gegangen war.

Bei Dick und Grada lernte ich vierzehn Tage später nicht nur Achims Eltern, sondern auch seinen älteren Bruder und seine jüngere Schwester kennen.

Auch meine Eltern waren anwesend. Als dann unerwartet auch noch der Kompaniepfarrer erschien, den Dick wohl zur Unterstützung eingeladen hatte, flüsterte meine Mutter mir etwas zu, das sich so anhörte, als wenn hier eine Schnelltrauung vollzogen werden sollte.

„Hör bloß auf!“, zischte ich sie an.

Dann erschien Achim auf der Bildfläche, total unsicher und sehr verlegen. Beim Anblick der ganzen Gesellschaft wurde ihm wohl jetzt erst klar, dass er derjenige war, der unfreiwillig für diese Zusammenkunft gesorgt hatte.

Später erzählte mir Achim, dass sein älterer Bruder ihn zur Seite gezogen und gedroht hatte, wenn Achim mich nicht heiratete, würde er es tun!

Vielleicht trug auch diese liebevolle Drohung bei Achim dazu bei, mich am folgenden Abend um ein persönliches Gespräch zu bitten.

Es wurde eine lange Aussprache. Vor allem war jetzt ein ungeheurer Druck von ihm gewichen, weil seine Familie völlig anders reagierte, nachdem sie mich nun kennen gelernt hatte. Jetzt wäre er bereit, mich zu heiraten.

Er war *bereit*, mich zu heiraten! Das muss man sich mal vorstellen! Nicht gerade der Knüller für mein Selbstbewusstsein, oder?

Schön von ihm – aber jetzt wollte *ich* nicht mehr.

Zwei Monate hat er dann um mich gebalzt, wahrscheinlich saß seine Familie ihm dabei im Nacken. Und dann erst war *ich* bereit, einer Heirat zuzustimmen, aber nur, weil bei mir damals wirklich Liebe im Spiel war.

Auch wegen dieser unromantischen Brautwerbung war mein Selbstbewusstsein stark angeschlagen. Und wenn ich dann noch an meine Kindheit zurückdachte …

Lea, meine Enkelin, verbrachte vor kurzem ein Wochenende bei mir. Da entdeckte sie bei uns im Wohnzimmer eine zauberhafte große Foto-Collage von mir und meinen vier Kindern. Meine Tochter Dana hatte sie mir ein paar Jahre zuvor zum Geburtstag geschenkt. Viele Fotos aus meiner Jugendzeit, von den Kindern als Babys oder aus ihrer Kindheit waren mit viel Liebe von ihr zusammengestellt worden.

Lea hatte die Fotos aufmerksam betrachtet. Und als wir abends bei sommerlichen Temperaturen auf unserer Terrasse saßen, stellte sie mir eine Frage, mit der ich im Leben nicht gerechnet hatte: „Sag, mal, Gila, hattest du eigentlich in deiner Jugend viele Männer?"

Ich schaute sie verblüfft, aber auch etwas belustigt an – nicht weil ich die Frage für unpassend hielt –, sondern weil ich mich fragte, wie sie mich eigentlich sah.

„Wie meinst du das, Lea?"

„Sorry, aber so wie du in deiner Jugendzeit ausgesehen hast, müssen dir die Männer doch massenhaft nachgelaufen sein."

So sah mich Lea? Ich war einfach erschüttert! Wie hatte ich mich damals denn selbst gesehen? Als Kind und auch noch als Jugendliche habe ich unter starken Komplexen gelitten, mit einem ganz geringen Selbstwertgefühl. Ich fand mich weder aufregend noch attraktiv – im Gegenteil!

Und da sagt mir doch meine bildhübsche Enkelin etwas, was meiner damaligen Selbsteinschätzung komplett widersprach! Das hat mich doch sehr nachdenklich gestimmt.

Damals habe ich mich nie als ganzheitliche Persönlichkeit wahrgenommen, sondern mich nur darauf konzentriert, was mir an mir selbst nicht gefiel. Und so habe ich diese Dinge addiert und kam zu dem Schluss: Ich mag mich nicht! Und wenn ich mich nicht mag, mögen andere mich auch nicht. Basta!

In dem Glauben und mit der Einstellung, wenig attraktiv und ungeliebt zu sein, habe ich auch die Zeit erlebt, bevor ich Achim kennenlernte.

KAPITEL 8

Warum willst du dich mit anderen vergleichen?
Es gibt niemand,
der besser Du sein kann
als du selbst.

(Verfasser unbekannt)

Was war ich doch früher für ein unglückliches kleines Mädchen gewesen! Ein Schlüsselkind, das sich vor lauter Einsamkeit vollstopfte mit dick belegten Zuckerbroten – Süßigkeiten gab es bei uns zu Hause meistens nur zu besonderen Anlässen. Dementsprechend wuchs ich nach und nach immer mehr in die Breite.

Erst als meine Schulzeit endete, begann ich mehr auf mein Äußeres zu achten, doch das Thema, nicht geliebt zu sein, war nach wie vor tief in mir verankert. Wie oft machte ich mir Sorgen um mein Ansehen und um mein Aussehen! Der Spiegel schien mein Gegner zu sein, indem ich mich ständig mit allen anderen verglich. Logisch, dass ich immer schlecht dabei abschnitt!

Und dann versuchte ich auch noch dauernd, meine Fehler und Schwächen vor anderen zu verbergen. Wenn jemand von mir sprach, hatte ich Angst, dass er über mich sprach.

Entscheidend war für mich, was andere Menschen von mir dachten – stets musste alles 110%ig sein. Um meine Unsicherheit zu verbergen, wollte ich es jedem recht machen. Jede noch so leichte Kritik brachte mich aus meiner Balance. Ich musste erst noch erfahren, dass jeder Kampf, vor allem der gegen sich selbst, wertvolle Kraft kostet, die ich an anderer Stelle viel sinnvoller hätte einsetzen können.

So ist es mir wirklich ergangen! Das waren *meine* Glaubenssätze, als wenn diese Aussagen nur auf mich zugeschnitten waren und auf niemand anderes. Vielleicht erkennt sich der eine oder andere in diesen Sätzen wieder?

Die Gründe für ein mangelndes Selbstbewusstsein sind unterschiedlich. Bei mir waren es sicherlich sehr frühe Erfahrungen in der Kindheit, die eine tiefe Unsicherheit manifestiert haben. Botschaften wie: „Was soll aus dir bloß mal werden?", haben auch mich geprägt. Darüber hinaus haben auch sicherlich bei mir einzelne Erlebnisse, wie das Versagen in bestimmten Situationen oder auch das Verlassen werden von einem wichtigen Menschen, zu dem mangelnden Selbstbewusstsein beigetragen.

Unsicherheit kann aber auch dadurch entstehen, dass wir jemanden verurteilen oder uns über ihn lustig machen. Es ist ein energetisches Gesetz, dass die Art, mit der wir andere Menschen behandeln – sei es real oder nur in Gedanken – auf uns selbst zurückschlägt. Lästern wir über jemanden, dann wird in der Regel ein Programm aktiviert, dass wir unbewusst glauben, andere Menschen würden es mit uns genauso machen. Und schon fühlen wir uns verunsichert.

Kritik anderer Menschen kann uns tief treffen und unser Selbstvertrauen erschüttern, vor allem, wenn sie uns unberechtigt erscheint. Wir sollten sie jedoch erst einmal offen anhören, um eventuell etwas hinzuzulernen.

Inzwischen ist mir aber klar geworden, dass es sich ja nur um den Standpunkt eines anderen Menschen handelt, der sich von mir deutlich unterscheidet. Es liegt allein an mir, ob ich dieser anderen Position mehr Bedeutung als meiner eigenen beimesse. Stelle ich mein Licht unter den Scheffel, so gebe ich dem anderen die Gelegenheit, mich zu manipulieren.

Ausgewogener, also harmonischer läuft es jedoch ab, wenn wir einem Menschen auf Augenhöhe begegnen. Damit signalisieren wir ihm und auch uns selbst, dass es nicht um Machtrituale, sondern vielmehr um ein harmonisches Miteinander geht, trotz unserer Unterschiedlichkeit.

Bei der Reflexion unseres Verhaltens ist die Intuition der weitaus bessere Ratgeber als die Meinung eines Außenstehenden. Wie sollte uns dieser auch so gut verstehen können wie wir selbst – mit Hilfe unserer eigenen Intuition?

Die Ruhe und Zufriedenheit, die wir dann finden, kommt aus unserem Inneren. Darauf ist mehr Verlass als auf das, was uns von außen zugetragen wird. Wir sollten andere Menschen mit derselben positiven Einstellung wie uns selbst betrachten und immer daran denken: Jeder Mensch ist stets bemüht, sein Bestes zu geben.

Blicke ich heute auf meine Entwicklung zurück, so erkenne ich, dass ich genau diesen persönlichen Prozess, den ich durchgemacht habe, für meine seelische Reife brauchte. Ich habe verstanden, dass ich niemandem etwas beweisen muss, nicht einmal mir selbst, und habe aufgehört, mich nach Anerkennung zu sehnen.

Ich bin zwar offen für Anregungen von außen, aber lasse es mir nicht nehmen, die Entscheidungen für mein Leben selbst zu treffen. Und als ich den Mut zu dieser Art der Eigenverantwortung gefunden hatte, gab mir das ein tiefes Gefühl der Selbstsicherheit und damit auch Selbstbewusstsein.

Ich bin überzeugt davon, dass ich diese Gefühle der Unsicherheit damals so intensiv erleben musste, um heute meine

Teilnehmer besser zu verstehen, die Ähnliches empfinden oder empfunden haben.

Erst später, als ich immer mehr in die spirituelle Betrachtungsweise hineinwuchs, gelang es mir, mich von dieser Opferhaltung freizumachen. Da konnte ich die Maske abnehmen und mich auch mit meinen Schwächen zeigen. Ich erkannte, dass auch negative Gefühle zu meinem Leben gehören dürfen, um die positiven Gefühle überhaupt bewusst fühlen zu können. Dort wo Licht ist, ist auch Schatten. Die Frage ist doch, wie lange ich mich auf welche Gefühle einlasse. Richte ich meine Aufmerksamkeit zu sehr auf negative Ereignisse der Vergangenheit, schmälere ich meine Lebenskraft für die Gegenwart und die Zukunft.

Ich will nicht behaupten, dass ich heute einer der selbstsichersten Menschen auf der Welt bin. Aber meine Einstellung und damit mein Leben haben sich sehr verändert. Ich habe verstanden, dass ich am meisten durch die Menschen gewachsen bin, die mich verletzt haben. Sie waren nur der Spiegel meines Selbst. Meinen Frieden kann ich nur in mir selbst finden, dann erst kann mein Herz alle Vorwürfe und auch die Opferhaltung in Frieden loslassen.

Gern hole ich mir den Rat anderer ein, aber ich entscheide allein, weil es mein Leben ist, für das ich die Verantwortung übernommen habe.

Ich habe gelernt, ein klares ‚Nein‘ und ein klares ‚Ja‘ zu sagen. Inzwischen sehe ich auch die schönen Seiten in mir, die mich ausmachen, weiß, was ich geschafft und geschaffen habe, und bin unendlich dankbar dafür.

Vor kurzem habe ich eine Karte gezogen mit einer Botschaft der geistigen Welt, die sehr schön hineinpasst in diese Betrachtungsweise:

Du bist ein schönes Wesen mit großer Ausstrahlung.
Du siehst dich selbst nicht, wie ich dich sehe.
Könntest du dich so sehen,
wären neunzig Prozent deiner Probleme gelöst,
denn neunzig Prozent deiner Probleme
entstehen durch deine eigenen Glaubensmuster
über dich selbst.

Ja, genau! Heute mit meiner Erfahrung von mehr als zwei Jahrzehnten Seminartätigkeit kann ich diese Worte voll unterstreichen.

Gern erinnere ich mich in dem Zusammenhang an einen ganz bemerkenswerten Menschen, der immer an mich geglaubt hat und der mein Leben lang einen besonderen Platz in meinem Herzen haben wird: Fräulein Jörn! Damals wurden die unverheirateten Frauen noch mit ‚Fräulein' angesprochen. Und wenn ich sie hier im Buch mit ‚Frau' betitelte, wäre das für mich einfach nicht stimmig.

Ich komme aus einer Familie, wo es ständig an Geld fehlte, obwohl meine Eltern beide berufstätig waren. Schon sehr früh habe ich etwas hinzuverdient. Ich war 8 Jahre alt und verteilte regelmäßig freitags oder samstags das Kirchenblatt unserer Gemeinde an Abonnenten und konnte somit mein Taschengeld aufbessern.

Eine meiner liebsten ‚Kundinnen', wie ich sie stolz mit meiner gesamten achtjährigen Lebenserfahrung bezeichnete, war eine mir sehr sympathische Dame in den Vierzigern.

Wann immer ich bei ihr wöchentlich dieses Heftchen ablieferte, hatte sie irgendeine süße Kleinigkeit für mich. Ab und zu sogar ein kleines Geldstück. Ihr Name war Fräulein Jörn.

Sie meinte es immer sehr gut mit mir – und aus besagten Gründen freute ich mich immer wie Bolle, ihr das Kirchenblatt vorbeizubringen.

Einmal im Vierteljahr musste ich kassieren – Überweisungen waren eher die Ausnahme. Stolz wie Oskar kam ich meiner Aufgabe nach und bekam natürlich von dem einen oder anderen noch Trinkgeld, vor allem von Fräulein Jörn!

Schon damals fühlte ich mich unendlich reich, weil ich mit 8 Jahren bereits ein eigenes Einkommen hatte – und das sogar selbst erarbeitet!

Zwei Jahre zogen ins Land. Der Wechsel zur Realschule stand an. Am ersten Schultag fanden wir Kinder uns alle auf dem Schulhof ein und warteten gespannt auf die Einteilung in die verschiedenen Klassen.

Aufgeregt schnatternd suchten wir dann in dem Klassenraum unsere Schulbänke. Ich hatte einen Platz in der ersten Reihe innen am Gang erwischt.

Und dann geschah es – unfassbar für mich! Die Tür des Klassenraumes ging auf, und ausgerechnet meine beste Kundin betrat das Klassenzimmer!

Ich muss sie wohl mit offenem Mund angestarrt haben! Als Zehnjährige hatte ich damals äußerste Schwierigkeiten, die Verbindung zu schaffen von dem Status meiner Kundin zu meiner zukünftigen Klassenlehrerin! Ich hatte auch vorher nicht gewusst, dass sie Lehrerin war! Meine Kundin! Und sie nahm dann noch nicht einmal Notiz von mir! Sie schien mich geradewegs zu ignorieren! Und ich hatte geglaubt, ein ganz besonderes Verhältnis zu ihr zu haben!

Freundlich stellte sie sich vor und begrüßte uns als unsere zukünftige Klassenlehrerin sowie unsere Lehrerin für Deutsch und Englisch. Irgendwie war mir die ganze Situation suspekt. Ich musste sie einfach auf mich aufmerksam machen, aber wie? Ich konnte sie ja nicht in ihrem Redefluss unterbrechen, um ihr zu erklären, dass ich auch in dieser Klasse war!

Noch heute erinnere ich mich an ihre Art, sich mit ihren Händen auf die beiden Schultische rechts und links des Mittelganges aufzustützen, wenn sie unterrichtete. Ich saß nun direkt in vorderster Reihe, ihre Linke war verführerisch auf meinen Tisch gelehnt.

Wie hypnotisiert starrte ich auf diese Hand. Das war die Chance! Sollte ich wirklich? Um endlich ihre Aufmerksamkeit auf mich zu lenken, begann ich ganz behutsam, diese Hand zu streicheln.

Und dann sah ich ihr Schmunzeln! Sie beugte sich zu mir herunter und sagte leise zu mir. „Ja, ja, keine Bange! Ich habe dich schon gesehen!"

Da war ich endlich zufrieden!

Es ist erstaunlich, wie sehr mich dieser Mensch für mein Leben geprägt hat. Ich hatte das Glück, dass sie sowohl die beiden ersten als auch die beiden letzten Schuljahre unsere Klassenlehrerin war.

Ich mochte ihre zurückhaltende, freundliche und bescheidene Art, aber auch ihre fachliche Kompetenz! Ich fühlte mich einfach wohl, wenn sie unterrichtete. Dementsprechend gut waren auch meine Noten in Englisch und Deutsch.

Nach zwei Jahren wechselte ich in die dritte Klasse und bekam einen neuen Klassenlehrer.

Ein paar Monate später, als Fräulein Jörn in der Pause Aufsicht auf dem Schulhof hatte, kam sie zu mir und fragte mich: „Hör mal, ich habe da in meiner neuen Anfängerklasse ein

Mädchen, das dringend Nachhilfe in Englisch braucht. Meinst du, du könntest das übernehmen?“

Ich war baff! Obwohl ich selbst erst 13 Jahre alt war, traute sie mir zu, bereits anderen Schülern Nachhilfe zu geben? Ich dagegen zweifelte noch heftig an meinen Fähigkeiten und nahm diese Herausforderung nur an, weil Fräulein Jörn mir vertraute! Dadurch war ich in der Lage, das Verteilen der Sonntagsblätter jemand anderem zu übergeben.

Mir konnte nichts Besseres passieren, als vier wunderbare Jahre von diesem tiefgläubigen Menschen begleitet und auch geprägt zu werden in einer Zeit, in der ich Prägung und Orientierung so dringend benötigte.

Ich habe ihr viele Jahre später einen sehr emotionalen Brief geschrieben und ihr für all das gedankt, was sie bewusst oder auch unbewusst für mich getan hat. Unter anderem schrieb ich ihr:

> *Erinnern Sie sich an unser Klassentreffen nach 25 Jahren? Ich habe Ihnen in einer stillen Minute etwas gesagt: Ich stieß irgendwann einmal auf das Magazin Readers Digest, in dem ein Bericht stand ‚Ein Mensch, den man nie vergisst.‘*
> *Ich habe Ihnen erzählt, dass Sie mir dabei einfielen und ich lange an Sie gedacht habe. Meinem Impuls, Ihnen zu schreiben, bin ich damals nicht gefolgt. Erst jetzt, 16 Jahre später, tue ich es.*
> *Als ich Ihnen das damals sehr liebevoll sagte, waren Sie ganz beschämt und meinten: „Das kann ich gar nicht glauben.“*
> *Und doch war es so.*
> *Sie haben mir daraufhin auch etwas gesagt: „Du*

bist einer der Menschen, die ich seit Jahren in meine Gebete eingeschlossen habe." Das wiederum erschien mir fast unglaublich.
Mir wurde bewusst, welch starke Rolle Sie in der Aufarbeitung meiner Kindheit gespielt haben. Sie haben mich geliebt und waren – wie wir alle – Gottes Werkzeug. Dafür danke ich Ihnen mein Leben lang. Sie haben damals bereits mehr auf mein Inneres als auf mein Äußeres geschaut. Erst jetzt habe ich das richtig erkennen können.
Gespürt muss ich es immer haben, weil Ihre guten Energien mich stets erreichten und ich in Liebe und Sympathie an Sie zurückdachte. Sie haben durch sämtliche Äußerlichkeiten hindurchgeblickt und mich als Kind Gottes gesehen. So haben Sie sich während meiner Schulzeit verhalten, und auch später habe ich ihre gute Energie gespürt.
Wir sind alle so reich gesegnet. Sie haben mir ein Beispiel dafür gegeben, und ich werde es genauso machen mit Menschen, die meine Liebe ganz besonders brauchen. Ich danke Ihnen aus tiefster Seele dafür.
Welche Bedeutung mag es haben, dass zum selben Zeitpunkt, da ich diese Zeilen an Sie schreibe, mein Buch veröffentlicht wird?
Ich habe Ihnen mit diesem Brief eines meiner ersten Exemplare übersandt.

Ich denke in Liebe an Sie – immer!
Ihre Gila

Dazu habe ich ihr ein Buch von mir übersandt. Voller Dankbarkeit schrieb sie mir zurück, dass sie immer den Samen in mir gesehen hätte, der dann später in voller Blüte aufgehen sollte. Sie hätte damals schon erkannt, dass die Unsicherheit dieses kleinen Mädchens, das mit den Jahren zu einer pubertierenden Jugendlichen heranwuchs, nur ein wichtiger und richtiger Teil ihres Reifungsprozess gewesen sei.

Was für bezeichnende Worte! Danke!

Als unsere Schule 50-jähriges Bestehen hatte, konnte Fräulein Jörn persönlich nicht mehr an den Feierlichkeiten teilnehmen. So bin ich zu ihr gefahren – zu der altvertrauten Adresse, an die ich damals meine Sonntagsblätter geliefert hatte.

Und als ich mit klopfendem Herzen bei ihr schellte, dachte ich wieder an das kleine Mädchen von 8 Jahren, was erwartungsvoll auf das Summen des Türöffners wartete.

Dieses Mal war es nicht das vertraute Geräusch, sondern ein Fenster im Erdgeschoss, das geöffnet wurde. Ja, sie war es – und schaute vorsichtig heraus.

„Hallo, Fräulein Jörn!“, lachte ich ihr zu.

„Gisela? Bist du das?“, fragte sie überrascht.

Während mich viele meiner Freunde schon früh Gila nannten, wurde ich in meiner Jugend von Erwachsenen noch oft mit meinem Taufnamen angesprochen. Erst als ich nach Kanada auswanderte und die Kanadier meinen Namen dort ständig ‚Scheisela‘ aussprachen, bestand ich grundsätzlich darauf, Gila genannt zu werden.

„Ja!“, antwortete ich mit Tränen in den Augen. „Ich möchte Sie an diesem besonderen Tag zumindest sehen, wenn Sie schon nicht bei der Feier dabei sein können!“

„Was bist du schlank geworden! Wenn ich mich gesundheitlich besser fühlte, würde ich dich so gern hereinbitten, aber es geht nicht“, sagte sie entschuldigend.

„Das macht gar nichts!“, lächelte ich. „Hauptsache, wir haben uns wieder gesehen!“

Es war nur eine kurze liebevolle Begegnung. Dann winkten wir einander zum Abschied zu – und ich ging beglückt zurück zu meinem Auto.

Während des Schreibens dieses Buches habe ich mal mit klopfendem Herzen die Telefonnummer, die noch im Telefonbuch stand, angerufen. „Kein Anschluss unter dieser Nummer!“, verkündete die Telefonansage.

Liebes Fräulein Jörn! Vielleicht wachen Sie ja jetzt als ein Schutzengel in einer anderen Dimension über meine weitere Entwicklung. Ich wünsche es mir – ich denke weiterhin in Liebe an Sie!

*

Ja, wenn man nicht immer bei der Wahrheit bleibt ...!

Es geschah zu der Zeit, als mich meine beiden kleinen Söhne und ein Vollzeitjob im Büro voll auf Trab hielten, und es war Weihnachtszeit. Das brachte mich auf die glorreiche Idee, meine in der Schule erworbenen Bastelkünste mal wieder aufzufrischen. Oftmals war ich früher für meine goldenen Sternkugeln, deren aufgerollte Tütchen wie Strahlen aussahen, bewundert worden. Mit einer Rolle Goldpapier ausgestattet, legte ich also ein paar Tage vor Weihnachten los.

Einmal damit angefangen konnte ich nicht wieder aufhören. Bis spät in die Nacht drehte ich jeweils 64 Stacheltütchen pro Stern und klebte sie dann in der Mitte zu einer Kugel zusammen.

Einige dieser fertigen goldenen Sterne nahm ich am nächsten Morgen stolz mit ins Büro und hängte sie dort an die Wand, um für etwas Weihnachtsstimmung zu sorgen. Es dauerte nicht lange, da kamen auch schon die ersten Rückfragen. Meine Kollegin Karin stand in der Tür.

„Oh Gila, die sind aber schön! Wo hast du *die* denn her? Wo kriegt man die denn? Die will ich auch haben!"

Mit *der* Resonanz hatte ich ja nun gar nicht gerechnet! Einem inneren Impuls folgend, wollte ich sie ihr schenken. Da fiel mir ein, wie lange ich in der vergangenen Nacht daran gesessen hatte! Und verkaufen? Nein, ich konnte doch für meine selbstgebastelten Sterne kein Geld nehmen! Also – was jetzt?

Auf die Schnelle fiel mir nur ein: „Die hat eine alte Frau bei uns in der Nachbarschaft gebastelt, sie nimmt nicht viel dafür, aber bessert dadurch ihr Einkommen auf. Wenn ihr welche haben wollt, kann ich bei ihr mal nachfragen."

Ich nannte ihr einen Preis, der kaum höher lag als die Materialkosten. Meine 5 Sternkugeln fanden daraufhin sofort reißenden Absatz. ‚Gut', dachte ich, ‚dann bastle ich eben noch mal welche für mich. Dann hat sich die Sache erledigt.'

In meinen kühnsten Träumen hatte ich aber nicht damit gerechnet, was dann auf mich zukam. Am gleichen Nachmittag kam Karin mit leuchtenden Augen in mein Büro. „Da!", sagte sie stolz und legte mir eine Liste vor. „Ich habe mal einen Rundruf gestartet, wer alles solche Sternkugeln haben möchte. 105 Stück wurden bestellt! Rekord! Alle Kollegen wollen die alte Frau gerne unterstützen. Ist das nicht toll, Gila?"

Mir gefror das Blut in den Adern. 105 Sternkugeln! Und eine enthielt 64 Stacheltüten! Sie konnte ja nicht ahnen, wie lange ‚die alte Frau' daran sitzen würde! Statt den Mut aufzubringen und zu sagen: „Das schafft die Arme aber gar nicht bis

Weihnachten“, erwiderte ich halbherzig: „Da wird sie sich aber freuen! Vielen Dank!“

Das hatte ich jetzt davon!

Mit großem Schrecken dachte ich plötzlich daran, dass nicht nur in 7 Tagen Heiligabend war, sondern dass zusätzlich meine Schwägerin in Holland am kommenden Wochenende heiratete und wir am nächsten Tag früh nach Heemstede fuhren! Was jetzt?

Doch das Strahlen von Karins Augen und ihr liebevolles Mitgefühl rührten mich derart, dass ich dachte: ‚Ich muss es einfach schaffen!‘

Als sie dann jedoch in ihrer überströmenden Hilfsbereitschaft noch vorschlug, eine Kleidersammlung für die alte Dame bei den Kollegen zu organisieren, wurde es mir zu viel.

„Nein“, lehnte ich rigoros ab, „so bedürftig ist sie nun auch wieder nicht. Aber ganz lieb von dir, dass du gefragt hast.“

„Gila, ich frage aber gern noch einmal nach.“

„Nein, das lass mal sein. Ich kenne sie – das würde sie nicht wollen.“

Direkt nach Büroschluss ging ich in ein Schreibwarengeschäft, um den gesamten Vorrat an Goldpapier aufzukaufen.

Achim lachte sich schlapp, als ich ihm abends von der Aktion erzählte, meinte dann aber: „Und? Wie willst du das schaffen? Ab morgen sind wir unterwegs nach Holland!“

„Ich muss dann eben auf der Fahrt und in jeder freien Minute ran“, stellte ich fest, „sonst klappt das nicht. Ich kann meine Kollegen doch nicht enttäuschen.“

Morgens, mittags, abends und bei Nacht drehte ich in Holland Stacheltütchen und stellte Sterne daraus her. Nur während der kirchlichen Trauung setzte ich vorübergehend eine Stunde aus. Selbst zwischen der Trauung und dem Hochzeitsessen saß ich irgendwo in der Garderobe und tat meinen Job – sehr zum Leidwesen meiner Schwiegereltern!

Auf der Rückfahrt war der gesamte Kofferraum voller Tüten mit Sternen – und es waren immer noch nicht genug! Also drehte ich während der Autofahrt fleißig weiter. Als dann auch noch die Heizung im Auto ausfiel, musste ich mit Handschuhen weitermachen, was der ganzen Aktion noch die Krone aufsetzte.

Ich war fast fertig am letzten Abend vor der Lieferung, als zu allem Überfluss auch noch Karin auftauchte. Schnell wie ein Wiesel raffte ich das gesamte Goldpapier zusammen und konnte gerade noch die letzten Utensilien im Schlafzimmer verstecken, als es auch schon an der Haustür klingelte.

„Ich wollte nur noch mal fragen, ob das auch klappt mit der Bestellung“, meinte sie interessiert.

Indem ich versuchte, meine wunden Finger zu verstecken, erwiderte ich: „Ja, morgen früh kann ich alle Sterne bei der Bekannten abholen. Das hat sie versprochen!“

„Mann, muss die Frau aber viel gearbeitet haben!“

Und ob, liebe Karin! Die Frau hat wirklich viel gearbeitet!

Sie wunderte sich nur darüber, dass ich auf einmal etwas zu schwächeln schien und sie somit zum Gehen animierte. Gleich darauf schritt ich wieder zur Tat. Gegen Mitternacht hatte ich es endlich geschafft, war aber dann total erledigt – bei der Anzahl von mehr als 6000 gedrehten Stacheltütchen!

Das hatte ich nun davon, dass ich mich nicht traute, einen angemessenen Preis für meine Arbeit zu nennen, und deswegen auch noch die Unwahrheit gesagt hatte. Denn daraus war ja erst das Mitgefühl erwachsen, das die gesamte Sternproduktion in Gang gesetzt hatte. Lügen haben kurze Beine, oder besser gesagt – Blasen an den Fingern vom Stacheldrehen.

Nie wieder habe ich danach zu irgendeinem Weihnachtsfest Sternkugeln gebastelt – und habe es auch in Zukunft nicht mehr vor …

Wie ich anfangs schon erwähnte, wird mir bei dieser Geschichte wieder klar, wie oft ich in meinem Leben Entscheidungen getroffen habe, die gewisse Risiken enthielten. Sicher wäre es besser gewesen, ehrlich zu bleiben und den Wert meiner Arbeit richtig einzuschätzen – bequemer, nicht nach Bremen zu fahren, sondern zu Hause zu bleiben – einfacher, nicht auszuwandern, und das gleich zweimal, sondern in Deutschland zu bleiben.

Wie viele Unannehmlichkeiten hätte ich mir erspart! Doch auf wie viele Erfahrungen hätte ich verzichten müssen, auf die ich später unter anderem auch in meinen Büchern zurückgreifen konnte? Wäre ich in Deutschland geblieben, hätte ich diese außergewöhnlichen Erlebnisse verpasst.

Schon bei dem Tagesausflug nach Bremen hat sich ganz deutlich gezeigt, dass mir immer wieder dann zuverlässig Hilfe zukommt, wenn ich selber nicht mehr weiter kann. Es ist offensichtlich mein großes Vertrauen, das ich ins Leben setze, selbst damals bereits mit 18 Jahren. Sonst wäre ich nicht mit so wenig Geld in der Tasche losgefahren.

Genau dieses Vertrauen war es auch, das mich 20 Jahre später mit deutlich höherem Risiko durch die beiden Auswanderungen getragen hat. Es gab mir die Sicherheit, in allen Lebenslagen gestützt und geschützt zu sein und ebenso das Gefühl, auf die eine oder andere Art geht es immer weiter. Und diese Erfahrungen haben mich zu dem Menschen werden lassen, der ich heute bin.

Wenn wir dieses Gefühl, vom Leben getragen zu werden,

verinnerlichen können, verlieren wir jegliche Angst vorm Leben – nein, positiv ausgedrückt: Wir gewinnen immer mehr Vertrauen zu unserem Lebensplan.

Und wie sehr dieses Gottvertrauen Eltern in einer sehr schweren Lebenskrise tragen kann, habe ich auf einem Kurs in der Eifel erfahren dürfen.

„Hallo Gila, hallo Götz!“, wurden wir dort aufs Herzlichste von Dieter, dem Geschäftsführer des Landhotel Kallbach in Hürtgenwald begrüßt. Spontan nahm er zuerst mich, dann Götz in seine Arme. „Schön, dass ihr wieder im Haus seid!“

„Wir freuen uns auch“, sagte ich fröhlich, und das kam von Herzen. „Ist schon jemand angereist?“

„Ja, ein Herr. Ich weiß nur, dass er Wilfried heißt mit Vornamen. Soll ich mal nachschauen?“

„Brauchst du nicht, ich weiß schon Bescheid. Es ist ein neuer Teilnehmer.“

Für das Einrichten des Tagungsraums nehme ich mir immer viel Zeit, und es ist schön, wenn Götz dabei ist, dann geht es schneller und leichter von der Hand. Nachdem wir alles geschafft hatten, gingen wir auf unser Zimmer. Ich öffnete die Balkontür, trat hinaus, atmete tief die würzige Luft ein und genoss die idyllische Aussicht auf den Wald.

Als ich mich umdrehte, sah ich, wie drei Apartments weiter ein Herr allein auf dem Balkon saß. Vom Alter her konnte es Wilfried sein.

„Wilfried?“, rief ich vorsichtig fragend zu ihm hinüber.

„Ja?“

Getroffen! Ich hob meine Hand und winkte ihm fröhlich zu. „Hallo! Schön dich kennen zu lernen! Bist du schon lange da?“

„Ja, schon seit heute Mittag! Warum?“

„Na, ich bin Gila!"
„Gila?"
„Ja, Gila van Delden!"
Stille.
„Sagt mir jetzt im Moment nichts", meinte er vorsichtig, während ich das Gefühl bekam, dass hier etwas nicht stimmte.
„Du bist doch Wilfried – oder?"
„Ja, klar bin ich Wilfried."
„Dann bist du doch morgen bei meinem Seminar dabei?"
„Ich? Nein! Mit einem Seminar habe ich nichts zu tun."
Ich verstand die Welt nicht mehr! Da frage ich ihn, ob er Wilfried heißt – ja, so hieße er, aber er sei nicht mein Teilnehmer, sondern nur Hotelgast!
Über einen Abstand von ungefähr 20 Meter hinweg erklärte ich ihm völlig verdutzt diese kuriose Sache. Jetzt musste auch er lachen.
Götz, der mit auf dem Balkon stand, wandte sich ab und ging mit einem Grinsen zurück ins Zimmer.
„Weißt du, Götz", meinte ich kopfschüttelnd, „ich habe manchmal das Gefühl, dass sich die geistige Welt neckische Spielchen mit mir erlaubt. Wie käme ich sonst auf die Idee, diesen Mann, der gar nicht zu uns gehört, direkt beim Vornamen anzusprechen? Und dann heißt er auch noch wirklich so?"
„Ja", schmunzelte Götz, „das war mal wieder eine der vielen Episoden, wie ich sie so oft mit dir erlebe."
Am nächsten Morgen nach dem Frühstück stießen wir bei unserem Spaziergang auf einen einzelnen Hotelgast, der ungefähr in die Altersgruppe meines Teilnehmers passen konnte. Ich war jetzt sehr vorsichtig, als ich ihn mit „Wilfried?" ansprach.
Wir hatten Glück – er war's!

Rick aus Köln, ein freundlicher, stiller junger Mann, knapp unter Dreißig, nahm auch an diesem Kurs teil. Seine Eltern Paul und Jolande kommen ursprünglich aus Holland. Ich kannte sie sehr gut, denn sie hatten bei mir bereits vor längerer Zeit an einem Seminar teilgenommen.

Als Rick gegen Mittag zu uns in den Tagungsraum kam, nahm ich ihn warmherzig in Empfang.

„Ich soll dich ganz herzlich grüßen von meinen Eltern!"

„Wie geht es ihnen, Rick?"

„Gut. Mein Vater hat mich übrigens hierher gebracht!"

„Und? Wo ist er?"

„Er ist gleich wieder gefahren", meinte Rick, „aber wenn er mich wieder abholt, möchte er dich gern begrüßen."

Auffallend an Rick waren seine schönen dunkelblauen Augen und dasselbe verschmitzte Lächeln, das mir bereits bei seinem Vater aufgefallen war.

Bei der Vorstellung sprach Rick darüber, dass einige Monate später sein Baby auf die Welt käme und dass er sich sehr darauf freue, Vater zu werden.

Während dieser gemeinsamen Tage fiel mir auf, wie gern er sich in Wilfrieds Nähe aufhielt. Wilfried, eine sehr angenehme und reife Persönlichkeit, war Dozent einer Hochschule und bildete selbst Mentaltrainer aus.

Ja, und dann Monika! Monika bin ich zum ersten Mal in Gosau in Österreich begegnet. Sie hatte dort einen starken Eindruck auf mich gemacht. Sie kommt immer wieder gern zu mir. Neun Monate zuvor musste sie ihren 23-jährigen Sohn ins Licht gehen lassen – beeindruckend, mit welcher Würde, Klarheit und spiritueller Weisheit sie diesen plötzlichen Schicksalsschlag angenommen hatte!

„Gila, wie ist das schön, wieder hier zu sein, unter Menschen, die ähnlich fühlen und denken!", freute sie sich und ihre blauen Augen blitzten.

Irgendwo spürte ich eine Verbindung zwischen Monika und Rick – diese tiefblauen Augen, das verschmitzte Lachen, und war gar nicht erstaunt, dass die beiden einander für mehrere Rituale, für die man einen Partner braucht, ausgesucht hatten.

Vor allem Monika spürte diese Seelenverwandtschaft. „Eigenartig", sagte sie zu mir, als wir einen Moment allein waren, „wie sehr mich Rick an meinen Sohn Thomas erinnert."

Es war schön für uns zu sehen, wie sehr sich Rick an Wilfried, aber auch an Monika orientierte.

Am letzten Abend in der Bar zeigte mir Rick Fotos von seinem Vater. Ich spürte, er hing sehr an seinen Eltern. Er wohnte in einer abgetrennten Wohnung gemeinsam mit ihnen in einem Haus.

„Ich freue mich darauf, deinen Vater nach der langen Zeit wiederzusehen", meinte ich. „Es ist schon ungefähr elf Jahre her, dass die beiden bei mir waren."

„Ach, jetzt muss ich dich aber enttäuschen", entgegnete Rick auf einmal, „Markus wird mich auf der Rückfahrt nach Köln mitnehmen. Dann braucht mein Vater mich nicht abzuholen."

Markus war ein weiterer Teilnehmer aus Köln, der ihm inzwischen angeboten hatte, ihn mit zurückzunehmen.

Rick sprach mit mir über die Situation, dass seine Freundin ca. 500 km entfernt von ihm wohnte. In Kürze wolle sie ihn beim Ultraschall dabei haben, wo er zum ersten Mal sein Baby betrachten könne. Er freute sich darauf wie ein Schneekönig.

Obwohl er nicht weiter ausholte, spürte ich, dass diese Beziehung zu der Mutter seines Kindes nicht ganz unproblematisch war.

„Ich halte euch alle weiter auf dem Laufenden, wenn das Baby erst einmal da ist“, versprach er uns glücklich.

Engelseminar in Hürtgenwald – zwei Monate später. Am Donnerstagmorgen erwartete ich voller Vorfreude meine Teilnehmer.

Alles war wieder liebevoll vorbereitet, da kam der Anruf von Paul, in dem er mir mit tränenerstickter Stimme mitteilte, dass Rick sich entschieden hätte, unsere Welt zu verlassen.

Obwohl es erst am Vortag geschehen war, hatte er mich sofort benachrichtigen wollen. Trotz des tiefen Schocks machten Paul und auch Jolande am Telefon einen sehr gefassten Eindruck auf mich.

„Rick sieht uns jetzt zu, Paul“, versuchte ich ihn zu trösten, während mir selbst die Tränen die Wange herunterliefen. „Er ist jetzt bei uns.“

„Danke, Gila“, sagte Paul mit erstickter Stimme, „danke!“

Völlig geschockt rief ich Irmi im Büro an und bat sie, mir das wunderschöne Foto von Rick, welches zwei Monate zuvor auf unserem Seminar aufgenommen worden war, per E-Mail zuzusenden.

Ich habe Dieter, den Geschäftsführer des Hotels, gebeten, dieses Bild auszudrucken. Dadurch hat Rick dann einen ganz besonderen Platz inmitten aller Engel erhalten. So war er nicht nur im Herzen bei uns, sondern strahlte uns auch vom Bild an.

Noch in Hürtgenwald habe ich alle seine Gruppenmitglieder per E-Mail benachrichtigt und ihnen geschrieben, dass Rick jetzt bei seinen und auch hier bei unseren Engeln weilt.

Die Worte, die von den Teilnehmern zurückkamen, waren alle derart berührend, dass ich sie umgehend an Ricks Eltern weitergeleitet habe.

Wieder zu Hause rief ich Ricks Mutter Jolande an. Durch das Wissen, dass eine Seele sich aussuchen darf, auf welche Weise sie geht, war sie innerlich sehr stark. Sie hatte einen Tag zuvor alle, die Rick kannten und liebten, in seine Wohnung zum Tag der offenen Tür eingeladen.

„Gila“, sagte sie leise am Telefon, „wir sind vielleicht von höchstes 20 jungen Leuten ausgegangen. Es waren fast 40, die gekommen sind, um Rick noch einmal zu spüren. Es war keine Trauer zu spüren – nur Liebe!“

Sehr beeindruckt war ich auch, dass Paul mich zwei Monate später besuchte und mir bestätigte, dass die problematische Beziehung zu seiner Freundin, die erst nach dem Kurs so richtig deutlich wurde, Ricks Entscheidung beeinflusst hatte.

In einer feierlichen Zeremonie mit vielen Kerzen und Blumen ist Ricks Asche kurz darauf dann in der Nähe von Haarlem in Holland der Natur zurückgegeben worden.

Ich möchte das Ereignis, dass Rick selbst entschieden hat zu gehen, hier nicht mehr kommentieren, da ich zu diesem Thema in meinem Buch *„Liebe ist die größte Kraft!“* bereits ausgiebig Stellung genommen habe.

Nur in Kürze dazu noch einen Satz: Niemals lädt eine Seele, die eine solche Entscheidung trifft, Schuld auf sich, wie mancher glauben mag. Es hat mit dem Prinzip ‚Karma‘ zu tun, über das ich vorher schon geschrieben habe. Jeder Mensch ist Schöpfer, Träger und Überwinder seines Schicksals. Jeder Gedanke, jedes Gefühl und jede Tat ist eine Ursache, der früher oder später eine Wirkung folgt.

So entspricht jede Wirkung in Qualität und Quantität der Ursache. Es gibt daher weder Zufall noch Belohnung oder Strafe, sondern nur Ursache und Wirkung.

Durch die Gnade Gottes haben wir das unverlierbare Recht,

jederzeit aus der Unwissenheit herauszutreten in das Licht der Erkenntnis. Indem wir uns das klarmachen, können wir unser geistiges Erbe der Vollkommenheit antreten.

Für mich ist der Begriff Gnade das Angebot der bedingungslosen Liebe und eng mit dem Prinzip Karma verbunden – Auge um Auge und Zahn um Zahn. Was ich jemandem zufüge, werde ich selbst erleiden müssen. Dieses Prinzip wird nur durchbrochen durch diese Liebe, die zugleich das Prinzip der Gnade ist! Nur durch Liebe können wir die energetischen Überreste unseres früheren Irrtums auflösen!

Da liegt auch der Unterschied zwischen der Botschaft des Alten und des Neuen Testaments. Für mich ist der Begriff Gnade verbunden mit dem Angebot des Lebens, uns von der Erkenntnis des positiven Denkens als Grundstufe immer mehr in die Kraft der bedingungslosen Liebe zu entwickeln. Aber jeder Mensch hier auf Erden trifft diese Entscheidung selbst.

Auf dieses Angebot kann man eingehen – oder man kann es ablehnen.

KAPITEL 9

Der Schüler ging zum Meister und fragte ihn:
„Wie kann ich mich von dem,
was mich an die Vergangenheit heftet, lösen?"
Da stand der Meister auf, ging zu einem Baumstumpf,
umklammerte ihn und jammerte:
„Was kann ich tun, damit dieser Baum mich loslässt?"

(Aus dem Zen-Buddhismus)

Sandra, eine junge Teilnehmerin, war mit ihrer Freundin Jasmin zum ersten Mal zu einem Seminar gekommen. Am vorletzten Tag bat mich Jasmin, ob ich vielleicht mal mit Sandra sprechen könne. Sie schleppe seit langer Zeit ein Problem mit sich herum, über das sie nur mit wenigen Menschen reden könne.

In der Pause bat ich Sandra also zu mir. „Okay, was ist los? Wie kann ich dir einen Rat geben."

Sie druckste ein wenig herum, aber dann begann sie: „Gila, ich komme über eine Geschichte nicht hinweg, die mich sehr belastet. Ich möchte mit dir mal darüber sprechen, wie du das ganze siehst."

„Dann erzähl einfach."

„Weißt du, ich war 6 Jahre alt, als ich mit meinen Eltern und meiner Oma in Urlaub fuhr. Finanziell ging es uns nicht gut, und so hatten sich alle zusammen entschieden, in Frankreich kurz vor der spanischen Grenze einen Campingurlaub zu machen."

Sandra machte eine kurze Pause, um nach Worten zu suchen. Ich merkte, wie schwer es ihr fiel weiterzusprechen. Ich ließ ihr Zeit.

„Ich habe meine Oma sehr geliebt, Gila, und mich so gefreut, dass sie mit uns in Urlaub fahren konnte. Sie war ja noch recht jung damals. Und ein Campingurlaub machte ihr gar nichts aus. Sie konnte in ihrem eigenen kleinen Zelt schlafen, im Gegensatz zu uns, die wir zu Dritt in einem etwas größeren Zelt untergebracht waren.

Also – um es auf den Punkt zu bringen: Meine Oma ist nach einer Woche nachts ganz plötzlich an einem Herzinfarkt gestorben. Als ich morgens in ihr Zelt krabbeln wollte, war sie tot."

Was für eine Geschichte! Jeder von uns kann sich vorstellen, welche Emotionen bei einem plötzlichen Todesfall eines so nahen Angehörigen freiwerden.

Sandra sprach stockend weiter: „Dazu kam ja noch, dass wir uns in Frankreich befanden und meine Eltern finanziell gar nicht in der Lage waren, für einen offiziellen Rücktransport meiner Oma aufzukommen."

„Habt ihr sie dort einäschern lassen?"

„Nein, Gila, jetzt kommt nämlich, was mich seit fast 20 Jahren so belastet. Und zwar sind es zwei Dinge – zum einen: Ich kann meinen Eltern nicht verzeihen, was sie dann getan haben, und zum zweiten: Ich kann nicht verwinden, dass mit meiner Oma so würdelos umgegangen wurde."

„Was ist denn passiert?"

„In der absoluten Schocksituation haben sich meine Eltern entschieden, meine Oma selbst mit zurück nach Deutschland zu nehmen, weil sie völlig durcheinander waren und außerdem nicht genug Geld für eine Auslandsüberführung hatten."

„Sie haben deine Oma im Auto mit zurückgenommen? Mit dir zusammen?“

„Nein, das wollten meine Eltern nun doch nicht tun. Bitte, lach jetzt nicht, wenn ich dir sage, dass mein Vater auf die furchtbare Idee kam, meine Oma in ihr Zelt einzurollen und sie mit Hilfe meiner fassungslosen Mutter auf dem Autodach zu deponieren und festzuschnallen, um sie so nach Deutschland zu bringen. Für mich ist und war das im Nachhinein der absolute Horror. Vor allem, wenn ich dir erzähle, was dann weiter geschah.“

Sie schluckte – und ich merkte, wie erregt sie war.

„Hals über Kopf haben wir dann unsere Zelte abgebrochen, im wahrsten Sinne des Wortes, und sind losgefahren. Ich höre heute noch das ständige Weinen meiner Mutter vorn im Auto. Das musst du dir mal vorstellen – meine geliebte Oma tot auf dem Autodach!“

Wenn ich nicht selbst miterlebt hätte, wie ergriffen Sandra während ihrer Geschichte war, hätte auch ich gedacht, dieser Stoff wäre einer schwarzen Komödie entliehen. Doch wenn so ein zitterndes Bündel vor einem sitzt, bleibt einem das Lachen im Halse stecken.

„Hat dann alles geklappt in Deutschland?“

„Nein, eben nicht! Wir hatten ja noch mindestens 12 Stunden Fahrt vor uns. Sonst haben sich meine Eltern beim Fahren immer abgewechselt, das war bei dem nervlichen Zustand meiner Mutter jetzt gar nicht möglich. Sie wollten nur über die deutsche Grenze und dann irgendwo übernachten – beide total überfordert mit der emotionalen Belastung und unserer verpackten Oma auf dem Autodach. Beim nächstbesten Hotel in einer kleineren Stadt machten wir Halt und stellten unser Auto weitab von denen der anderen Gäste ab. Ich will’s kurz machen, Gila. Als wir frühmorgens aufbrechen wollten, war das Zelt auf dem Autodach verschwunden."

„Wie – verschwunden?"

„Gila, es war geklaut."

„Das Zelt mit deiner Oma war – geklaut?"

„Ja", entgegnete Sandra weinend, und ich nahm ihre bebenden Hände in meine.

Ich merkte, dass ich mich wirklich auf Sandras total verzweifelte Stimmung konzentrieren musste, sonst hätte ich bei der Komik dieser Situation unweigerlich einen Lachanfall bekommen.

Sandra war solche Reaktionen bereits gewöhnt. Genau darum hatte sie es immer mehr vermieden, überhaupt darüber zu reden, obwohl sie diese Geschichte längst nicht verarbeitet hatte.

Es dauerte eine Weile, ehe sie sich wieder gefasst hatte. „Meine Eltern waren beide außer sich und machten sich jetzt gegenseitig Vorwürfe. Meine Mutter brach vollends zusammen. Aber es half nichts, sie mussten die Polizei einschalten und eine Anzeige machen."

„Haben sie deine Oma gefunden?"

„Ja", sagte Sandra leise, „in einem nahegelegenen Wald, sogar noch mit dem Zelt. Als die Diebe gemerkt hatten, was sich in dem Zelt verbarg, müssen sie wohl Hals über Kopf abgehauen sein und haben alles stehen und liegen lassen. Das muss man sich mal vorstellen! Meine Oma! Ich komme damit einfach nicht klar – so würdelos zu sterben!"

„Deine Oma ist ja nicht würdelos gestorben, Sandra, sondern die Umstände danach waren nur kurios. Niemand hat versucht, deiner Oma die Würde zu nehmen. Das geht auch gar nicht. Es war eine Verkettung unglücklicher Umstände. Du weißt selbst, dass diese Geschichte eigentlich der Komik nicht entbehrt. Das hast du ja auch schon ein paar Mal eingeworfen. War deine Oma eigentlich ein lustiger Typ?“

Spontan erwiderte Sandra: „Ja, sehr! Obwohl ich sie ja nur 6 Jahre erleben durfte, erzählt meine Mutter immer sehr lustige und komische Geschichten von ihr. Aber ich denke, dass sie mich damit ablenken will von der eigentlichen und unwürdigen Thematik.“

„Das glaube ich nicht, Sandra. Deine Mutter kennt deine Oma ja viel länger und besser. Du aber hast deinen Fokus nur auf die tragischen Ereignisse nach ihrem Lebensende gelegt. Damit bist du ihrer Persönlichkeit wahrscheinlich gar nicht gerecht geworden.“

„Das ist auch der Grund, Gila, weshalb dich Jasmin um ein Gespräch gebeten hat. Du sprichst in deinen Büchern davon, dass sich eine Seele ihre Lebensumstände selber aussucht und auch, wie sie aus dem Leben geht.“

„Genau! Ich kann mir sehr gut vorstellen, dass es deiner Oma gefallen hat, nach ihrem Weg ins Licht auf diese völlig unübliche, kuriose und abenteuerliche Art noch für Turbulenzen zu sorgen.“

„Meinst du das wirklich? Ich glaube eher, dass ihre Seele trauert, dass man sie so unwürdig behandelt hat.“

„Nein, Sandra! Wenn ich mich entscheiden dürfte, unbewusst eine so kuriose Geschichte nach meinem Weg ins Licht auszulösen oder eine würdevolle und traurige Stimmung zu verursachen – weißt du, was ich vorziehen würde?“

Während plötzlich ein feines Lächeln auf ihrem Gesicht erschien, murmelte sie: „Ich kann’s mir denken. Ich kenne ja deine Bücher.“

„Na, siehst du! Und verzeih auch deinen Eltern, dass sie sich in einer Notsituation so verhalten haben. Sie haben niemandem dadurch Schaden zugefügt. Und stell dir vor, dass deine Oma von oben herzlich gelacht hat über all das, was durch ihren unerwarteten Weg ins Licht da vor sich gegangen ist."

„An den Gedanken muss ich mich wohl erst gewöhnen."

Abschließend nahm ich sie in meine Arme und sagte leise: „Wenn du bereit bist, deinen Fokus zu ändern, ist das der Anfang einer wirklichen Heilung, Sandra. Du brauchst diese Geschichte niemandem zu erzählen, aber du kannst es, wenn du willst. Du wirst dabei immer wieder spüren, dass es die Menschen erheitert, obwohl es so ein ernster Anlass war. Vielleicht sind diese Ereignisse von damals das Vermächtnis deiner Oma, dass sie dir damit zeigen will, das Hinübergehen in die nächste Dimension ist nichts Schlimmes. Ich bin sicher, sie signalisiert dir: ‚Lacht ruhig darüber, was hinterher geschehen ist – ich mag es, wenn ihr lacht. Mir ist es lieber, als wenn alle sagen, wie furchtbar das alles ist.'

Und vielleicht hat deine Oma den Zeltdieben durch den Schock noch einen Denkzettel verpasst. Die haben wahrscheinlich nie wieder etwas geklaut!"

In einem persönlichen Brief nach dem Seminar schrieb mir Sandra, dass es ihr durch unser Gespräch gelungen sei, ab und zu über diese Situation sprechen zu können. Immer sei ihr dabei aufgefallen, dass diese Geschichte die Menschen wirklich mehr erheitert habe als bestürzt. Und jetzt gelänge es ihr mehr und mehr, das für sie vorher so tragische Ereignis aus der Perspektive ihrer Oma zu sehen.

Es sei wohl doch ihre eigene Sicht der Dinge gewesen, die sie habe leiden lassen. Vor allem habe sich das Verhältnis zu ihren Eltern dadurch grundlegend verändert. Ihre Mutter habe ihr inzwischen so viel Lustiges aus dem Leben ihrer Oma erzählt, dass sie sich jetzt wirklich mit meiner Version angefreundet habe. Und damit gehe es ihr jetzt von Mal zu Mal besser.

Ich habe Sandra um ihre Zustimmung gebeten, dieses Gespräch, das bereits vor Jahren stattgefunden hatte, veröffentlichen zu dürfen.

Wörtlich hat sie mir geantwortet: „Gila, ich habe durch die Erlebnisse anderer so viel aus deinen Büchern gelernt, dass ich mich durch deine Frage sogar geehrt fühle. Nun kann ich etwas dadurch zurückgeben. Und ich kann heute wirklich in Liebe zurückschauen. Ich habe meinen Frieden geschlossen!“

Danke, Sandra!

*

Hans war ins Licht gegangen – drei Monate später fand unser Seminar ‚Welten der Seele‘ ohne ihn in Oberorke statt.

Einige Jahre zuvor hatte ich Manfred und seine Frau Sybille auf einem Kurs kennen und schätzen, nein, ich möchte schon sagen – lieben gelernt! Sie hatten die lange Rückfahrt von ihrem Urlaubsort Usedom zu ihrem Zuhause in Bad Wörishofen unterbrochen, um dieses Seminar miterleben zu können.

„Es muss wirklich Liebe sein“, stöhnte Sybille bei der Begrüßung und wischte sich den Schweiß von der Stirn. „Es sind 37 Grad im Schatten!“

Ich lachte laut auf. „Ja, Sybille, es ist Liebe! Gut, dass wir das mit dem Wetter nicht vorher gewusst haben, oder?“

Ihre blauen Augen, die in einem harmonischen Kontrast zu ihren kurzen, flott geschnittenen grauen Haaren stehen, blitzten mich fröhlich an – eine eindrucksvolle Persönlichkeit!

„Und dann wir hier in Oberorke in einem Tagungsraum ohne Klimaanlage! Wir schwitzen ja jetzt schon wie die Affen“, klagte sie, allerdings mit einem Lachen in ihrem Gesicht.

Manfred hatte vor einiger Zeit einem meiner Bücher feinfühlig den letzten Schliff gegeben. Ich mag einfach sein verschmitztes Grinsen und seinen unerschöpflichen Humor.

„Apropos schwitzen, Gila. Sybille war letztlich etwas verschnupft, nur weil ich einen Satz gesagt habe, den sie völlig missverstanden hat!“

„Moment, Manfred!“, unterbrach Sybille, „lass mich das mal erzählen. Kannst du dir vorstellen, Gila, dass Manfred gesagt hat, ich rieche nicht mehr gut?“

„Was?“, erwiderte ich erstaunt, „seit wann das denn? Das ist mir aber noch nicht aufgefallen.“

„Unser kleiner Enkel Simon hat mir das erzählt.“

„Dass du nicht mehr gut riechst?“

„Opa hätte gesagt, die Oma rieche nicht mehr so gut.“

„Und wie kamst du dazu, Manfred, ausgerechnet deinen Enkel ins Vertrauen zu ziehen?“

„Ach, das war völlig anders, Gila!“, lachte Manfred. „Es gab ja in diesem Frühjahr viel Pollenflug. Sybille ist seit Jahren zunehmend von Pollenallergie geplagt und hat häufig mit einer verstopften Nase zu tun.“

Als Manfred dann weitersprach, dämmerte es mir langsam.

„Unsere Kinder waren mit Simon wieder mal bei uns zu Besuch. Er zog Sybille dann auf den Balkon und wollte mit ihr zusammen die schönen Blumen bestaunen. Als er Sybille fragte, ob die auch duften, hatte sie geantwortet, dass sie leider den Geruch wegen ihres Heuschnupfens gar nicht wahrnehmen könne. Darauf habe ich meinem Enkel dann freundlicherweise erklärt: ‚Weißt du, Simon, die Oma riecht nicht mehr so gut!‘"

Plötzlich prustete ich los: „Aha, ich verstehe! Das ist also der Grund, warum der Kleine überall erzählt: ‚Meine Oma riecht nicht mehr so gut‘. Das ist doch süß, Sybille! Warum bist du denn da angesäuert?“

„Na ja“, lenkte sie ein, „Manfred hätte ja sagen können: Die Oma kann nicht mehr so gut riechen. Dann wäre mir einiges an Belustigung in meiner Familie erspart geblieben.“

Ein nettes Beispiel, das wiederum beweist, wir sollten uns klarer ausrücken, um Unklarheiten zu vermeiden.

Unseren Workshop hatte ich dann später nach draußen in den Biergarten verlegt, wo wenigstens ein bisschen Kühlung zu spüren war.

Samstagnachmittag bei unserem ergreifenden Feuerritual konnten dann die Teilnehmer ihre Briefe, die sie am Vormittag in den stillen Stunden an ihre Vorausgegangenen geschrieben hatten, dem Feuer zur Transformation übergeben.

Sämtliche Briefe waren nach und nach von jedem einzelnen in einer wunderschönen heiligen Schwingung transformiert worden. Als Letzte ging ich dann zur Feuerstelle und nahm schweigend Kontakt auf mit unseren Seelengeschwistern im Jenseits.

Ich öffnete mich und spürte die Verbindung. Eine wunderbare Energie durchströmte mich von Kopf bis Fuß, und ich sprach die medialen Botschaften aus, die für die Teilnehmer bestimmt waren. Und ganz zum Schluss kam dann die klare Durchsage:

„Ihr Lieben hier in Obergurke. Hier spricht Hans. Ich grüße euch voller Liebe – ich wollte ja bei euch sein – ich bin da, auch wenn ihr mich nicht seht – ich bin bei euch. Es geht mir so gut – weit besser, als je zuvor! Liebe Gila, ich weiß, dass du das Wort Obergurke nicht magst und auch nicht aussprechen würdest. Und genau darum melde ich mich mit diesem Gruß, damit du weißt, dass ich es wirklich bin …“

Ergriffen betete ich abschließend das Vaterunser, und alle Anwesenden fielen ein. Alle waren wir so bewegt, dass einer den anderen in die Arme nahm.

Und ganz tief berührt erzählte ich ihnen daraufhin die Geschichte von Hans, in der es um den für mich nach wie vor blöden Namen für das schöne Örtchen Oberorke ging …

Die eine Seele geht – die andere entscheidet sich, ein neues Leben in dieser Welt zu beginnen. Das ist immer etwas ganz Besonderes, vor allem für die Eltern, die direkt an der körperlichen Existenz dieses neuen Wesens beteiligt sind.

Oft darf ich erleben, wie diese Seelen, noch bevor sie das Licht der Welt erblicken, von meiner Gruppe in einem liebevollen Ritual gesegnet werden. Ebenfalls beglückend ist es, der Generation der Großeltern zuzuhören, wenn sie über ihre Enkel berichten und ganz stolz Bilder von ihnen zeigen.

Auch in meinem Leben hat die Rolle als Großmutter einen ganz besonderen Platz eingenommen, weil ich meine vier Enkel erst miteinander bekannt gemacht habe.

Marco ist mein zweitältester Sohn. Stets gut aufgelegt, und wie ich in einem meiner vorigen Bücher bereits erwähnt habe, passte das Sprichwort bei ihm damals aufs Wort: Krause Haare – krauser Sinn! Er ging früher ganz unbedarft durchs Leben – das Lösen seiner Probleme hat er gern anderen überlassen.

Er war 17 Jahre alt, als er Kerstin kennen lernte, ein nettes junges Mädchen mit ansprechenden dunklen Augen und dunklen Haaren, ein Jahr älter als er. Ich mochte sie sehr gern. Sie war 1,80 m groß, während Marco längst die Zweimetergrenze geknackt hatte.

Kurzum – Kerstin wurde schwanger. Die beiden versuchten es mit einer gemeinsamen Wohnung. Kurze Zeit später wurde dann meine Enkelin Janine geboren. Die Jugend der beiden hielt jedoch diese Beziehung nicht aus.

Der zweite Versuch miteinander einige Monate später hatte zur Folge, dass genau 9 Monate später mein Enkel Kevin geboren wurde. Mit Kerstins erneuter Schwangerschaft war dann die Beziehung endgültig vorbei.

Mit 20 Jahren hatte Marco bereits finanziell für zwei Kinder zu sorgen. Als Kerstin ihren späteren Mann Ralf kennen lernte, brach nach ihrer Heirat auch der Kontakt zu mir ab. Ralf hat daraufhin Marcos beide Kinder adoptiert, damit die ganze Familie seinen Namen trug. Da ich lange Zeit nicht wusste, ob Kerstin mit ihnen über ihre Herkunft gesprochen hatte oder sprechen wollte, hielt ich mich aus Respekt der jungen Familie gegenüber zurück.

Etwa zur gleichen Zeit traf Marco auf Kathrin, eine junge Frau mit einer sehr lustigen und quirligen Ausstrahlung. Sie hat einfach Pep. Nach wie vor habe ich ein sehr gutes Verhältnis zu ihr. Als wiederum Kathrin ein Baby erwartete, heirateten die beiden. Meine Enkelin Lea wurde geboren.

Inzwischen musste Marco für drei Kinder aufkommen. Von seinem Einkommen als Baggerfahrer blieb kaum etwas übrig, doch dafür trug er schließlich selbst die Verantwortung!

Die Ehe mit Kathrin hielt 5 Jahre. Dann trennten sich die beiden, blieben jedoch gute Freunde. Doch die Geschichte geht weiter – der vierte Enkel fehlt noch.

Nach der Trennung blieb Marco nicht lange allein. Er lernte eine junge Frau kennen, die später mein viertes Enkelkind Timon auf die Welt bringen sollte. Ich schätzte sie schon aus dem Grunde, weil sie versuchte, durch immensen Einsatz und mit zwei Arbeitsstellen ihrer steigenden Verpflichtungen Herr zu werden.

Trotz Timon kam nach einigen Monaten des Zusammenlebens die Trennung. Marco ist dann zwei Jahre später nach Kanada zurückgegangen, weil er noch den Immigrantenstatus unserer damaligen beiden Auswanderungen besaß.

Das ist in Kürze die recht nüchterne Beschreibung von drei Beziehungen, aus denen vier wunderbare junge Menschen hervorgegangen sind, die mir alle – und auch inzwischen einander – sehr viel bedeuten.

Nur Kathrin, Lea und ich hielten fortwährend guten Kontakt miteinander. Auch Marco pflegte die freundschaftliche Beziehung zu Kathrin über Kontinente hinweg, während Lea ihren Vater meistens einmal im Jahr in Kanada besuchte.

Aus den vorher beschriebenen Gründen akzeptierte ich jedoch die Distanz zu den anderen drei Enkeln und ihren Familien.

Und dann erhielt ich eine ergreifende E-Mail von meiner ältesten Enkelin Janine, die ich seit über 10 Jahren nicht mehr gesehen hatte. Sie war 4 und Kevin 1 ½ Jahre alt gewesen, als mich Kerstin mit den beiden Kleinen zum letzten Mal besucht hatte. Sie schrieb, sie habe erst ein paar Tage zuvor erfahren, dass ich ihre Großmutter sei, als ihre Mutter ihr einen Zeitungsbericht über mein neues Buch vorlegte. Sie würde sich sehr freuen, wenn ich ihr mal zurückschriebe.

Es lief mir kalt den Rücken herunter, als ich ihre Worte las. Spontan rief ich sie an – und hörte zum ersten Mal nach der langen Zeit die Stimme meiner inzwischen 14-jährigen Enkelin! Auf meinen Wunsch hin ließ Kerstin alles stehen und liegen und stand bereits zwei Stunden später mit ihren beiden Kindern Janine und Kevin samt ihrer kleinen Schwester Tine aus der Ehe mit ihrem Mann Ralf bei mir vor der Tür.

Es war unbeschreiblich, alle Drei wiederzusehen, bzw. sie ja neu kennen zu lernen! Auch die Beziehung zu Kerstin war so herzlich und erfrischend, als ob kein Jahrzehnt seit unserer letzten Begegnung dazwischengelegen hätte.

Meine Enkel wussten inzwischen natürlich auch von der Existenz der anderen Geschwister. Und so kam es ein Jahr später, wie es kommen musste: Um die beiden Schwestern miteinander bekanntzumachen, lud ich Lea und Janine, die vom Alter her nur 15 Monate auseinander liegen, zu mir nach Hause ein. Sie sollten erstmals gemeinsam ein Wochenende bei mir verbringen und sich dabei beschnuppern.

Wir hatten uns am Haller Bahnhof verabredet. Als die beiden Mädchen einander erblickten, mochten sie sich auf Anhieb. Wenig später lernte Lea auch ihren Bruder Kevin kennen, als ich alle Drei zum Weihnachtsbummel nach Bielefeld einlud.

Jetzt fehlte nur noch einer – Timon!

Auch zu Timons Familie hatte ich respektvolle Distanz gehalten, nachdem der Kontakt gleichfalls abgebrochen war. Vorher hatte ich seiner Mutter jedoch signalisiert, dass Timon mich jederzeit besuchen könne, wann immer er wolle.

Und zwei Jahre später geschah es wiederum, dass sich auch das vierte meiner Enkelkinder per E-Mail bei mir meldete.

Wörtlich schrieb Timon:

Hallo, ich bin Timon,
ich möchte Sie nicht belasten oder in irgendwelche Probleme reinziehen, aber ich möchte Sie gern kennenlernen, da ich Ihr Enkelkind bin.
Sie müssen nicht zurückschreiben.
Mit freundlichen Grüßen
Timon

Ich war unendlich berührt von diesen Worten, und genauso spontan, wie bei Janine einige Jahre zuvor, schrieb ich Timon zurück, dass er uns gern und möglichst bald besuchen sollte.

Einige Tage später stand er dann bei uns zu Hause vor der Tür – 15 Jahre alt, sehr verlegen, aber bereits wie sein Vater Marco 2,06 m groß. So lernten wir Timon kennen – und er uns.

Der große Moment des Kennenlernens untereinander rückte näher. Dazu hatte ich wieder kurz vor Weihnachten in Bielefeld mit allen vier Enkeln einen Treffpunkt bei McDonalds am Hauptbahnhof ausgemacht.

Zuerst hatte ich mich mit Janine und Kevin vor einem Kaufhaus in der Bielefelder Innenstadt verabredet. Überrascht blickte ich den beiden entgegen, als sie kamen: Kevin war inzwischen 20 Jahre alt – ein attraktiver junger Mann, zwei Meter groß, braungebrannt mit dunklen Augen und freundlichem Lachen im Gesicht. Sofort fiel mir wieder die verblüffende Ähnlichkeit zu Achim auf, dem Vater meiner beiden Söhne André und Marco, mit dem ich 16 Jahre lang verheiratet war. Achim war damals, als ich ihn kennen lernte, nur 2 Jahre älter gewesen als Kevin jetzt. Er sah aus wie sein um zwei Generationen zeitversetzter Zwillingsbruder!

Janine dagegen war das genaue Abbild von Marco. Sie hat Kevins Größe nicht ganz getoppt, aber misst immerhin 1,87 m. Sie ist eine fröhliche hübsche junge Person, kess und flippig, sowohl durch den Schnitt als auch die Farbe ihrer Haare.

Ja, und dann kommt Lea! Sie ist inzwischen eine sehr hübsche, junge Frau – mit ihren großen dunkelbraunen Augen, ihrem ganz besonders lieben Lächeln und ihren langen dunklen Haaren. Sie ist jedoch ‚nur' 1,82 m groß.

Timon dagegen, den wir etwas später am Hauptbahnhof trafen, schießt den Vogel ab mit besagten 2,06 m! Er sieht seiner

Mutter sehr ähnlich und ist der einzige mit etwas helleren Augen und mittelblonden Haaren. Ich mag sein offenes Lachen und sein liebes Wesen.

Meine Vier hatte ich also an diesem besonderen Samstag kurz vor Weihnachten zu McDonalds eingeladen, wo sie die Speisekarte rauf und runter essen konnten. Danach gingen Götz und ich mit ihnen noch in einen großen Elektronik-Shop, wo sich jeder zu Weihnachten etwas Besonderes aussuchen konnte.

Es war ein ganz besonderer Moment, als mich meine Enkel in die Mitte nahmen. Ich, die ich immerhin 1,70 m aufweise, sehe auf den von Götz aufgenommenen Fotos zwischen ihnen wie ein Zwerg aus.

Götz' Auto war natürlich nur für 5 Personen ausgelegt. Aber kein Problem – wir haben Timon während der Fahrt auf dem Rücksitz einfach quer über die Beine der anderen drei Geschwister gelegt. Fortwährendes Gelächter, Spaß und tiefe Freude begleiteten uns während dieser Autofahrt. Diesen Tag wird wohl niemand von uns allen jemals vergessen.

So schloss sich wieder der Kreis. Jetzt erst konnte ich alle meine Enkelkinder unter meine Fittiche nehmen. Bewegend für mich ist auch nach wie vor, dass sie selbst den Kontakt zu mir gesucht haben.

Vier Wochen später war Plätzchenbacken nachmittags bei mir zu Hause angesagt. Jeder sollte ein Rezept mitbringen, während ich die Zutaten besorgen wollte.

Ein herrliches Chaos – höchstens einer der Vier passte an den Herd! Vor allem Kevin gab äußerst kompetente Kommentare ab und ließ herrliche Sprüche los. Der Spaß, den wir alle dabei hatten, war unbeschreiblich!

Dankbar war ich, dass Kevin und Lea kurze Zeit später ihr Abitur geschafft haben.

In dem Zusammenhang möchte ich einfach mal den Müttern meiner Enkelkinder ein großes Kompliment und meine liebevolle Anerkennung aussprechen. Sie haben es trotz schwieriger familiärer Umstände geschafft, ihren Kindern ohne deren Vater einen guten Start ins Leben zu verschaffen!

KAPITEL 10

Keine Kraft geht in der Welt verloren,
und nicht bloß die Seelen der Menschen
sind unsterblich,
sondern auch alle ihre Handlungen.
Sie leben fort in den Wirkungen.

(Johann Gottlieb Fichte)

Wir wollten das 20-jährige Bestehen meines Verlages und gleichzeitig meinen Geburtstag an einem schönen Sommerwochenende feiern. Meine Enkel sollten zum ersten Mal dabei sein und die restliche Familie kennen lernen.

Auch André, mein ältester Sohn und Bruder ihres Vaters Marco, war zu dem Zeitpunkt mit seiner Frau Kari im Urlaub bei uns. Er, ein großer, sportlicher Typ, lebt seit unserer damaligen Auswanderung in Kanada. In Quebec hat er auf Lehramt studiert und ist dann Kari, seiner Frau aus Seattle, nach Alaska gefolgt. In Nome ist Kari für die Nebenstelle der Universität von Fairbanks tätig. Gleichzeitig ist sie Yogalehrerin, während André dort an der High School unterrichtet.

Kari ist eine sehr liebenswerte Persönlichkeit – ein richtiger Sonnenschein mit ihren blonden, halblangen Haaren! Auffallend an ihr ist ihr liebes, einnehmendes Lachen. Ich höre ihr so gern zu, wenn sie erzählt. Seit über 20 Jahren sind die beiden inzwischen glücklich verheiratet.

André hat meine Aktivitäten in Bezug auf meine Enkelkinder stets von Alaska aus mit großer Aufmerksamkeit und anerkennenden Worten begleitet, wobei ich ihn mit zahlreichen Fotos immer auf dem Laufenden hielt. Nun wollte ich den beiden Janine, Kevin und Timon persönlich vorstellen, während sie Lea ja mehr oder weniger hatten mitaufwachsen sehen.

Schon Wochen zuvor hatte ich mir Gedanken darüber gemacht, wie ich diese Feier gestalten wollte. Bis ins Kleinste war alles gut durchorganisiert. Drei Zelte sollten uns vor regnerischem Wetter schützen, auch wenn an diesem besonderen Tag laut Wetterbericht Sonne angesagt war.

Wir hatten vor, alle Lampen der gesamten Gartenanlage mit farbigem durchscheinendem Organza zu dekorieren. Ein Grillwagen eines Party-Services war samt Personal gemietet. So musste sich niemand von uns ums Grillen kümmern. Die Feier sollte ein wirklicher Höhepunkt werden.

Am Vortag hatten Götz und Rico bereits die beiden Versorgungszelte aufgebaut, das geräumige Hauptzelt wollten sie dagegen erst am Samstagmorgen aufstellen. Auch der Garten war aufs Feinste dekoriert.

Der einzige Wermutstropfen – so dachte ich zumindest zu dem Zeitpunkt noch – war, dass Dana nicht dabei sein konnte. Monate zuvor hatte sie uns bereits angeboten, uns als DJ für die Fete zur Verfügung zu stehen. Eine Woche vorher musste sie sich in Friedrichshafen, wo sie seit Jahren lebt, unerwartet einer Operation unterziehen. Doch wichtiger als die musikalische Untermalung oder Tanzmusik war ihre Genesung. Klar, dass mich die Gedanken um ihre gesundheitliche Situation natürlich sehr in Anspruch nahmen. Mit der Musik konnten wir schließlich improvisieren.

Wie kontraproduktiv aber der Wunsch nach absoluter Perfektion sein kann, möchte ich anhand des weiteren Ablaufs unseres großen Gartenfestes verdeutlichen. Am Samstagmorgen, alles war gut vorbereitet, wurde ich von einem extrem lauten Rauschen von draußen geweckt. Erschrocken sprang ich aus dem Bett, lief zum Fenster und sah zu meiner Bestürzung, dass ein starker Sturm für den Geräuschpegel verantwortlich war. Er zerrte an den beiden aufgebauten Zelten, die sich stark in den Böen blähten und kurz davor standen abzuheben.

„Nein“, stöhnte ich, „nein! Das darf doch jetzt nicht wahr sein!“

Durch das große Dachfenster im Badezimmer sah ich dann, wie sich die 3 riesigen alten Eichen fast wie Bohnenstangen im Sturm hin und her bogen. Sie stehen neben unserem Haus und markieren die Grundstücksgrenze zu unseren Nachbarn.

Das war zu viel! In meiner Not fiel mir das indianische Gebet ein, das ich am Schluss eines Seminars meistens spreche:

Mutter Erde, trage mich,
Vater Himmel, beschütze mich,
Schwester Sonne, wärme mich,
Bruder Wind, durchpuste mich,
Lebensodem, durchströme mich.
Ich bin ein Kind der Schöpfung
und darf aus ihr schöpfen,
wenn ich erschöpft bin,
um neu schöpferisch zu sein.
Mutter Erde, trage mich,
Vater Himmel, beschütze mich!

Nur, dass ich dieses Mal nicht darum bat, von Bruder Wind durchpustet zu werden, das tat er ja bereits mehr als genug, sondern jetzt betete ich voller Inbrunst mit geschlossenen Augen:

Bruder Wind, beruhige dich!
Bruder Wind, beruhige dich!
Bruder Wind, beruhige dich!

Ich hob meine Hände und versuchte, mit meiner ganzen Gedankenkraft Bruder Wind Paroli zu bieten.

Und als ich meine Augen dann wieder öffnete und mich verschlafen und mit zerzausten Haaren in meinem großen Wandspiegel erblickte – noch im Negligee und mit ausgebreiteten Armen – konnte ich mir trotz allem ein Grinsen nicht verkneifen.

Bruder Wind bockte aber weiter. Und damit war die Sorge berechtigt, was jetzt mit unserer Fete werden sollte. Unbeschreiblich, wie schnell sich Enttäuschung und Ärger in mir breitmachten! An alles hatte ich gedacht – den Wetterbericht im Internet eingesehen – kein Regen! Wunderbar! Aber einen Orkan hatte niemand von uns vorausgesehen!

Die beiden kleinen Zelte hatten sich bereits verselbständigt und lagen platt auf der Wiese. Gar nicht daran zu denken, das große Zelt noch aufzubauen!

Alles musste kurzfristig in den Carport verlegt werden. Tische, Stühle, Bänke – Dekoration! Im Garten hätten wir die Gartenbeleuchtung zur Verfügung gehabt. Jetzt mussten Stehlampen und Verlängerungskabel angeschleppt und angeschlossen werden, damit die Gäste überhaupt ein wenig Licht zur Verfügung hatten. Oh, wie haderte ich mit dem Schicksal – und zwar aufs Äußerste!

Und dann kam abends alles, wie es kommen musste: Das Leben erteilte mir eine liebevolle Lektion, die ich jedoch in dem Moment überhaupt nicht als liebevoll empfand – meine Stimme versagte! Gerade wollte ich meinen Gästen den Umzug in den Carport erklären und sie ans Buffet bitten, da merkte ich, wie ich immer leiser wurde. Ich war kaum mehr zu hören! Vor lauter aufgestautem Ärger! Selbst der Griff zum Mikrofon brachte nicht viel. Mir fehlten die Worte, im wahrsten Sinne des Wortes! Anfangs dachte ich noch an eine Erkältung, aber all das geschah, weil mich meine Engel mal wieder zurückpfeifen wollten.

Es muss nicht immer alles perfekt sein. Ich gebe zu: Es ist euch gelungen, ihr Lieben – ich habe daraus gelernt!

Mit einem gewissen Abstand sehe ich es heute so: Es wäre doch wunderschön gewesen, hätte ich die Lockerheit besessen, einfach alles so zu nehmen, wie es kam! Dadurch habe ich erkannt, dass ich gar nicht perfekt sein muss, ja, sogar nie perfekt sein werde!

Meine Gäste dagegen hatten sich ganz offensichtlich mit der Situation viel besser arrangiert als ich, sie waren ja auch nicht die Gastgeber. Sie unterhielten sich alle äußerst angeregt. Die umgehend besorgten Heizstrahler gaben gemütliche Wärme ab. Das Essen schmeckte. Das Grillfleisch war hervorragend, die Salate lecker. Alles war gut! In Ermanglung von Danas DJ-Auftritt hatte sich Götz spontan mit zwei unserer Freunde zusammengefunden, einer sang und spielte Gitarre, der andere Mundharmonika.

Jeder hatte verstanden, dass unsere Fete gar nicht anders ablaufen konnte, nur ich nicht – ich spielte nicht mit! Nein, es musste alles perfekt sein! Wehe, es ging etwas daneben! Noch immer haderte ich mit den Folgen des Orkans, der abends glücklicherweise etwas nachgelassen hatte, und merkte zu spät, wie sehr ich mir, meiner Stimmung und somit meiner Stimme geschadet hatte.

Hinzufügen möchte ich, dass sie am nächsten Tag gänzlich aussetzte und ich auch fast eine ganze Woche lang ‚unstimmig' war – ein so passendes Wort! Es war mein Selbstwertgefühl, das schwer angeschlagen war und durch Professionalität kompensiert werden sollte! Ja, das war es, was mir meine Stimme verschlagen hatte! Anerkennung durch Leistung!

Meine Teilnehmer bei dem Kurs 5 Tage später können sich vielleicht noch daran erinnern, wie ich die erste Meditation mit noch heiserer Stimme vortrug. Meine Engel hatten wohl ein Einsehen, und 2 Tage später hörte sich meine Stimme dann langsam wieder normal an.

Doch etwas Wunderschönes hatte mich trotz des Ärgers bereits an diesem Abend wieder mit dem Leben versöhnt. Meine Enkelkinder machten mir völlig unerwartet zwei ganz besondere Geschenke: ein gerahmtes, professionell aufgenommenes großes Foto von allen Vieren, das bei mir im Büro hängt. Und danach gab mir Janine plötzlich ein Zeichen, dass ich nach vorn kommen sollte. Als Höhepunkt trug sie dann ihr selbst verfasstes Gedicht vor, was jeden der Anwesenden tief berührte.

Ausführlich beschrieb sie in Versform aus ihrer Sicht, wie sie die ersten Lebensjahre mit Kevin allein verbracht hatte und dann mit 14 Jahren auf mein Buch gestoßen war.

Gekonnt schilderte sie in ihrem Gedicht das aufwühlende Ereignis unseres Kennenlernens und auch, wie Lea und sie ein Jahr später zum ersten Mal ein gemeinsames Wochenende bei mir verbracht hatten – und das alles in zauberhafte Reime verpackt!

Es ist ihr wunderbar gelungen, ihre starken Gefühle in bewegende Verse einzubinden. Packend formulierte sie, wie sie und Kevin wiederum zum ersten Mal ihrem Bruder Timon begegneten.

Während Janine diese Worte vorlas, war ich so berührt, dass mir die Tränen die Wange herunterliefen. Mein Herz war voll

Dankbarkeit, vor allem auch darüber, dass nach dem Zusammenfinden aller Kinder der Kontakt zu ihrem Vater Marco aufgebaut wurde. Bisher war es ja nur Lea vergönnt gewesen, Marco über die Jahre hinweg zu besuchen.

Es waren Janines bewegende Zeilen, die mich an dem Abend dann trotzdem wieder einigermaßen in meine Mitte brachten.

Danke, Janine!

*

Dankbar bin ich auch, dass viele meiner neuen Teilnehmer gern wieder ein weiteres Seminar von mir besuchen.

„Es ist für mich wie ein Nachhause kommen!“, höre ich immer wieder, wenn sie den Raum betreten und ihn stets so vorfinden, wie sie ihn irgendwann zuvor verlassen haben.

So habe ich auch die Gewohnheit, dass ich am ersten Tag ein Mantra zur Einstimmung mit der Gruppe zusammen singe, das viele bereits kennen: ‚Om Shanti Om‘.

Der Begriff ‚Om‘ kommt aus dem Hinduismus. Er beschreibt die Zustände des Wachens, des Träumens, des Tiefschlafs und der tiefen Ruhe. In allen hinduistischen Religionen gilt ‚Om‘ als das heiligste aller Mantras.

Das Wort ‚Shanti‘ bedeutet Frieden. Es ist also ein Mantra des Friedens – ein Friedenslied, das wir am ersten Tag gemeinsam anstimmen.

Nun war bei einem Kurs Léon aus Belgien bei uns zu Gast. Er war damals bereits über 70 Jahre alt und ist der Vater von Karin. Durch ihre Initiative ist auf ganz liebevolle Art so wunderbar dafür gesorgt worden, dass viele Belgier im deutschsprachigen Teil des Landes an meinen Seminaren teilnehmen konnten. Über diese nette Episode habe ich bereits vorher in meinem Buch *„Liebe ist die größte Kraft!"* ausführlich berichtet.

Léon hatte als Leiter eines Gesangvereins natürlich eine wunderschöne, kräftige und beeindruckende Stimme. Etwas kleiner als ich stand er im Kreis direkt neben mir. Beim Singen hatte jeder seinen Nachbarn um die Taille gefasst.

Und dann begann unser wunderschönes Mantra nach der bekannten Melodie von John Lennons Song *'Give peace a chance!'*

Ich fiel ein und wollte mich gerade von dieser Schwingung hinwegtragen lassen, als neben mir Léon kurz danach seinen Einsatz brachte und in mein Ohr schmetterte: „Oh, Schatzi, Om!"

Sofort war ich hellwach und schaute ihn völlig irritiert an in der Hoffnung, dass es ein einmaliger Patzer war, aber er sang unverdrossen und ganz ernst weiter: „Oh, Schatzi, Om!"

Es war einfach nicht möglich, seinem schallenden Organ ausweichen – ich stand ja direkt neben ihm! Ob ich wollte oder nicht, er schmetterte mir 108-mal diese drei Worte in mein Ohr!

„Léon!", wetterte ich, nachdem der letzte Ton verklungen war, „Léon, das heißt nicht ‚Oh, Schatzi, Om'! Das heißt ‚Om Shanti Om'!"

Ich sehe heute noch sein erstauntes Gesicht, als er mich mit großen Augen ansah und ganz schlicht meinte: „Ich hab das aber so verstanden!"

Ja, Léon, die Lösung liegt immer im Einfachen.

Später schrieb ich eine persönliche Widmung für ihn in eines meiner Bücher: Für Léon – Oh, Schatzi, Om.

*

Ostermontag. Abends schellte das Telefon. Kerstin, die Mutter meiner beiden Enkelkinder Janine und Kevin, war am Apparat und schluchzte:

„Gila – wir brauchen dich!“

„Was ist los, Kerstin?“

„Ralf ist tot!“

„Was?“

„Er hat einfach heute Morgen auf der Couch gelegen und hat nicht mehr geatmet – und das mit 44 Jahren! Kevin hat ihn gefunden.“

Ich war sehr betroffen, obwohl ich mit Ralf bisher nur am Telefon Kontakt hatte. Er war der Mann, der mit Kerstin zusammen meine beiden Enkelkinder aufgezogen hatte. In der Zwischenzeit waren noch zwei weitere Kinder in ihrer Ehe geboren, die zu dem Zeitpunkt 16 jährige Tine und der kleine Mikey als Nachzügler. Jetzt stand Kerstin mit vier Kindern allein da.

„Gila, bitte! Können wir morgen Nachmittag zu dir kommen?“, schluchzte sie. „Ich weiß niemand anderen, der mir und den Kindern Trost geben kann. Alle sind nur am Weinen und am Klagen. Ich bin völlig fertig und weiß gar nicht mehr, was ich tun soll!“

„Keine Frage! Klar könnt ihr kommen, gern sogar!“, entgegnete ich voll Mitgefühl.

Ein totaler Schock – Ralfs unerwarteter Abschied! Ich war froh, dass sie sich in ihrer Not an mich gewandt hatte.

Als Kerstin am nächsten Tag mit ihren vier Kindern zu mir kam, nahm ich sie nacheinander alle fest in meine Arme.

„Kommt, lasst uns in den Wintergarten gehen. Setzt euch!“, bat ich sie. In solch einer Verfassung hatte ich Janine und Kevin noch nie erlebt. Kevin, stets einen lockeren Spruch auf den Lippen, saß jetzt wie erloschen vor mir. Er starrte immer nur auf den Boden.

Auf meine Bitte hin erzählte er mir im Detail die ganze Geschichte, die sich am Vortag zugetragen hatte. „Ich habe ihn gefunden“, sagte Kevin leise, „und jetzt ist er tot. Er ist doch mein Vater!“

„Kevin, dein Vater ist noch da. Er hat nur seinen Körper verlassen – wie eine Hand den Handschuh! Wenn die Hand den Handschuh ablegt, dann ist sie doch immer noch da! Und genauso ist es bei uns Menschen, wir verändern nur unsere Daseinsform, wenn wir ins Licht gehen.“

„Wie meinst du das, Gila?“, fragte Kevin mit leerem Blick. „Er ist doch tot!“

„Ja, Kevin, der Körper deines Vaters ist nicht mehr lebendig, aber doch nicht seine Persönlichkeit – seine Seele! Ich bin ganz sicher, er ist jetzt hier bei uns! Vielleicht war er es, der eurer Mutter gestern Abend intuitiv den Gedanken eingegeben hat, alle gemeinsam zu mir zu kommen, obwohl wir uns nicht persönlich gekannt haben. Wir haben immer nur voneinander gehört.“

Kevin sah mich zweifelnd an und sagte dann zögerlich: „Glaubst du das wirklich, Gila?“

„Ja, Kevin, davon bin ich ganz fest überzeugt. So oft habe ich in meinen Seminaren erfahren und auch selbst erlebt, dass sich die Seelen melden aus der Welt, die für uns zwar spürbar, aber noch nicht greifbar ist. Sie geben uns Zeichen.“

Kevin schwieg eine Weile. Er musste diesen Gedanken offensichtlich erst einmal verdauen.

„Weißt du, es macht mir so unendlich zu schaffen, dass alles so plötzlich kam, so von jetzt auf gleich, und dass ich ihn nie wieder sehe“, sagte er tonlos.

Man hätte eine Stecknadel fallen hören können, so leise verhielten sich die anderen und sahen mich dabei aufmerksam an, als ich antwortete:

„Auch das, Kevin, ist ja so nicht ganz richtig. Stell dir doch bitte mal eine Pendeluhr vor. Du kennst doch die Uhren, die noch ein Pendel haben – oder?"

Er sah mich groß an.

„Schau mal, so ein Pendel ist ungefähr 1 Meter lang und benötigt für eine halbe Schwingung genau eine Sekunde. Du kannst also sehr gut beobachten, wie dieses Pendel unermüdlich hin und her schwingt. Es schwingt langsam und hat somit eine niedrige Schwingung, die für jeden von uns sichtbar ist, richtig?"

Kevin nickte, wusste aber noch nicht, worauf ich hinauswollte. Auch Kerstin, Janine und Tine hörten ganz aufmerksam zu, während Mikey, der jüngste, sich Trost suchend an Kerstin schmiegte.

„So, und nun stell dir bitte mal vor, dass dieses Pendel seine Schwingung derart erhöht, dass es nicht nur eine halbe Bewegung pro Sekunde, sondern um einfach mal eine Zahl zu nennen: 10.000 Bewegungen pro Sekunde vollzieht. Weißt du, was dann passiert?"

„Ja, das Pendel schwingt schneller!"

„Richtig, und zwar so schnell, dass du dieses Pendel aufgrund der schnellen Bewegung mit deinem bloßen Auge nicht mehr wahrnimmst. Und so ist das auch, wenn unsere Lieben ihr sichtbares Körperkleid ablegen, das wir mit unseren Augen sehen, das wir kennen, das uns vertraut ist, an das wir uns gewöhnt haben. Aber ihre Persönlichkeit, das Unsichtbare in ihnen, können unsere Augen nicht erfassen. Du kennst vielleicht den Spruch aus *‚Der kleine Prinz – Man sieht nur mit* *dem Herzen gut'*, von Antoine de Saint-Exupéry. Und dennoch, Kevin, würde niemand sagen, da ist kein Pendel mehr. Dieses ist nach wie vor da, es hat sich nur durch die enorm hohe Schwingung unserem Blickfeld entzogen."

Ich konnte die Wirkung meiner Worte bei ihm genau beobachten. Und dann geschah etwas, was mich heute noch sehr berührt: Völlig unerwartet erhob sich Kevin aus seinem Sessel, kam spontan auf mich zu und nahm mich ganz fest in seine Arme. „Danke, Gila – ich kann nur Danke sagen", flüsterte er total bewegt. „Jetzt habe ich es verstanden."

Es war, als ob diese Erkenntnis diesem jungen Mann von inzwischen 22 Jahren wieder Leben eingehaucht hätte, so auffallend war die Veränderung von einem Moment auf den anderen.

Und Tine, die jüngere Schwester von Janine und Kevin, nahm plötzlich überraschend dazu Stellung. Sie sagte leise, dass sie in ihrem Freundeskreis öfter davon gehört habe, wie Menschen, die ins Licht gegangen waren, sich plötzlich durch Zeichen bemerkbar gemacht hatten.

Trotz dieses Schicksalsschlages, das einer jungen Familie urplötzlich den Vater genommen hatte, baute sich eine ganz besondere Stimmung auf, die jeder von uns empfand, ganz besonders ich. In dem Moment war im Raum nur noch wenig Trauer, sondern immer mehr Liebe, zu spüren.

„Ralf ist jetzt hier bei uns", sagte ich leise. „Es ist genau richtig, dass wir hier alle zusammen sind."

Und ich sah, wie allen nach diesen Worten Tränen in die Augen traten – vor lauter Liebe.

Als Kerstin und ihre Kinder uns abends wieder verlassen hatten, saßen Götz und ich nachdenklich im Wohnzimmer vor dem flackernden Kaminfeuer. Die verschiedenen Lampen waren heruntergedimmt und sorgten für eine behagliche Atmosphäre.

Götz schaute mich an: „Was für ein Tag, nicht?"

„Das kannst du wohl laut sagen!"

Ich schwieg eine ganze Weile, ehe ich weitersprach: „So dramatisch Ralfs Abschied für seine Familie auch war, hat doch jeder von uns vorhin diese liebevolle Schwingung im Raum wahrgenommen. Kerstins Entscheidung war richtig, mit den Kindern zu uns zu kommen."

Nachdenklich stellte Götz dann die Frage: „Ich habe Kerstin ja erst heute persönlich kennen gelernt. Als sie dich das erste Mal wieder mit den Kindern besucht hatte, war ich gerade auf Tournee. Ich habe nie gefragt. Wie war das eigentlich damals mit Marco? So wie ich dich verstanden habe, ist er zurückgegangen nach Kanada, als seine Kids schon geboren waren, oder?"

„Ja, Marco hat sich mehr um Lea gekümmert, weil er sie hat aufwachsen sehen, zumindest bis sie 6 Jahre alt war. Janine und Kevin wurden ja von Ralf adoptiert. Und zu Timons Mutter hat Marco den Kontakt ganz abgebrochen."

„Und dann ist er zurück nach Kanada?", fragte Götz. „Warst du damit einverstanden?"

„Götz, Marco war damals 28 Jahre alt und musste irgendwann selbst seine Entscheidungen treffen. Mit allen Konsequenzen! Egal ob ich damit einverstanden war oder nicht."

Götz dachte eine Weile über meine Worte nach. Er trank einen Schluck Wein und stellte mir dann die Frage: „Wie siehst du eigentlich als Mutter diese Situation?"

„Du weißt inzwischen, ich bin jemand, der den tieferen Sinn in den Ereignissen sucht. Wenn ich dir diese Frage aus der Perspektive der Mutter beantwortete, würde ich werten. Du weißt, bevor sich eine Seele für ein Erdenleben entscheidet, sucht sie sich vorher die Ereignisse und sogar die Schicksalsschläge aus, die sie erleben will. Nur wie sie damit umgeht, ist ihre eigene Entscheidung. Egal ob du oder ich, dein Sohn Sascha, meine vier Kinder oder auch Marcos vier Kinder, wir alle haben uns für diese Konstellation unseres Lebens entschieden – und das in jeder Hinsicht."

„Ja, richtig", meinte Götz nachdenklich.

„Obwohl ich den Aspekt Verantwortung für mein Leben angenommen habe, heißt das noch lange nicht, dass sich eine gewisse Selbstherrlichkeit bei mir breitmachen sollte. Wir sollten nicht verurteilen und werten, sondern auch die Gegenmeinung anerkennen. Alle haben recht, alles hat seine Berechtigung. Obwohl ich als Mutter und auch als Großmutter betroffen bin, sehe ich es so: Wir bekommen vom Leben unsere Aufgaben gestellt, und wir können uns entscheiden, diese zu lösen oder es sein zu lassen. Wenn wir uns diesen Aufgaben *nicht* stellen, dann sucht unsere Seele eben nach anderen Möglichkeiten, diesen Lebensinhalten gerecht zu werden – gegebenenfalls auch in einem nächsten Leben."

„Ja", nickte Götz abschließend, „Marco ist seinen eigenen Weg gegangen. Wir haben ja gesehen, er hat sich dort in Kanada ein neues und seriöses Leben aufgebaut. Inzwischen ist er über Vierzig und hat sein Leben voll im Griff. Auch seinen Job als Baggerfahrer übt er ja schon sehr lange aus."

Des Öfteren habe ich Marco zusammen mit Götz, Dana, Rico und Götz' Sohn Sascha besucht. Er hat sich wirklich zu einer angenehmen und sympathischen Persönlichkeit entwickelt. Und das Schöne ist, durch die Aktion der Zusammenführung meiner Enkelkinder haben Janine und Timon inzwischen beide Kontakt zu ihrem Vater.

Kevin braucht im Moment noch etwas Zeit, eine Beziehung zu Marco aufzubauen. Mal sehen, was sich da noch tut …

Wie sich aber Beziehungen von heute auf morgen verändern können, möchte ich anhand der folgenden Begebenheit berichten. Es geschah zu der Zeit, als Achim bei der Niederländischen Einheit in Borgholzhausen stationiert war. Nach unserer Heirat hatte er sich dort für 4 Jahre verpflichtet. Wir wohnten zu der Zeit in einem Zweifamilienhaus.

Dick, Achims Kompaniechef und unser Freund, war mit seiner Frau Grada zurück nach Holland versetzt worden. An seine Stelle trat jetzt Claas. Durch Achims Vermittlung bekam Claas mit seiner Frau Carla die Wohnung unter uns. Ein paar Monate zuvor war ihre Tochter Mirjam geboren worden.

Wir Frauen verstanden uns prima – anfangs auch noch die Männer. Doch deren Verhältnis verschlechterte sich von Tag zu Tag. Claas war im Gegensatz zu Dick ein junger Vorgesetzter, kaum älter als Achim, darum auch in seinem gesamten Führungsstil noch etwas unsicher.

Und das kreidete ihm Achim an. Es gab kaum einen Abend, an dem er nichts zu reklamieren hatte, was ihm tagsüber mit Claas alles Unangenehmes widerfahren war. Das ging so weit, dass die beiden Männer sich kaum noch grüßten, obwohl wir direkte Nachbarn waren. Auch mir nickte Claas nur noch verhalten zu ohne ein paar freundliche Worte, die er sonst auf den Lippen hatte, wenn wir uns begegneten.

Wir Frauen sprachen zwar über die Situation, ließen uns aber zunächst nicht groß hineinziehen in die Problematik, die die beiden Männer betraf. Und doch spürte ich, wie auch Carla mir mehr und mehr aus dem Weg ging.

Nur wenn ihr unten im Keller mal wieder eine Maus über

den Weg lief, schrie sie gellend meinen Namen. Dachte ich bei diesem gekonnten Urschrei anfangs noch, sie schwebe in absoluter Lebensgefahr, gewöhnte ich mich langsam an solche Situationen, lief in den Keller und versuchte jedes Mal, zuerst die Maus ins Freie zu bringen und dann Carla wieder von der Waschmaschine herunterzuholen.

Ein Jahr ging ins Land. Die Beziehung zwischen Achim und Claas lag weiterhin auf Eis, obwohl sie zusammenarbeiteten. Dann wurde Carlas und Claas‘ zweites Baby geboren. Ich beglückwünschte die beiden zur Geburt ihrer zweiten Tochter mit einem Geschenk, wie das eben unter Nachbarn so üblich ist. Achim dagegen hielt sich zurück.

Eines Nachmittags hörte ich oben vom Balkon die kleine Tina weinen. Wegen der Sommerhitze hatte Carla sie im Kinderwagen in den Schatten auf der Terrasse gestellt und war mit Mirjam kurz in das gegenüberliegende Lebensmittelgeschäft gegangen.

Ich lief hinunter in den Garten und sah nach der Kleinen. Dabei bemerkte ich, wie sehr ihr die kleine Bluse in die Haut ihres molligen Hälschens schnitt.

Doch da sah ich Carla mit Mirjam auch schon aus dem Geschäft kommen und nach Hause eilen. Ich winkte ihnen zu.

Sie kam gleich zu mir auf die Terrasse und fragte aufgeregt: „Ist was passiert mit der Kleinen?“

„Nein“, meinte ich beruhigend, „sie hat nur etwas geweint. Ich habe sie hochgenommen. Ich glaube, du solltest das Bändchen an ihrem Hals lockern. Es sitzt wohl etwas stramm.“

„Lieb von dir, Gila! Vielen Dank. Wir haben ja die Babysachen von Mirjam aufgehoben und können sie jetzt für Tina nehmen“, erklärte Carla. „So hübsch Mirjams Sachen auch sind, manchmal sind sie einfach schon zu eng. Du siehst ja, die beiden sind von ihrer Statur her sehr unterschiedlich. Mirjam ist viel schlanker gewesen, Tina dagegen etwas molliger."

Carla legte Tina behutsam wieder in ihren Kinderwagen, während ich mich verabschiedete und zurück in meine Wohnung ging.

Es dauerte keine halbe Stunde, da gellte Carlas Schrei wieder mal durchs Haus, so furchterregend und so durchdringend, dass ich mindestens eine ganze Sippe Mäuse aller Entwicklungsstufen in verschiedenen Farben vermutete. Inzwischen reagierte ich schon etwas gelassener. Als ich jedoch an ihrer Wohnungstür vorbei in den Keller eilen wollte, merkte ich, dass ihre Schreie dieses Mal aus ihrer Wohnung kamen.

Da wurde auch schon die Tür aufgerissen – und was ich sah, ließ mir das Blut in den Adern gefrieren: das Baby! Es war blau! Sie hielt es in ihren Armen und schrie. Die Augen schienen der Kleinen aus dem Kopf zu quellen. Ein Krampf! Erbrochenes lief ihr aus den Mundwinkeln! Mit aller Kraft versuchte ich, ihr meinen Finger in den Mund zu schieben, um die Luftröhre freizubekommen, doch die kleinen Kiefer waren so krampfhaft aufeinander gepresst, dass es mir nicht gelang. Tinas Gesichtchen war schon grau. Absolute Lebensgefahr! Und Carla war außer Gefecht – und schrie und schrie!

Plötzlich in allerhöchster Not war es, als wenn meine Mutter, die ein paar Monate zuvor ins Licht gegangen war, sich meldete und mir eingab: „Nimm das Baby und halte es unter kaltes Wasser!"

Wie in Trance rannte ich mit der kleinen Tina im Arm ins Badezimmer, riss den Wasserhahn über der Badewanne auf und hielt den kleinen verkrampften Körper unter den kalten Wasserstrahl.

Und dann passierte es: ein ganz tiefes Atemholen, ganz tief von innen! Der kleine Körper dieses 6 Wochen alten Babys fing an zu zucken, und es bewegte wieder Ärmchen und Beinchen. Innerhalb von ganz kurzer Zeit kam wieder Farbe in sein Gesichtchen, und dann fing es gurgelnd an zu quieken und zu schreien! Dieses Geräusch werde ich im Leben nicht vergessen! Durch den Kälteschock hatte sich der Krampf gelöst!

Ich presste die Kleine ganz fest an mich, um sie zu wärmen, während sie das allerschönste Gebrüll von sich gab, das uns zeigte – sie lebte! Tina lebte!

Während ich ihr schnellstens die kalten nassen Babysachen auszog, schaute ich Carla an. Sie hatte einen Schock. Vor lauter Zittern war sie nicht mal mehr in der Lage, ihr Baby auf den Arm zu nehmen.

„Carla, los schnell! Mach die Babywanne voll mit warmem Wasser, schnell! Die Kleine friert – sie muss sofort ins warme Bad, dann erholt sie sich wieder, schnell!"

Ich sah, wie Carla immer noch kein Wort herausbrachte und mit bebenden Händen das Wasser in die Babywanne laufen ließ. Sofort setzte ich Tina in die Wanne. Nach und nach kam wieder Leben in den kleinen Körper.

Als Carla bemerkte, dass ihr Baby wieder normal reagierte, ging es auch ihr von Minute zu Minute besser. Sie nahm dann die Kleine, der es offensichtlich wieder besser ging, aus dem warmen Badewasser und hielt sie, in ein Badetuch eingewickelt, ganz fest an ihre Brust gedrückt. Carla wiegte sie ganz sanft hin und her, ihren Kopf ganz dicht an ihrem Baby.

Nachdem sich Carla erst nach einer ganzen Weile wieder gefasst hatte, sagte sie leise, als wenn sie nach einer Entschuldigung suchen würde: „Ich habe zuerst die Einkaufstüte ausgepackt und Milch und Obst bei der Hitze in den Kühlschrank gestellt. Tina hatte ich wieder in ihren Kinderwagen gelegt. Sie war ruhig."

„Hattest du ihr Hemdchen gelockert?", fragte ich vorsichtig.

„Das wollte ich machen, wenn ich Mirjam schlafen gelegt hatte. Ich ging dann zu Tina – und sah entsetzt, dass sie schon total verkrampft war. Sie hatte sich wohl übergeben müssen, lag aber auf dem Rücken, und dann hat sie wohl keine Luft mehr bekommen."

Carla schluchzte erneut laut auf. Ich nahm sie und ihr Baby in meine Arme und hielt sie einfach nur fest. All die Spannung musste jetzt aus ihr heraus, sie weinte und weinte.

Eine Weile später spürte ich, ich konnte sie jetzt wieder allein lassen, und verabschiedete mich leise. Glücklicherweise hatte ihre ältere Tochter Mirjam nichts davon mitbekommen, weil sie ihren Mittagsschlaf hielt.

Direkt danach hatte Carla ihren Mann Claas benachrichtigt, und sofort fuhren die beiden mit Tina vorsichtshalber zur Untersuchung ins Krankenhaus. Was für ein Glück, dass die Kleine nichts zurückbehalten hat!

Erst als ich wieder in meine Wohnung zurückgekehrt war, erkannte ich die Tragweite des Geschehens. Niemals vorher hatte ich so etwas getan – niemals! Ich habe auch keine Notfallausbildung. Ich hatte mich nur auf die Stimme verlassen, die mir sagte, was zu tun war.

Und dann setzte mein Verstand wieder ein, und ich versuchte, das Geschehene argumentativ zu beleuchten: Wir wohnten damals in einem kleinen Dorf, sehr ländlich und ohne Arzt – 10 km vom nächsten Krankenhaus entfernt. Die Zeit hätte einfach nicht mehr gereicht, um Tina zu retten.

Dankbar faltete ich die Hände und sandte ein Dankgebet gen Himmel – zu Gott, zu meiner Mutter und zu meinen Engeln.

Abends schellte es bei uns an der Wohnungstür. Ich öffnete – es war Claas, der seit über einem Jahr unsere Wohnung nicht mehr betreten hatte. Er stand da und schluchzte. Wortlos nahm er mich in seine Arme und murmelte: „Danke, Gila!"

Es war ein äußerst ergreifender Moment, als Claas auch zu Achim ging und ihn ebenfalls umarmte. Danach näherten sich die beiden wieder an und wurden mit der Zeit sogar Freunde.

KAPITEL 11

Wenn am Anfang unseres Lebens
ein Schöpferwille waltet,
warum sollte uns dieser
an seinem Ende verlassen?

(Verfasser unbekannt)

Während unserer morgendlichen Kaffeepause bei einem Seminar in Leutkirch stellte Sonja die Frage: „Gila, du sprichst ab und zu vom Gesetz des Spiegels. Was ist eigentlich damit gemeint?“

Ich weiß nicht alles, aber dieses Thema ist mir inzwischen sehr vertraut. Ihre Frage war sicher auch für alle anderen interessant. Darum bat ich Sonja, sie etwas später noch einmal vor der gesamten Gruppe zu stellen.

Als unser Workshop nach der Pause weiterging, meldete sich Sonja gleich zu Wort.

„Also, alles, was mich am anderen stört oder ärgert, aufregt oder in Wut geraten lässt“, antwortete ich, „habe ich selbst noch in mir. Alles, was ich am anderen kritisiere oder bekämpfe, das kritisiere, bekämpfe oder unterdrücke ich in Wahrheit in mir selbst.“

„Ja, das stimmt, Gila“, fuhr Sonja fort, „wenn ich da an meine Mutter denke, muss ich zugeben, dass ich mich heute in der Reife meines Lebens ähnlich verhalte wie sie!“

„Ich denke, dass es bei vielen Töchtern in ihrer Jugend darum geht, sich möglichst von dem Verhalten ihrer Mutter abzugrenzen, eben ganz anders sein zu wollen als sie. Ich höre heute noch meine Tochter Dana, wie sie in ihrer heftigen Pubertätsphase immer wieder mal reklamierte: ‚Oh Mom, wie ist das peinlich!'"

„Ja, *den* Ausdruck kenne ich auch zur Genüge!", warf eine jüngere Teilnehmerin belustigt ein, „den höre ich auch des Öfteren von meiner Tochter!"

„Genauso war es auch bei mir damals", fuhr ich fort. „Meine Mutter hatte so eine Marotte, ihre Handtasche unter die Achsel zu klemmen, was ich als Jugendliche unmöglich fand. Wann immer ich mit ihr unterwegs war, störte mich das fürchterlich. Ich hätte sie in dieser Pose malen können!"

Die Teilnehmer schauten mich erwartungsvoll an, als ich weitersprach: „Vor kurzem fuhr ich mit Götz zum Einkaufen. Er parkte sein Auto vor einem großen Schaufenster. In dem Moment, als ich ausstieg, spiegelte mir die Fensterscheibe genau wider, wie ich die Handtasche auf die gleiche Art und Weise unter meine Achsel geklemmt hatte – so viel zum Thema: Ich will nicht so werden wie meine Mutter!"

Verhaltenes Gelächter schlug mir entgegen. Da fiel mir ein weiterer Punkt ein, der bei mir auch noch nicht so ganz erlöst zu sein scheint: Götz' Zeitverständnis! Schmunzelnd sagte ich: „Bei uns ist es so: Ich habe die Uhr – und Götz die Zeit. Aber ich muss ihn einfach so lassen und akzeptieren, dass er nicht so ist, wie ich ihn haben will. Einer von meiner Sorte ist doch genug, oder?"

Da kam die Frage aus der Gruppe: „Und wenn ein anderer etwas an mir auszusetzen hat?"

„Wenn es mich verletzt, was der andere an mir kritisiert, bekämpft und verändern will, ist dies in mir noch nicht erlöst. Mein dickes, fettes Ego kommt da hoch."

„Soll das etwa heißen, ich darf überhaupt nicht an mich selbst denken?"

„Heitere Gelassenheit ist auf alle Fälle besser", entgegnete ich locker und nahm mir vor, beim nächsten Mal, wenn ich sauer wäre, mich an meine eigenen Worte zu erinnern …

„Was ein anderer an mir kritisiert und mir vorwirft, sind sein eigener Charakter, seine eigenen Bilder und Unzulänglichkeiten, die er auf mich projiziert. Ich habe aufgehört zu glauben, dass ich andere Menschen verändern muss. Ich kann mich nur selbst verändern. Nichts ändert sich, außer ich ändere mich!"

Die Anwesenden wurden sehr nachdenklich, bis jemand die Frage stellte: „Und das, was ich am anderen liebe?"

„Auch das bin ich selbst, habe ich selbst in mir und kann es aus dem Grunde auch beim anderen lieben."

„Das heißt, im anderen erkenne ich mich immer selbst?"

„Ja, wir schwingen dann gleich. Wenn wir dieses Gesetz erkannt haben, werden wir auch Folgendes verstehen: Kritisieren oder verurteilen wir uns selbst, dann werden uns auch andere kritisieren und verurteilen."

Die Gruppe ließ diese Worte eine Weile sacken, bis ich fortfuhr: „Schaut mal, wenn ihr euch selbst belügt, werden euch andere belügen. Wenn ihr in eurem Leben selbst nicht verantwortlich handelt, dann werden auch andere euch gegenüber unverantwortlich handeln."

Es war Sonja, die abschließend noch eine Frage stellte: „Das heißt, wenn ich selbst nicht auf meine Gefühle achte, werden andere dann ebenso wenig auf meine Gefühle Rücksicht nehmen?"

„Genau, Sonja! Liebst du dich aber selbst, werden dich auch andere lieben. Und wenn du dich selbst respektierst, dann wirst auch du von anderen respektiert. Wenn du dir selbst vertraust, dann werden dir auch andere vertrauen. Bist du ehrlich zu dir selbst, werden auch andere ehrlich zu dir sein."

„So habe ich das noch nie gesehen, Gila. Das ist ja der Hammer!"

„Und als letzter Punkt, Sonja, wenn du dir selbst Anerkennung schenkst, dann werden dir auch andere Wertschätzung entgegenbringen. Wenn du dich selbst vor Unheil schützt, werden dich auch andere schützen."

Ich spürte, dass dieses Thema alle in der Gruppe noch weiterhin stark beschäftigte, da auch nach diesem Workshop darüber anhaltend diskutiert wurde.

*

Eine berührende Begegnung hatte ich vor längerer Zeit, als ich mit dem Auto nach Bielefeld fuhr. Urplötzlich zog ein starkes Gewitter auf. Obwohl ich großen Respekt vor diesen Urkräften habe, fühle ich mich in meinem Auto sicher. Ich weiß, dass ich bei einem Gewitter geschützt bin durch den faradayschen Käfig, benannt nach seinem Entdecker, dem Forscher Michael Faraday. Er fand heraus, dass man in einem Raum, der von allen Seiten von bestimmten Metallen umgeben ist, vor Blitzen geschützt ist.

Plötzlich setzte ein heftiger Platzregen ein. Die Scheibenwischer kamen kaum gegen die enormen Wassermassen an. Starke Blitze zuckten – der Donner tat sein Übriges. Trotz dieser beruhigenden Entdeckung, die im Auto Sicherheit versprach, entstand bei mir ein etwas mulmiges Gefühl.

Ich drosselte meine Geschwindigkeit und fuhr langsam ein etwas längeres Stück Landstraße entlang, wo weit und breit keine Häuser standen. Da sah ich plötzlich aus den Augenwinkeln heraus, wie auf der rechten Gehwegseite eine Frau bei diesem heftigen Unwetter unterwegs war und einen Rollstuhl vor sich herschob. Im ersten Augenblick erblickte ich nur die Frau und sah, dass sie offensichtlich total durchnässt war.

Sofort hielt ich an. Da – wieder ein Blitzschlag! Ich sah, wie sie zusammenzuckte und beruhigend auf jemanden einsprach, der im Rollstuhl saß. Es schüttete wie aus Eimern. Egal, hier brauchte jemand Hilfe.

Ich fuhr mein Auto an den Straßenrand und stieg trotz des Unwetters aus. Als ich zu ihr lief, rief ich: „Kann ich Ihnen helfen?“

Der Regen klatschte mir ins Gesicht und lief mir den Nacken herunter.

„Das Gewitter hat uns überrascht – ich muss nach Hause mit meiner Tochter. Und sie hat solche Angst vor Gewittern.“

„Kommen Sie, ich bringe Sie nach Hause.“

„Aber der Rollstuhl …!“

Und dann erblickte ich ihre erwachsene Tochter, die wahrscheinlich wegen ihrer Unbeweglichkeit sehr stabil war. Durch die Größe ihres Kopfes konnte man ihr ansehen, dass sie zu den besonderen Menschen gehörte. Für mich sind behinderte Menschen besondere Menschen.

Durch das starke Donnergrollen rief ich ihr zu: „Wir müssen es schaffen, Ihre Tochter auf den Beifahrersitz zu heben! Den Rollstuhl klappen wir zusammen und deponieren ihn im Kofferraum.“

Da – wieder ein heftiger Blitz, direkt danach ein ohrenbetäubender Donnerschlag!

„Schnell, wir müssen uns beeilen!“, schrie ich.

Plötzlich vernahm ich eine ganz zärtliche und beruhigende Stimme: „Schwänlein, hab keine Angst. Ich bin bei dir.“

Überrascht von dieser Sanftheit, die in der Hektik zu spüren war, sah ich, wie sich auf einmal die total durchnässte Mutter über ihre gleichfalls patschnasse Tochter beugte und sie trotz der Gefahr liebevoll anlächelte. Obwohl es rund um uns herum blitzte und donnerte, war schlagartig eine fast unwirkliche Ruhe zu spüren, als ob sich selbst die himmlischen Gewalten vor so viel Zärtlichkeit zurückzogen.

Unter Aufbietung aller Kräfte gelang es uns beiden, ihr Schwänlein auf dem Beifahrersitz unterzubringen. Immer noch goss es in Strömen. Erst später entfernte sich das Gewitter nach und nach.

Gottseidank! Schwänlein und ihre Mutter waren in Sicherheit! Und ich auch! Wie ein nasser Hund schüttelte ich den Regen aus meinen Haaren, während die Mutter, die auf dem Rücksitz saß, versuchte, mit einem Taschentuch das Wasser aus den Haaren ihrer Tochter zu wringen.

Erleichtert fragte ich: „Wo darf ich Sie hinbringen?

Sie nannte mir die Adresse, die noch ungefähr 500 Meter entfernt lag. Ich startete mein Auto und stellte das Warmluftgebläse an.

„Kennen Sie uns eigentlich?“

„Nein.“

„Aber warum haben Sie das denn für uns getan?“

Ich schaute sie überrascht an und antwortete: „Man muss doch nicht jemanden kennen, um ihm zu helfen.“

„Ja, das ist wohl wahr. Danke!“, erwiderte sie leise.

Als wir ihr Haus erreichten, hatten wir noch die Aktion vor uns, ihr Schwänlein wieder in den Rollstuhl zu heben, um sie dann ins Haus zu fahren. Auch das haben wir mit gemeinsamen Kräften geschafft, waren danach aber beide ziemlich erledigt.

„Wer hilft Ihnen denn sonst dabei?“, wollte ich wissen.

„Das macht immer mein Mann, aber er ist tagsüber im Büro.“

Als erstes gab sie mir ein paar Handtücher, um meine nassen Haare und Sachen trocken zu reiben. Als ich mich dann verabschieden wollte, ließ sie mich einfach nicht gehen. Vor lauter Dankbarkeit kochte sie schnell noch eine Tasse Kaffee für uns beide und schmierte mir sogar ein paar Schnittchen, die ich bis auf den letzten Krümel aufessen musste. Eigentlich war ich ja mal wieder auf Diät, aber das hatte in dem Moment keine Priorität.

Meine Frisur war im Eimer – meine Fahrt nach Bielefeld konnte ich abhaken, aber mein Herz war voller Dankbarkeit.

Ganz tief hat mich dabei die enorme Zärtlichkeit dieser Mutter zu ihrer Tochter berührt. Selbst jetzt noch, wo ich diese Geschichte schreibe, bin ich wieder sehr bewegt.

Sie war einfach ihr Schwänlein. Wäre ich ihre Mutter, wäre sie auch *mein* Schwänlein gewesen …

Als Irmi vor kurzem diese Geschichte von mir hörte, sprach sie mich sofort darauf an und fragte, ob sich diese Begebenheit in ihrem Wohnort abgespielt hätte.

Erstaunt sah ich sie an. „Ja, warum?“

„Dann kenne ich die junge Frau. Ich bin mit ihr zur Schule gegangen, sogar in eine Klasse! Sie hat jedoch nur ein Jahr lang am Unterricht teilnehmen können, ist dann zu Hause unterrichtet worden. Inzwischen ist sie ins Licht gegangen.“

„Heißt das, sie war geistig in der Lage, am Schulunterricht teilzunehmen?“

„Ja, sie konnte nur nicht sprechen, aber sie war sehr intelligent!“

„Und welche Besonderheit hatte sie?“

„Ihr Kopf produzierte zu viel Gehirnwasser. Darum war er auch so übermäßig groß. Aber sie war immer am Lächeln.“

„Ja“, entgegnete ich überrascht, „das ist mir auch aufgefallen.“

Irgendwie berührte mich Irmis Einwurf, machte er mir doch nach Jahren klar, dass Schwänlein alles genau registriert hatte, was sich um sie herum abspielte. Ihre Mutter hatte ich damals nicht fragen wollen. Es war auch gar nicht wichtig gewesen.

Für mich sind besondere Menschen ganz hohe Seelen, die sich bewusst eine spezielle Position unter uns Zeitgenossen ausgesucht haben, um uns Liebe und Toleranz zu lehren. Es ist eher unsere Gesellschaft, die sich behindert gegenüber den besonderen Menschen verhält.

Durch eine mediale Übertragung habe ich erfahren, dass es für die Seelen im Jenseits sogar eine ausdrückliche Möglichkeit der Reifung darstellt, in einer Inkarnation einen besonderen Körper oder einen besonderen Geist zu bewohnen. Dass es für manche Seelen geradezu einen Herzenswunsch darstellt, so ein außergewöhnliches Leben auf Erden führen zu dürfen.

Wie wäre es, wenn wir uns mal mit diesem Gedanken vertraut machten? Ist es von der geistigen Seite her wünschenswert, ein Leben ohne Herausforderungen zu leben? Wohl kaum.

Und einen besonderen Menschen in unserer Umgebung zu haben, kann zwar manchmal eine Herausforderung sein, aber auch gleichzeitig eine Aufgabe voller Liebe. Als Menschen dürfen wir dazu eine andere Position beziehen, aber ich bin überzeugt davon, dass die vorher erwähnte mediale Durchsage stimmt.

Wie viel leichter wäre das Zusammenleben miteinander – wie viel größer der Respekt, den wir unseren besonderen Mitmenschen unter diesem Gesichtspunkt entgegenbrächten? Die Natur hat es weise eingerichtet: Es ist nur zu gut verständlich, dass Eltern während der Schwangerschaft um ein gesundes Kind bitten. Wenn ihnen jedoch diese Bitte nicht erfüllt wird, ist es nach dem ersten Schock dann die Liebe zu dem ihnen anvertrauten Menschen, die für Ausgleich sorgt.

*

Neben meinem Sohn André gibt es noch einen weiteren Menschen namens André, über den ich hier kurz berichten möchte. Fast zwei Jahrzehnte zuvor habe ich seinen Vater Peter aus Aschaffenburg auf einer Ayurveda-Kur kennen gelernt. Peter und ich hatten uns täglich zu einem gemeinsamen Spaziergang verabredet.

Als ich mit ihm darüber sprach, dass ich Seminare über die Kraft des Unterbewusstseins leite, hörte er sehr interessiert zu und berichtete mir, seine Frau Ilona habe eine ähnliche Lebenseinstellung. Ein halbes Jahr später besuchten mich Peter, Ilona und Pierre, Andrés jüngerer Bruder, bei mir zu Hause, um am nächsten Tag an einem meiner Kurse teilzunehmen.

André lernte ich erst zwei Monate später bei einem Gegenbesuch bei Ilona und Peter kennen. Er war damals 26 Jahre alt und lebte mit seiner Frau Petra und ihrer gemeinsamen Tochter Katharina, die gerade geboren war, ganz in der Nähe.

Petras Zeit auf dieser Welt war jedoch kurz bemessen. Sie ging ins Licht, als ihre beiden Töchter 15 und 10 Jahre alt waren. Auch das war ein Grund, weshalb seine Mutter André zu Weihnachten einen Gutschein für ein Seminar bei mir schenkte. Und so sah ich ihn nach 17 Jahren wieder – eine gereifte Persönlichkeit, die dort viel Ballast loslassen konnte.

Diese Tage haben ihm sehr gut getan, und im Laufe eines Jahres besuchte er noch zwei weitere Kurse, wo er dann beide Male auf Herbert traf.

Herbert und seine Frau Claudia sind mir persönlich sehr ans Herz gewachsen. Seit Herbert seinen aktiven Polizeidienst wegen einer chronischen Erkrankung quittieren musste, leiten die beiden nun gemeinsam ein Hundehotel im Süden Deutschlands. Viele Jahre zuvor hatten sie erstmals einen Kurs bei mir besucht und sind seit der Zeit regelmäßig immer wieder zu mir gekommen.

Und dieses Zusammentreffen mit André sollte kurze Zeit später eine ganz besondere Bedeutung bekommen. Denn einige Monate nach dem gemeinsamen Kurs schrieb mir Claudia, Herbert liege seit Tagen mit sehr hohem Fieber auf der Intensivstation. Sein Zustand sei sehr kritisch.

„Gila, ich brauche einfach deine Kraft, bitte!“, bat sie mich, und ich konnte ihre Verzweiflung zwischen den Zeilen spüren.

Ich rief Claudia an. Sie ist ein Mensch, der bereits einige Schritte auf dem spirituellen Weg gegangen war, bevor wir uns trafen. So konnte ich offen mit ihr reden, ohne dass ich die Befürchtung haben musste, sie zu überfordern.

„Schau mal, Claudia“, hob ich behutsam an, „es ist ganz natürlich, dass du jetzt Angst hast, Herbert könnte es nicht schaffen. Das darf auch so sein, denn das, was er jetzt durchmacht, ist eine heftige Krise, und die ist wichtig für die Entscheidung seiner Seele!“

„Ja, Gila, das glaube ich auch, aber so schlimm war es noch nie mit ihm.“

„Es gibt jetzt nur zwei Möglichkeiten: Entweder Herberts Seele hat sich entschieden, bald zu gehen, dann können auch all unsere guten Wünsche und Affirmationen sie nicht zurückhalten – oder er wird diese Krise meistern. Versuche einfach, diese Bewusstseinshaltung anzunehmen und traue seiner Seele zu, das Richtige zu tun. Dabei kann das Richtige auch sein, diese Welt zu verlassen. Wenn du diese weise Ordnung anerkennst, verlierst du die Angst. Und genau darauf kommt es jetzt an!“

„Es tut mir so gut, diese Worte von dir zu hören“, antwortete Claudia leise.

„Es geht mir jetzt in erster Linie darum, dass du deine Kraft behältst, Claudia, beziehungsweise wieder in deine Kraft hineinkommst. Herbert wird doch bereits von allen, die ihn kennen und von seiner Situation wissen, in Liebe getragen.“

Mit Claudia stand ich danach fast täglich in Kontakt. Es war ein äußerst bewegendes Gefühl zu spüren, wie Herbert sich in der existenziellen Phase zwischen Bleiben und Gehen befand. Abends vor dem Einschlafen sandte ich ihm Ströme von Licht und Liebe.

Wir Menschen sind bestrebt, dass unsere Lieben möglichst lange bei uns bleiben. Natürlich war das auch Claudias größter Wunsch, und doch war ich sehr berührt von ihrer Bereitschaft, diese Krise von der spirituellen Seite her zu betrachten.

Das Wort Krise stammt vom lateinischen Wort ‘crisis’, insbesondere gebraucht in der Medizin als die Phase, in der die Entscheidung fällt.

Sie ist nicht als Bedrohung zu verstehen, und es ist durchaus nicht so, dass Gott uns etwa eine Krise senden will, um es uns schwer zu machen. Ein Mensch mit dieser Erkenntnis weiß, dass Prüfungen gleichzeitig Herausforderungen sind. In jeder Krise steckt auch die Chance einer wertvollen Entwicklung.

Zur gleichen Zeit erreichte mich eine E-Mail von André. Er schrieb, seine Tochter Katharina habe zu ihrem 18. Geburtstag eine Patenschaft für eine Pinguin-Taufe im Allwetterzoo in Münster geschenkt bekommen. Da Münster nicht allzu weit entfernt von uns läge, würde er gern die Bitte äußern, ob er und Katharina mich am Freitag zuvor besuchen könnten.

Eine gute Idee! Ich schrieb spontan zurück, dass ich mich sehr darüber freuen würde, sie nicht nur zum Kaffee, sondern auch über Nacht einladen zu dürfen. Gern nahm André mein Angebot an.

Freitagnachmittags trudelten die beiden dann bei uns ein. Zum ersten Mal lernte ich Katharina kennen – ein hübsches junges Mädchen mit langen blonden Haaren. Ich fand sie auf Anhieb sehr sympathisch und begrüßte sie mit einer lieben Umarmung. „Du bist also Katharina."

„Ja", lächelte sie. „Schade, dass Victoria wegen eines Handballspiels nicht mitfahren konnte."

Und dann war André dran. Von der Statur her ähnelt er meinen drei Söhnen, die auch allesamt über 190 cm groß sind. Indem ich mich auf die Fußspitzen stellte, um auch ihn zu umarmen, sagte ich munter: „Komm, mein Kleiner! Willkommen bei mir zu Hause! Jetzt essen wir erst einmal in aller Ruhe ein Stück selbstgebackenen Kuchen."

Wir hatten es uns nach dem Abendessen in unserem Wintergarten gemütlich gemacht, als ich sagte: „André, Herbert geht es gar nicht gut."

„Was? Was hat er denn?"

„Er liegt seit Tagen auf der Intensivstation mit sehr hohem Fieber. Claudia sagte mir, es sei sehr kritisch."

Ich berichtete ihm von Herberts Zustand, wie Claudia ihn

mir beschrieben hatte, und merkte, wie sehr ihn diese Nachricht erschütterte.

Nach einer Weile meinte er nachdenklich: „Abends, bevor ich schlafen gehe, mache ich stets ein Ritual – Fragen an den Tag. Ich werde Herbert heute Abend mit meinen Gedanken eine geballte Ladung Licht und Liebe geben."

„Ja, André, das ist jetzt unsere Aufgabe! Die Entscheidung, ob Herbert noch hier bei uns auf Erden bleiben darf, wird bald fallen. Ich habe alle meine Engel um ein Zeichen gebeten."

Wir schwiegen eine Weile, bis ich André dann vorschlug, uns gemeinsam einen Film anzusehen.

Während Katharina mit ihrem Laptop beschäftigt war, legte ich eine DVD ein, und wir schauten erwartungsvoll, was uns da geboten wurde.

Wir hatten uns noch nicht ganz in den Handlungsablauf des Films eingefunden, als Andrés Telefon schellte. Eine gute Freundin, die seine 13-jährige Tochter Victoria während seiner Abwesenheit betreute, rief an. Victoria hätte sich eine halbe Stunde zuvor eine tiefe Schnittverletzung am Bein zugezogen. Die Wunde wäre soeben im Krankenhaus genäht worden. Und ihr Vater hielt sich 350 km von zu Hause entfernt auf!

Sofort unterbrach ich den Film. Ich spürte, wie aufgeregt André war, als er versuchte, Informationen über Victorias Zustand zu bekommen. Die Freundin gab den Hörer weiter, und Victoria wurde direkt ans Telefon geholt – sie war schon wieder ansprechbar und scherzte sogar kurz mit ihm.

Der Druck, der sich durch den Unfall bei uns aufgestaut hatte, musste jetzt erstmal wieder abgebaut werden. Irgendwie hatte dann keiner mehr Lust, den Film noch weiter anzuschauen. Wir ließen ihn jedoch im Pausenmodus im Recorder.

Als ich irgendwann während unseres weiteren Gesprächs

den Blick wieder auf den DVD-Player richtete, sah ich plötzlich folgende Worte über das Display laufen: „Der Himmel kann warten."

Der Himmel kann warten? Siedend heiß durchfuhr es mich – das war ein Zeichen! Das Zeichen für Herbert!

„Schau dir mal die Botschaft an, André!", sagte ich aufgewühlt. „Die ganze Zeit über habe ich um ein Zeichen für Herbert gebeten. Hier ist es! Er bleibt uns erhalten – er bleibt bei uns! Der Himmel kann warten!"

André sah mich fassungslos an. „Und woher kommen diese Worte?"

„Ich habe die DVD vorher aus dem Regal genommen, ohne groß auf den Titel zu achten! Erst als wir den Film durch die Nachricht von Victorias Unfall angehalten haben, lief der Titel die ganze Zeit ohne Bild über den Monitor!"

„Wow!", entgegnete André beeindruckt.

„Ja, Herbert hat's geschafft! Ich spüre es ganz stark, die Welt hat ihn wieder!"

Und genauso war es! Kaum, dass André und Katharina morgens zur Pinguin-Taufe losgefahren waren, rief Claudia überglücklich bei mir an, um mir zu berichten, dass das Fieber langsam zurückginge und Herbert zum ersten Mal wieder mit den Krankenschwestern geschäkert hätte.

Total berührt erzählte ich ihr die Geschichte von dem Filmtitel am Vorabend.

„Ja, Gila", antwortete sie mit erstickter Stimme, „es stimmt! Der Himmel kann warten …!"

Zwei Wochen später konnte Herbert schon wieder persönlich bei mir anrufen und dankte mir bewegt für die gemeinsame Unterstützung.

Apropos – Pinguin.

Im Zusammenhang mit Katharinas Pinguin-Taufe kommt mir gerade folgendes Bild in den Sinn. Jeder von uns kennt die typischen Bewegungen eines Pinguins an Land, der seinen kompakten Körper mit den kleinen Flossen im aufrechten Gang hin- und herschiebt, um sich gemächlich vorwärts zu bewegen.

An Land wirkt er schwerfällig. Sobald er aber ins Wasser, sein wahres Lebenselixier, abtaucht, bewegt er sich mit einer Grazie und Geschmeidigkeit, die man so nie bei ihm vermuten würde.

Und so möchte ich auch einmal unser Leben beschreiben: Viele von uns sehen sich in erster Linie als körperliche Wesen. Sie benutzen mehr ihren Verstand als ihre Inspiration und Intuition – mühen sich ab – arbeiten und schieben sich mit vollem Einsatz Zentimeter für Zentimeter im Leben vorwärts. Intuitiv wissen wir jedoch, dass es ein Dasein gibt, wo wir uns voller Freude hineingleiten lassen können und wo wir elegant und fröhlich in der gleichen Zeit statt Zentimeter Kilometer für Kilometer zurücklegen können. Wie der Pinguin in seinem Element Wasser fühlen wir uns glücklich und leicht, wenn wir unsere Lebensaufgabe erkennen und sie leben. Dann werden wir vom Leben getragen – geradezu nach vorn geschoben!

Wie bereits vorher erwähnt, kommen wir auf diese Welt, um unsere Aufgabe im Leben zu erfüllen. Was heißt eigentlich Lebensaufgabe? Was steckt in diesem Begriff? Richtig, das Wort Gabe! Viele suchen ihre Lebensaufgabe im Außen und spüren gar nicht, dass sie bereits alles in sich tragen und dieses Potential nur noch entdecken müssen.

Jeder Mensch besitzt eine innere Stimme, auch Intuition genannt. Wenn wir sie anrufen, meldet sie sich durch Inspirationen oder Ideen und hilft uns, die Bedürfnisse unserer Seele zu erkennen und zu stillen.

Sie spricht nur sehr leise, aber dennoch sehr deutlich zu uns. Wir spüren sie zwar, aber weil der Verstand mit seinen Argumenten oftmals lautstark dagegen spricht, sind wir uns gar nicht sicher, ob wir uns auf diese Stimme auch verlassen können.

Wie der Pinguin dem Wasser, so dürfen auch wir unserer Intuition vollends vertrauen, weil sie den Kontakt zu all unseren Seelengeschwistern in der geistigen Welt herstellt, die uns dabei helfen, unsere Lebensaufgabe hier auf Erden umzusetzen.

Entscheidend in diesem Zeitalter ist es längst nicht mehr, wie effizient wir unseren Verstand und unser Vermögen einsetzen können, sondern welche Herzensqualitäten wir entwickeln. Ich bin überzeugt, dass die Erweiterung unserer Wahrnehmung nur durch die Öffnung unseres Herzens geschieht.

Die Energie folgt der Aufmerksamkeit. Was wir denken und fühlen, verwirklicht sich, ganz gleich ob im positiven oder negativen Sinne. Der erste Schritt ist, auf unser Herz zu hören. Was jetzt vielleicht noch schwierig erscheint, ist im Grunde ganz einfach. Und wir bekommen dabei noch Unterstützung durch die Seelen im Jenseits, die unablässig mit uns in Kontakt stehen, um uns zu leiten.

Das wurde wieder einmal deutlich im Seminar ‚Welten der Seele'. Dort geschah etwas, was mich ganz tief berührt hat.

Die Mitte des Raumes war mit vielen großen und kleinen Kerzen und vielen Engeln geschmückt. Jeder bekam jetzt die Möglichkeit, zu dem besonderen Tag und dem vorausgegangenen Feuerritual etwas zu sagen, wenn er mochte.

Wir saßen im Kreis um die Mitte herum. Vorab sprach ich Astrid an und bedankte mich dafür, dass sie innerhalb eines

Jahres vier Kurse bei mir besucht hatte. Das war ihr finanziell mit Sicherheit nicht leichtgefallen, doch sie hatte sich das vorgenommen, und jedes Erlebnis hatte sie einen Schritt weitergebracht.

Und da durchfuhr es mich! Ich bekam plötzlich eine Gänsehaut nach der anderen, als ich mich dann der ganzen Gruppe zuwandte: „Im vergangenen Jahr hatte sich eine jüngere Teilnehmerin namens Alex bei uns ganz kurzfristig vom Engelseminar wieder abmelden müssen. Da dies erst ein paar Tage vorher passierte, haben wir ihr die Rechnung geschickt. Sie hat diese auch bezahlt und von uns dafür einen Gutschein für ein neues Seminar ihrer Wahl erhalten. Und jetzt möchte ich euch eine Nachricht übermitteln."

Die Gruppe schaute mich erwartungsvoll an, als ich daraufhin den Text ihrer E-Mail sinngemäß zitierte. Hier ist nun der genaue Wortlaut von Alex:

> *Hallo ihr Lieben,*
> *ich habe eine große Bitte. Es wird mir nicht mehr möglich sein, an einem Seminar teilzunehmen. Darum geht meine Bitte dahin, dass ihr einem Teilnehmer, dem es nicht so gut gehen sollte, meinen Gutschein übermittelt. Es wäre mir noch ein Herzenswunsch. Ich danke eurem Team und Gila für all die wunderbaren Jahre, die ich aus der Ferne miterlebt habe.*
> *In Liebe Alex*

Ich spürte deutlich die Wehmut, die in ihren Worten mitschwang, und wollte gern wissen, wer hinter diesen Zeilen steckte. Spontan wählte ich ihre Telefonnummer. Es nahm niemand ab. So schrieb ich ihr ein paar liebevolle Worte zurück und dankte ihr für ihre Großzügigkeit. Ich bat sie, mich am nächsten Tag doch mal im Büro anzurufen, falls ihr das möglich sein sollte.

Am gleichen Abend erhielt ich dann eine weitere Nachricht von ihr mit der bezeichnenden Überschrift: *Hallo, ihr lieben Menschenkinder.*

Voller Dankbarkeit bat sie mich jetzt noch einmal persönlich, den Gutschein jemandem zu übergeben, bei dem ich das Gefühl hätte, dass es stimmig wäre. Trost und Halt hätte sie in meinen Büchern gefunden, Verständnis für so manches, was um sie herum passiert wäre. Geduld und Frieden mit sich selbst, all das hätte sie lernen dürfen.

Sehr berührt habe ich dann eine letzte E-Mail an Alex zurückgeschrieben, dass ich ihr viel Licht und Liebe schickte und ihr viel Kraft wünschte. Ganz sicher würde ich jemanden mit dem Herzen auswählen, um ihr Geschenk weiterzugeben, damit dieser Same, der von ihr in Dankbarkeit und Liebe gesetzt wurde, voll aufginge.

Nach unserer Korrespondenz hatte ich mir fest vorgenommen, ihren Wunsch durch einen Impuls meines Herzens zu erfüllen, wann immer das auch sein mochte. Und jetzt in diesem Moment – in der Runde meiner Teilnehmer – klopfte mein Herz wie verrückt!

„Astrid, ich erhalte jetzt ganz klar die Botschaft, dass dieser Gutschein für dich sein soll. Ich möchte ihn dir gern übermitteln.“

Astrid, eine sehr sensitive junge Frau, schaute mich groß an.

„Für mich?“, konnte sie nur noch völlig überwältigt herausbringen.

Leise weinend saß sie da und konnte gar nicht begreifen, was ihr soeben widerfahren war.

Ich ging zu ihr hin, setzte mich neben sie auf ihre Decke und nahm sie in meine Arme.

Neben ihr saß Manja, deren Vater ein halbes Jahr zuvor ins Licht gegangen war. Auch sie hielt Astrids Hand und war sehr bewegt.

„Ja, Astrid. Ich kann dir meine Entscheidung mit dem Verstand nicht erklären und möchte sie jetzt auch gar nicht analysieren. Doch wenn mein Herz eine Entscheidung trifft, dann war das bisher immer richtig.“

Gewitterwolken standen am Himmel – die Luft war schwül. Die großen Fenster unseres Tagungsraumes waren weit geöffnet, und wir konnten hinausblicken auf eine dunkle Wolkenwand.

Und dann geschah es! In diesem besonderen Moment brach plötzlich die Sonne durch – und Astrid und Manja saßen im Licht! Nicht nur Astrid, sondern auch Manja wurde von dem Licht angestrahlt.

„Ja, Astrid“, meinte Götz ergriffen, „dieser besondere Lichtstrahl zeigt uns jetzt allen ganz deutlich, dass Gila die richtige Wahl getroffen hat.“

Allen, die Zeuge dieses besonderen Erlebnisses in Hürtgenwald waren, traten Tränen in die Augen. Wir spürten eine heilige und heilende Schwingung, die jeden von uns erfasste und tief berührte.

Als ich Astrid und Manja, von Lichtstrahlen eingehüllt, dort sitzen sah, griff ich intuitiv zur Kamera und konnte so diesen besonderen Moment für uns alle festhalten.

Astrid zog sich abends von den anderen zurück, weil sie sich noch mit einer stillen Kerzenmeditation bei Alex bedanken wollte.

Am Montag sandte ich all meinen Teilnehmern die Fotos, die ich in den vergangenen Tagen aufgenommen hatte. Plötzlich durchfuhr es mich siedend heiß – ich dachte, ich träume! Alex hatte in ihrer letzten Nachricht an mich geschrieben: *Hallo, ihr lieben Menschenkinder*.

Und dann wurde mein Herz ganz weit, als mir auffiel, dass Astrids E-Mail-Adresse sicher nicht rein zufällig das Wort ‚*Menschenkinder*' enthält …

KAPITEL 12

Denn er hat seinen Engeln befohlen über dir,
dass sie dich behüten auf allen deinen Wegen,
dass sie dich auf Händen tragen und du deinen
Fuß nicht an einen Stein stoßest....

(Psalm 91.11)

Gerade fällt mir zu dem Thema ‚Gleiches zieht Gleiches an' die Geschichte ein, die ich mit unserem neuen Mieter Gisbert, einem richtig flotten Siebziger, erlebt habe. Er hatte sein eigenes Haus verkauft und wollte den Lebensabend jetzt in einer etwas kleineren Wohnung verbringen. Götz und ich mochten ihn auf Anhieb.

Im Sommer nach seinem Einzug war er mit seinem Wohnmobil für ein paar Tage an die Nordsee gefahren. Und als er wieder zu Hause eintrudelte, lud ich ihn gleich auf einen Kaffee ein.

Wir hatten es uns gerade im Wintergarten bequem gemacht, als er auch schon zu berichten begann, was ihm Kurioses widerfahren war.

„Gila, ich muss dir unbedingt etwas erzählen. Von meinem Campingplatz aus bin ich am ersten Tag mit dem Fahrrad ans Meer gefahren, um dort in einem Restaurant etwas zu essen. Die Terrasse war spärlich besetzt. Ganz allein an einem Tisch aber saß eine Dame, die mir auffiel, weil sie eine sehr liebevolle und auch attraktive Ausstrahlung hatte."

„Und?", lachte ich, „hast du sie näher kennen gelernt?"

„Nicht so, wie du vielleicht meinst", schmunzelte er und

nahm einen Schluck Kaffee. „Du kennst mich ja. Alle anderen Tische waren frei, und ich habe sie einfach ganz höflich gefragt, ob ich mich dazusetzen darf. Ein ‚Nein' hat man, aber ein ‚Ja' kann man bekommen!"

„Das finde ich klasse, Gisbert, so macht man die besten Bekanntschaften. Wie sollte man jemanden kennen lernen, wenn man sich auf Distanz hält?"

„Ja, ich stellte mich vor und erfuhr, sie hieß Dagmar und käme aus einem Ort im Harz. Sie aß dort allein zu Mittag, weil ihr Mann und ihre Tochter einen Tagesausflug nach Helgoland unternommen hatten. Dagmar wollte jedoch an Land bleiben. Irgendwie kamen wir dann darauf, aus welcher Ecke Deutschlands ich käme, und ich sagte ihr, aus Halle/Westfalen, ein kleiner Ort, den sie sicher nicht kenne. Oh doch, horchte sie auf, der Ort sei ihr schon ein Begriff, daher käme ihre Lieblingsautorin."

Fast konnte ich's mir denken, warum Gisbert mir diese Geschichte erzählte. Und genauso war es.

„Du ahnst sicher, was jetzt kommt, Gila. Sie nannte deinen Namen! Und jetzt war ich am Zug, ließ die Katze aus dem Sack und meinte stolz, dass ich sogar mit dir zusammen in einem Haus wohnte. Du wärst meine Vermieterin!"

Das war wirklich eine Überraschung, auch für mich! Da trafen sich zwei wildfremde Menschen und hatten, ohne es vorher zu wissen, einen gemeinsamen Berührungspunkt!

Der eine sagt Zufall – der andere Fügung. Wie auch immer, für mich gibt es im gesamten Universum nur Ursache und Wirkung. Und auch das Wort Zufall sagt ja nur aus, dass uns etwas zu-fällt, was wir vorher, wenn auch unbewusst, verursacht haben.

Um das Ganze mal spirituell zu beleuchten: Bei beiden war ich offensichtlich energetisch gespeichert, bei Dagmar durch die Bücher, die sie von mir gelesen hatte – und bei Gisbert als seine Vermieterin, zu der er ein sehr gutes Verhältnis hat. So sind beide durch diesen emotionalen Aspekt unbewusst angezogen worden, das heißt, dass Gisbert einfach nur seinem Gefühl gefolgt war.

Während seiner Erzählung kam Gisbert plötzlich auf eine Idee. „Weißt du was?", meinte er fröhlich, „ich schicke Dagmar mal ein Buch von dir mit einer persönlichen Widmung, damit sie mir auch glaubt!"

Auch ich hatte meinen Spaß an dieser Geschichte und legte ihr zu dem gewidmeten Buch noch ein paar persönliche Zeilen dazu.

Völlig unerwartet erhielt ich kurze Zeit später von Dagmar eine Anmeldung.

„Gisbert, stell dir vor, Dagmar hat sich doch wahrhaftig zu dem Wochenendkurs in Cottbus angemeldet."

„Wann findet er statt?", fragte er hochinteressiert.

„Ende Januar."

„Kann ich mitkommen?"

„Na klar!"

„Aber nichts verraten, Gila! Ich möchte sie gern überraschen. Mal sehen, ob sie sich noch an mich erinnert!"

„Na, das denke ich doch. Bei so einer eindrucksvollen Begegnung wird das mit Sicherheit der Fall sein."

Und so war es auch! Als wir uns am Vorabend im Restaurant des Hotels trafen, wusste Dagmar gar nicht, wen sie zuerst begrüßen sollte, Gisbert oder mich, so überrascht war sie. Später hatten sich die beiden dann viel zu erzählen. Ich lernte eine äußerst feinfühlige und angenehme Persönlichkeit kennen.

In dem Kurs in Cottbus bat mich Susanne, mal über das Thema Burnout zu sprechen.

„Jeder Mensch hat etwas, was ihn antreibt, seine Vorstellungen zu verwirklichen“, gab ich ihr zu verstehen. „Sehnsüchte sind Energien, die mit unserer Lebensaufgabe zu tun haben, ein Grundgefühl von uns Menschen. Wenn wir nicht bereit sind, unseren Sehnsüchten nachzuspüren, erschlägt uns manchmal der Alltag. Diese Kraftlosigkeit nennt man Burnout-Syndrom.“

„Genauso ist es mir ergangen“, schaltete sie sich ein. „Ich war zu gar nichts mehr fähig und fühlte mich so kraftlos. Darum bin ich ja auch hier, um neue Kraft zu schöpfen.“

„Schau mal, Susanne, dieses Burnout-Syndrom will uns doch nur dahin führen, wieder auf unsere Seele zu hören. Wenn du das erkennst und dich dementsprechend verhältst, entziehst du deiner Seele die Ursache für das Symptom!“

Aus der Gruppe kam eine weitere Frage: „Geschieht es denn nicht auch, dass wir manche Sehnsüchte bewusst unterdrücken, aus Selbstschutz oder Angst vor übertriebenen Hoffnungen?“

„Genau das ist ja der Punkt – immer auf der sicheren Seite bleiben – sich nicht groß auf Gefühle einlassen – bloß kein Risiko eingehen! Eher sind wir bereit, das sichere Mittelmaß zu leben. Und so geschieht es, dass der Alltagstrott uns kaputt macht.“

„Aber dann stellt sich doch die Frage, wie wir überhaupt dahinkommen, mit unserer Seele in harmonischer Balance zu leben?“

„Die Sehnsucht nach der Erfüllung eines Wunsches unserer Seele, die neu aufbricht, ist wie eine Quelle, die zu sprudeln beginnt. Sie ist die Stimme Gottes in unserem Herzen. Da, wo Sehnsucht sich bemerkbar macht, wirkt die unendliche Weisheit. Sie ist die Kraft, die uns träumen lässt und dadurch unsere positiven Gedanken mit Energie anreichert. So wird mit jedem Gedanken, mit jedem Gefühl immer mehr die dementsprechende Verwirklichung in Gang gesetzt. Wenn wir uns nach etwas sehnen, heißt das, dass unsere Seele für etwas Neues bereit ist, wohin sie uns mit Hilfe dieses Gefühls führen möchte."

„Gila, allein schon, dass Sehnsucht nach Freiheit bei uns im Osten beispielsweise dafür gesorgt hat, dass du heute hier dieses Seminar in Cottbus halten kannst ...!", bemerkte eine Teilnehmerin.

„Ja, sicher. Und denkt auch mal daran, dass die Sehnsucht, als Farbiger die gleichen Rechte zu haben wie ein Weißer, dazu geführt hat, dass erstmals ein Farbiger als Präsident in den USA gewählt wurde. Motivierende Gefühle sind lebensnotwendig, um positive Veränderungen für unser Leben herbeizuführen. Wenn wir sie verdrängen, kann das auf Dauer zu einem Burnout-Syndrom führen."

Götz konnte bei dem Kurs nicht dabei sein, weil er auf Tournee war. Da er am Sonntag jedoch einen Auftritt in Berlin hatte und sowieso über Cottbus fuhr, konnte er zumindest am Samstagabend mit uns zusammen sein und über Nacht bleiben.

Eisige minus 15 Grad herrschten Ende Januar in Cottbus. In den Pausen konnten wir nur kurz lüften, so schnell kühlte der Raum aus.

Bereits während der liebevollen Verabschiedung der Kursteilnehmer am Sonntagabend hatte ich mit Grummeln im Bauch feststellen müssen, dass es zusätzlich stark schneite. Und es lagen noch mehr als 500 km vor uns!

Gisbert als routinierter Autofahrer hatte mir zwar vorher angeboten, mich am Steuer abzulösen, aber er war mit einem Automatik-Wagen nicht vertraut. Gern hätte ich mich etwas ausgeruht, doch ich fühlte mich unwohl bei dem Gedanken, dass Gisbert das ungewohnte Auto ausgerechnet bei angesagtem Blitzeis fahren sollte. So entschied ich, selbst zu fahren.

Es war bereits spiegelglatt auf der Strecke von Cottbus zum Berliner Ring. Wir fuhren im Schneckentempo. In Gedanken bat ich meine Engel: „Lasst uns heil zu Hause ankommen, lasst uns bitte heil ankommen!“ Dabei ging es mir nicht darum *schnell*, sondern *heil* zu Hause anzukommen.

Als wir die Abzweigung auf die A 10 erreichten, ging mein Handy. Ich meldete mich über meine Freisprechanlage. Es war Götz aus Berlin, der sich bei den extremen Witterungsverhältnissen Gedanken um uns machte.

Direkt als der Anruf kam, überlagerte er die Stimme des eingeschalteten Navigationsgerätes, das uns Richtung Heimat führen sollte.

Indem ich mich auf Götz, gleichzeitig auf die vereiste Autobahn und auch noch auf die Richtung konzentrierte, fuhr ich auf die A 10, allerdings in die entgegengesetzte Richtung nach Osten. Ich wunderte mich zwar, dass das Gerät mich immer zur nächsten Ausfahrt schickte, aber keinesfalls wollte ich bei dem Wetter durch die Berliner Innenstadt fahren. Ich wusste, dass die Autobahnen eher versorgt wurden. Inzwischen fuhren dort auf allen Bahnen die Streuwagen mit Warnlichtern vor uns her und versuchten, der Glätte einigermaßen Herr zu werden.

Mit äußerster Konzentration saß ich am Steuer. Gisbert war genauso angespannt. Er sagte kein Wort, was sehr ungewöhnlich für ihn ist, da er sich gern mit mir unterhält.

Wieder versuchte die Stimme meines Navigationsgerätes, mich zur nächsten Ausfahrt zu leiten. In meinem Stress merkte ich immer noch nicht, dass ich nicht in Richtung Hannover fuhr.

Irgendwann hörte das Navigationsgerät auf zu reklamieren.

Ich musste wohl um Berlin herumgefahren sein und jetzt den Punkt erreicht haben, wo es wirklich nach Hause ging.

Erst jetzt fiel mir auf, dass ich weit mehr als 100 km verkehrt gefahren war. Als wir dann Magdeburg erreichten, ließ endlich der Schneefall nach. Auch das Eis auf den Straßen wurde weniger, so konnte ich wieder etwas schneller fahren.

„Mach dir keine Gedanken, Gila", tröstete mich Gisbert, „du bist hervorragend gefahren, auch wenn es einige Kilometer mehr waren. Hauptsache ist, dass wir heil zu Hause ankommen!"

Ja, das sah ich auch so.

Gleich am nächsten Abend kam Gisbert kurz rüber. Er hatte die Bilder in der Tagesschau gesehen. Aufgewühlt berichtete er im Detail, dass wir auf der A 10 – wären wir gleich in Richtung Hannover gefahren – mit vielen sehr schweren Blitzeis-Unfällen, Bergungen und stundenlangen Vollsperrungen konfrontiert worden wären. Davor waren wir jedoch behütet worden. Götz hatte ganz offensichtlich genau im richtigen Moment angerufen, um uns dadurch völlig unbeabsichtigt auf die bessere Route zu führen.

„Danke, meine Engel für euren Schutz. Danke, dass ihr uns liebevoll umgeleitet habt, auch wenn ich es zuerst als Fehler angesehen habe, mehr als 100 km Umweg in Kauf zu nehmen. Danke!"

*

André, mein ältester Sohn, war mal wieder mit seiner Frau Kari aus Alaska bei uns in Deutschland zu Besuch. Alle zwei Jahre sind sie bei uns, immer im Sommer. Inzwischen nennt er zwei Orte in Amerika sein Zuhause. Als Lehrer arbeitet er seit Anfang der 90-er Jahre in Nome, Alaska, während er die 3

Monate Schulferien stets in seinem zweiten Zuhause in einem kleinen Ort in der Nähe von Seattle, Washington, verbringt. Seine Leidenschaft ist das Fahrradfahren. Sportlich, wie er ist, fährt er an manchen Tagen dort mehr als 300 km mit dem Rad. Das muss man sich mal vorstellen!

Auch Götz ist gern mit dem Fahrrad unterwegs. Mit mir kann er da allerdings kaum rechnen. Ich marschiere lieber munter drauf los, als mich stundenlang mit dem Rad bergauf und bergab zu quälen. Darum freut er sich immer, wenn André da ist und sie zusammen längere Strecken fahren.

So auch an diesem Tag. Die beiden hatten gerade ihre Rennräder aus dem Schuppen geholt, als Götz mir zurief:

„Gila, André möchte seinen Vater gern besuchen. Wir fahren mal rüber zu Achim. Das ist eine schöne Tour, etwas bergig, aber klasse. Zum Abendessen sind wir wieder da. Tschüss!"

Er nahm mich kurz in die Arme, und ich sagte: „Passt gut auf, ihr beiden!"

Mit seinem Sturzhelm grinste er mich an. „Na klar! Du weißt doch: Mein Engel fährt mit. Ich habe ihn immer bei mir!"

In einem meiner anderen Bücher habe ich bereits geschrieben, dass ich meinem Sohn Rico in Gedanken immer einen Schutzengel als Sozius auf sein Motorrad setze, wenn ich weiß, dass er unterwegs ist. So brauche ich nie Angst zu haben, dass etwas passiert. Nein! Besser ausgedrückt: Ich habe Vertrauen, dass Rico heil wieder zu Hause ankommt!

Seit Götz meine Engelseminare besucht hat, beschäftigt auch er sich mit Engeln und hat dieses Bild ebenfalls verinnerlicht. Hautnah erlebt er als der Partner an meiner Seite immer wieder Geschichten, die wir beide beeindruckt und berührt als Geschenke unserer Engel annehmen.

Kurz vorm Abendessen hörte ich, dass Götz und André wieder eingetroffen waren. Ich ging raus, um sie zu begrüßen. Und da sah ich die Bescherung – die linke Hälfte des Lenkers von Götz' Fahrrad war abgebrochen!

„Was ist das denn?", fragte ich und schaute ungläubig auf das defekte Fahrrad.

„Götz hat unheimliches Glück gehabt", nickte André mir zu. „Das hätte anders enden können!"

„Wie ist das passiert, Götz?"

„Auf der Rückfahrt von Achim auf dem Radweg in einem kleinen Waldstück brach plötzlich die linke Hälfte des Lenkers ab! In letzter Sekunde konnte ich noch einen Sturz vermeiden, da das Rad einigermaßen stabil lief und ich sofort mit der rechten Lenkerhälfte dirigiert habe."

„Das heißt, du hast dich einarmig nach Hause gerettet?"

„Genau!"

André sagte ernst: „Bei höherer Geschwindigkeit wäre das Ganze mit Sicherheit nicht so glimpflich abgelaufen."

Froh, dass Götz heil nach Hause gekommen war, sagte ich leise: „Merkst du was, Götz? Dein Engel war in Aktion. Kurz vorher haben wir noch darüber gesprochen!"

Mit dem abgebrochenen Teil im Auto fuhr Götz am nächsten Tag zum Fahrradgeschäft bei uns in der Nähe, um einen neuen Lenker zu kaufen.

„Welches Rohrmaß brauchen Sie für den Lenker?", wurde er gefragt.

„Da bin ich mir nicht sicher. Gibt es da verschiedene?"

Der Inhaber erklärte ihm die Unterschiede, und Götz entschied sich, ihm später wegen der genauen Maße die vorhandene Lenkkopfstange vorbeizubringen.

Nachdem Götz zum zweiten Mal zu dem Fahrradgeschäft gefahren war, berichtete er zu Hause betroffen, was vorgefallen war:

„Bevor ich wieder losfuhr, bekam ich den ganz starken Impuls, nicht nur mit der Lenkkopfstange, an die der Lenker angeschraubt wird, sondern mit dem kompletten Rad hinzufahren. Dieses Gefühl wurde immer stärker, je mehr ich mich dagegen wehrte. Du kannst dir vorstellen, Gila, dass der Transport eines kompletten Fahrrads mit weit mehr Aufwand verbunden ist."

„Ja, und was war dann?"

„Bei der Inspektion in dem Fahrradladen wurde mir sofort klar, dass meine Intuition mich vor einem weit größeren Unfall bewahrt hat. Es stellte sich heraus, dass an der Befestigungsstange des Lenkers ein feiner Riss zu erkennen war, der über kurz oder lang mit Sicherheit zu einem Bruch geführt hätte."

Dankbar, dass er doppelt von unseren Engeln behütet worden war, sah ich ihn an, als er fortfuhr: „Statt der geplanten Reparatur habe ich mich sofort für die Verabschiedung von meinem geliebten Oldtimer-Rad, das ich damals gebraucht gekauft hatte, entschieden."

Danke, all ihr Engel, dass ihr uns stets mit Hilfe unserer Intuition diese Verbindung spüren lasst.

*

Es gibt ein schönes Gedicht, in dem ein Mensch um Kraft bat. Statt der Kraft wurden ihm Schwierigkeiten gegeben, um ihn stark zu machen. Er bat um Weisheit, und ihm wurden Probleme gegeben, um sie zu lösen und dadurch Weisheit zu erlangen. Er bat um Wohlstand, und ihm wurde ein Gehirn und

Muskelkraft gegeben, um zu arbeiten. Er bat um Mut, und ihm wurden Hindernisse gegeben, um sie zu überwinden. Er bat um Liebe, und ihm wurden besorgte, unruhige Menschen mit Problemen gegeben, um ihnen beizustehen. Er bat um Entscheidungen, und ihm wurden Gelegenheiten gegeben.

Er bekam nicht, was er wollte, sondern das, was er brauchte.

Manchmal sind wir enttäuscht, wenn nicht alles gleich sofort klappt und auch unterstützende Affirmationen scheinbar nicht zum gewünschten Erfolg führen. Dann sollten wir uns daran erinnern, dass es einen Göttlichen Plan für unser Leben gibt, in den zwar unsere Seele, aber nicht unser Mensch-Sein eingeweiht ist. Es wäre so einfach, um etwas zu bitten – und schon ist es da! Wir dürfen unsere Wünsche in Form von Gebeten oder Affirmationen äußern, aber sollten dann auch bereit sein, anzunehmen, dass das Leben uns manchmal auf Wege führt, die unserer Vorstellung eines klar vorgegebenen Zieles nicht direkt entsprechen.

Denn euer Vater weiß, was ihr benötigt, ehe ihr ihn bittet, steht in der Bibel. Macht dieser Satz dann nicht Affirmationen und Glaubenssätze überflüssig?

Gott ist für mich das Prinzip der Liebe, für das es keine Zeit und keinen Raum gibt. Unsere Gedanken und Wünsche sind Energien, das wissen wir inzwischen, und sie bilden Schwingungen, die Gleiches anziehen.

Ich glaube, indem wir unmissverständlich aussprechen, was wir wirklich wollen, bekommen wir selbst Klarheit und können unsere Energien auf die Erfüllung unserer Wünsche richten, die dann in Übereinstimmung mit dem Göttlichen Plan erfüllt werden können.

Sollten die Wünsche nicht mit dem Lebensplan unserer Seele übereinstimmen, so wird es geschehen, dass die Wunscherfüllung entweder nicht eintritt oder wir das Erwünschte zwar bekommen, es aber sehr schnell wieder abgeben müssen.

Das war auch das Thema, als meine Teilnehmer und ich eines Abends im Tagungsraum in vertrauter Runde zusammensaßen. Die meisten hatten es sich auf ihren Decken bequem gemacht, manche aber auch auf Stühlen. Es ist stets eine sehr schöne und sanfte Schwingung, wenn die Lotuskerze in unserer Mitte so ein behagliches Licht abgibt.

Ich hatte die Gruppe gebeten, Fragen zu Affirmationen zu stellen, die ich gern – soweit es mir möglich war – beantworten wollte.

Beate, zum ersten Mal bei mir auf einem Seminar, meldete sich zu Wort: „Gila, viele Menschen wissen gar nicht, dass sie mit dieser Kraft oder Energie, dieser göttlichen Schwingung, ihr Leben besser in den Griff bekommen. Sie verschließen sich dieser Erkenntnis und halten diese Lösung für viel zu einfach. Stattdessen suchen sie weiter ihr Heil in komplizierten Abläufen!“

„Schau mal, Beate, die Liebe ist eine göttliche, eine geistige Kraft, die Urkraft des Seins überhaupt. Sie ist kein Priestergeheimnis. Sie ist erlebbar durch uns Menschen, wenn wir lernen, uns auf diese Wellenlänge, auf diese geistige Energie einzustimmen!“

Beate dachte eine Weile nach, ehe sie antwortete:

„Bei mir in der Firma geht es mehr um Begriffe wie Machtbesitz, Rechthaben, Durchsetzen – es dem anderen zeigen, wo es lang geht! Wenn ich meinen Kollegen mit dem Begriff ‚Liebe‘ käme, würden sie mich groß anschauen und vielleicht gleich in eine gewisse Richtung abstempeln.“

„Wenn deine Kollegen das Glück nur in materiellen Dingen

suchen und der Materie nachlaufen, finden sie nur vorübergehend Befriedigung ihrer Gefühle. Sie sollten sich von allem lösen, was ihnen nicht gut tut, denn nur so kann Platz für das entstehen, was ihnen gut tut. Doch darauf darf ein jeder selbst kommen."

Sie war ja nicht die einzige, der im Berufsleben derartiges widerfuhr, und so empfahl ich ihr: „Verhalte dich ihnen gegenüber einfach liebevoll und freundlich. Du wirst sehen, dass diese Freundlichkeit nach dem Gesetz von Ursache und Wirkung zu dir zurückkommt. Irgendwann kommen wir alle zu der Erkenntnis: Es muss doch mehr geben, als sich alle Jahre nur wieder auf den Urlaub zu freuen! Es muss doch mehr geben, als einen Beruf auszufüllen und dort tüchtig zu sein! Es muss doch mehr geben! Wir sind doch mehr als das alles! Oder gibt es hier wirklich nur Ziele, die auf der materiellen Ebene angesiedelt sind?"

In der abendlichen Stimmung, untermalt von ganz wenigen Lichtpunkten im Raum und dem Licht der Kerze in der Mitte, entstand bei der Gruppe eine gewisse Nachdenklichkeit.

Markus, Gymnasiallehrer und ein tiefgründiger junger Mann, stellte die Frage: „Warum tut sich die Wissenschaft eigentlich so schwer mit den Anziehungskräften, die für uns Menschen so wichtig sind?"

„Es sind ja die Qualitäten wie Liebe, Vertrauen und Weisheit, die den geistigen, spirituell wachsenden Menschen ausmachen. Diese Kräfte sind eine reine Energieform, sie fließen, strömen und bewirken enorm viel, doch sie sind grundsätzlich von der Naturwissenschaft nicht anerkannt, obwohl sie wirken. Nehmen wir beispielsweise nur mal die Kraft der Liebe oder auch die Begeisterungsfähigkeit von Menschen, die ein hohes Ziel vor Augen haben! Das sind doch auch alles Anziehungskräfte!

Elektrizität dagegen kennt jeder. Auch die Schwerkraft ist anerkannt als Anziehungskraft der Masse."

Markus fuhr fort: „Wenn ich mal mit irgendjemandem meines Lehrerkollegiums über die Bedeutung oder die wirkungsvolle Kraft von Affirmationen spreche, werde ich manchmal belächelt. Dabei haben sich alle meine Affirmationen über die Jahre hinweg verwirklicht – alle! Viele meiner Kollegen meinen dagegen, sie glaubten nur an das, was sie sähen!"

„Auch sie werden irgendwann mal ihre Erfahrungen machen. Doch macht euch frei von dem Gefühl der Überheblichkeit, dass wir, die wir dieses erkannt haben, in unserer geistigen Entwicklung weiter sind."

„Aber sollten wir sie nicht auf unsere Erfahrungen, die wir mit der Kraft der Gedanken und den Affirmationen gemacht haben, hinweisen?", kam in der Runde die Frage auf.

„Nur, wenn sie das möchten. Erst dann werden sie in der Lage sein, das auch zu verstehen. Vorher können wir es ihnen nur vorleben", setzte ich hinzu.

Es herrschte einen Moment Schweigen, bis Simone, die bisher ganz ruhig zugehört hatte, bemerkte: „Mir haben Affirmationen auch sehr geholfen. Interessant ist, wie meine Kinder darauf reagieren. Sie fragen manchmal, was ich da täglich schreibe. Da ich mit meinen Kindern auch gern bete, habe ich ihnen eine einfache Erklärung für Affirmationen gegeben. Ich habe gesagt, ich schreibe neue Gebete. Für mich sind Affirmationen wie Gebete."

Das war für Claudia aus Salzburg – eine ganz liebenswerte Persönlichkeit – das Stichwort. Sie berichtete, mit welcher Frage ihre 5-jährige Tochter sie empfangen hatte, nachdem sie von ihrem ersten Seminar aus Vorarlberg nach Hause gekommen war.

„Da fragt mich meine Tochter doch als erstes: ‚Mama, hast du die ganze Zeit über gebetet‘?

‚Hm‘, meinte ich etwas erstaunt, ‚gebetet? Wie kommst du darauf?‘

‚Mit der Sau?‘

‚Mit welcher Sau?‘, hakte ich nach.

‚Mama, du warst doch bei der Sau und hast gebetet…!‘

Ich verstand gar nichts mehr und wiederholte nur verständnislos: ‚Ich war bei der Sau und habe gebetet?‘

‚Mama, du hast doch gesagt, du fährst zur Bet-Sau!‘

Und da endlich fiel bei mir der Groschen. Laut gackerte ich los. Ich hatte meiner Tochter gesagt, ich führe zu einem Seminar in Bezau in Vorarlberg! Bezau kennt sie natürlich nicht, aber mit einer Bet-Sau – damit konnte sie etwas anfangen.“

Unter schallendem Gelächter der ganzen Gruppe beschrieb Claudia dann in vielen ausführlichen Einzelheiten die einprägsame Vorstellung ihrer Tochter, wie ihre Mutter die ganze Zeit über mit der Sau in einem Stall gebetet hat.

Die Arme, was musste sie im Schweinestall geleistet haben! Und das war dann die Einstimmung auf unsere heitere Gutenachtgeschichte, auf die sich zum Abschluss des Tages alle freuten.

*

Wie bereits vorher erwähnt, begleitet mich Götz oftmals zu meinen Kursen, außer er ist mit einer Band auf einer Tournee. Obwohl Götz‘ Beratungstätigkeit immer mehr zunimmt, ist er nach wie vor ein- bis zweimal pro Jahr als selbständiger Tontechniker für mehrere Wochen unterwegs. Fast täglich halten wir dann telefonisch Kontakt.

Im Frühjahr war er wieder mit Andrea Berg unterwegs. Eines Abends, eine halbe Stunde vor Showbeginn, rief er mich an. „Gila“, sagte er, „ich habe eben das Angebot erhalten, mit DJ Bobo den ganzen Mai über auf Tournee zu gehen. Was meinst du, soll ich es annehmen?“

„Und was ist mit deinem runden Geburtstag?“

„Ja, das ist es eben. Der fällt in diesem Jahr auf einen Samstag, und an dem Tag ist ein Show-Termin in der Olympiahalle in München“, überlegte Götz.

„Und? Was willst du machen?“

„Ich würde die Tour trotzdem schon gern machen.“

„Okay“, ermunterte ich ihn, „dann sag zu!“

Natürlich wollte ich an seinem Geburtstag die erste sein, die ihm zumindest am Telefon gratulierte. Wäre er näher an unserem Heimatort gewesen, hätte ich ihn besucht, doch 1.200 km hin und zurück an einem Tag, nur um eine einzige Stunde mit ihm zusammen zu sein, hätte für beide von uns nur Stress bedeutet.

Doch dann passierte etwas, was uns alle nachhaltig bewegt hat. Nachdem ich Götz ausgiebig gratuliert hatte, meinte er: „Irgendetwas ist hier im Busch. Ich habe vor einigen Tagen bei den Musikern verlauten lassen, wie gern ich mal bei dem Akustik-Set die Gitarre spielen würde.“

„Auf der Bühne?“

„Ja“, meinte er, „beim Soundcheck! Gila, sie kommen! Ich muss jetzt auflegen. Ich melde mich später noch einmal!“

Gegen 18.00 Uhr rief Götz dann völlig überwältigt wieder an.

„Gila, so etwas habe ich noch nicht erlebt! Beim Soundcheck baten mich die Musiker mit Bobos Einverständnis mit meiner Gitarre auf die Bühne. Und dann ging’s los.“

Er berichtete, wie er von Bobo gebeten wurde, zusammen

mit der Band vor den geladenen VIP-Gästen zum Sound-Check einige Songs zu spielen.

Dann rief Bobo mit seinem Mikrofon in den Saal: „Leute am Licht, bitte achtet darauf, dass Götz auch im richtigen Licht ist."

Jetzt huschte Bobos Sängerin auf die Bühne, und Götz begann, ein Gitarrensolo zu spielen. Währenddessen erklärte Bobo der Sängerin augenzwinkernd auf Englisch: „Es ist ein neuer Gitarrist."

Und als wäre es das Selbstverständlichste von der Welt, begleitete Götz dann die Band bei ihrem Soundcheck.

Danach rief Bobo: „Ladies and Gentlemen! An der Gitarre unser Geburtstagskind Götz!"

Götz stand auf, verneigte sich, nahm seine Gitarre ab und wollte dann tiefbewegt und dankbar für diese liebevolle Aktion die Bühne wieder verlassen.

„Moment, Götz, Moment!" Bobo wandte sich ans Publikum. „Wir lassen Götz nicht gehen, ohne ihm ein schönes Ständchen zu singen – oder? Aber da fehlt noch was!" Der Vorhang zum Backstage-Bereich wurde geöffnet und die Produktionsassistentin trat heraus, in der Hand eine Geburtstagstorte, versehen mit Kerzen. Die gesamte Crew sang jetzt: „Happy Birthday, lieber Götz!" Er wurde von jedem umarmt, jeder gratulierte, und er blies dann mit einem Schwung die gesamten Kerzen aus.

Während Götz noch dem Publikum die Torte präsentierte, sagte Bobo ins Mikrofon: „Danke, Götz! Du machst einen sensationellen Job! Ohne dich wär's nur halb so schön!"

Zum Abschied dieser Szene ging Bobo auf ihn zu und nahm ihn ganz fest in seine Arme.

Die Videoexperten haben dieses Ereignis aufgenommen und auf einen USB-Stick kopiert, so dass ich hier jedes Wort noch einmal originalgetreu wiedergeben konnte. Jeder, dem ich diesen Videoausschnitt gezeigt habe, war tiefberührt von diesem Überraschungsgeschenk an Götz – am allermeisten er selbst. Diesen Geburtstag wird Götz nie im Leben vergessen.

„Und jetzt kommt das, was mich dabei auch noch so berührt hat“, sagte er am Telefon, „seit ich weiß, wie Affirmationen wirken, habe ich mir immer wieder vorgestellt, an meinem Geburtstag mit der Gitarre auf der Bühne zu stehen und vor Publikum zu spielen. Ich habe aber nie gewusst, wie ich das anstellen sollte – und nun ist es wahrhaftig passiert! Jetzt habe ich wieder eine ganz markante Bestätigung erhalten, dass Affirmationen wirken, Gila! Sie wirken!“

Mir fällt gerade ein, dass ich unbewusst bereits mit 13 Jahren Affirmationen angewandt habe. Und das kam so: Unser Lehrer berichtete uns, das Bildungsministerium habe kurzfristig einen Fond zur Verfügung gestellt, aus dem Schüler oder Schülerinnen, deren Eltern finanziell nicht gut gestellt waren, durch eine Leistungsanerkennung einen einmaligen Betrag erhalten könnten. Voraussetzung für diesen Zuschuss war, dass das Zeugnis mindestens in drei Hauptfächern eine gute Note aufwies.

Ich lauschte mit weit offenen Ohren. Das war doch was! Hier konnte ich finanziell meine Eltern etwas unterstützen, die sich damals wirklich dauernd am Existenzminimum bewegten.

Gleich in der Pause fragte ich unseren Klassenlehrer: „Meinen Sie, ich könnte in das Programm aufgenommen werden?“

„Ja“, erwiderte er ohne Zögern, „an dich habe ich auch dabei gedacht. Du machst deine Sache hier recht gut. Der Antrag muss aber noch durch die Schulkonferenz laufen. Ich kann dich zwar vorschlagen, aber die Entscheidung treffe nicht ich. Es kann sein, dass andere den Vorzug bekommen.“

Zu Hause wollte ich erst etwas von der Aktion sagen, wenn

es geklappt hatte und dann die Einkommensbescheinigungen eingereicht werden mussten. Ich wollte meine Eltern damit überraschen.

Heute weiß ich nicht mehr, wie ich überhaupt darauf kam, aber ich habe einen Zettel geschrieben mit den Worten: „Ich bekomme das Geld!"

Und wohin damit? In meine Kniestrümpfe! So trug ich diesen Zettel stets in meinen Strümpfen, nicht ahnend, welch starke Wirkung diese Worte später haben würden.

Doch zuerst einmal gab es zu Hause ziemlichen Ärger. Meine Mutter wollte meine Stutzen, wie man bei uns sagt, waschen und fand den Zettel. Ich hatte wohl vergessen, ihn vorher herauszunehmen.

„Kannst du mir bitte mal erklären, was das soll?", fragte sie abwartend, hielt mir den Zettel vor die Nase und machte ein misstrauisches Gesicht.

Mist! Jetzt musste ich doch mit der Sprache raus, ob ich wollte oder nicht.

„Eigentlich wollte ich euch damit überraschen", erwiderte ich kleinlaut.

„Womit?"

„Nun, mit dem Geld. Das sollte eine Überraschung sein."

„Ich will sofort wissen, was das für Geld ist, das du haben willst. Sonst gibt's einen riesigen Krach!"

Daraufhin erzählte ich ihr dann die ganze Geschichte, aber sie schien mir nicht zu glauben. Sie dachte sicher, ich wollte mich an anderer Leute Geld vergreifen oder plante vielleicht mit 13 Jahren einen Banküberfall. Sicher hatte sie ihre Gründe, meine Aussage in Frage zu stellen, denn so ganz ohne war ich in der Vergangenheit auch nicht gewesen. Doch ich kam damals lieber zehnmal in einen echten Verdacht, als einmal in einen falschen. Und so verteidigte ich vehement meine erste eigene Affirmation.

Am nächsten Tag hörte ich von meinem Lehrer, dass meine Mutter ihn doch wahrhaftig angerufen hatte, ob diese Geschichte auch stimme. Erst danach war sie beruhigt.

Als ich dann später wahrhaftig die Leistungsanerkennung erhielt – wie hätte es auch anders sein können bei dem Einsatz der Affirmationen in meinen Stutzen – schnurrte meine Mutter wie ein Kätzchen.

KAPITEL 13

Der Glaube lässt uns begreifen,
dass es etwas Unbegreifliches gibt.

(Anselm von Canterbury)

Apropos – Kätzchen.

Wenn ich an meine Mutter denke, fallen mir so einige Dinge ein. Ich sehe wieder ihre blauen Augen vor mir, die in einem schönen Kontrast zu ihren dunklen Haaren standen. Meine dunklen Augen dagegen sind ein Erbteil meines Vaters, der selbst im Alter noch kein graues Haar aufwies und dadurch stets weit jünger wirkte, als er in Wirklichkeit war.

Oft erzählte sie, es sei ein eisiger Winter gewesen, als ich in Bielefeld geboren wurde – und so war bei mir auch immer Sehnsucht nach Licht oder Wärme da. Wie auch ich hatte sie ständig Figurprobleme. Sie hatte ein sehr großes Herz, vor allem für Menschen, denen es nicht gut ging.

Es mag vielleicht acht Jahre nach dem Krieg gewesen sein, ich war sechs Jahre alt, als immer noch ab und zu Flüchtlingsströme durch Bielefeld zogen, manchmal auch durch unsere Straße.

Jedes Mal, wenn sie von weitem solche Familien erblickte, schmierte sie schnell ein paar Scheiben Brot und bat mich, den Familien die eingepackten Brote mit Wurst zu übergeben. Noch heute rührt dieses Mitgefühl mein Herz, und während ich diese Worte schreibe, merke ich, wie meine Augen feucht werden.

Ihre Offenheit fremden Menschen gegenüber, die sie auf Anhieb mochte, war spektakulär. Doch wir wissen, wo Licht ist, ist auch Schatten. Genauso wie manche Menschen das Herz meiner Mutter schnell anrührten, konnte sie auch – manchmal ohne Grund, wie es mir schien – ganz schön biestig sein. Wehe demjenigen, den sie nicht mochte!

Eine sehr spezielle Episode fällt mir da ein. Mein Bruder brachte als Teenager eines Nachts zwei junge Mädchen, die er am Vorabend in einer Diskothek kennen gelernt hatte, mit nach Hause. Beide kamen aus einer Stadt, die ca. 20 km von Bielefeld entfernt lag. Alle hatten wohl nachts sehr lange gefeiert, so dass die beiden Mädchen den letzten Bus nicht mehr erreichten. Damals war es noch eine absolute Ausnahme, als junger Mann unter 20 Jahren ein eigenes Auto zu besitzen.

Obwohl wir sehr beengt wohnten, hatte er die beiden Mädchen nachts im Wohnzimmer einquartiert.

Als meine Mutter morgens aufstand und noch im Nachthemd über die beiden Mädchen stolperte, war sie mehr als verärgert. Mein Bruder konnte die Situation später noch so oft erklären, es blieb bei ihrer schlechten Laune, die sie jedoch zu dem Zeitpunkt noch nicht an den Mädchen ausließ.

Ihr Bus fuhr erst nach dem Mittagessen. Die beiden blieben also auch noch unerwartet zum Essen. Meine Mutter war eine sehr gute Köchin. Es gab Kaninchen, das sie am Vortag sehr liebevoll zubereitet und für uns portionsweise aufgeteilt hatte.

Dann geschah etwas, was ich nie in meinem Leben vergessen sollte. Ich kann heute nicht mehr mit Gewissheit sagen, ob es der Aspekt war, dass sie wegen dieser ungebetenen Gäste vorher nicht gefragt worden war, oder dass sie die beiden ablehnte. Nach der Suppe deckte sie dann das zerteilte Kaninchen auf mit der Aufforderung: „Bitte, bedient euch!“

Und dann kam es. Sie zog ein etwas weinerliches Gesicht und sagte doch wahrhaftig laut und deutlich: „Na ja, ihr müsst verstehen, wir haben einfach kein Geld gehabt für ein echtes Kaninchen. Er war ja auch schon so alt. Ich darf gar nicht daran denken, wie lieb er heute Morgen noch miaut hat."

Mir blieb fast die Kartoffel im Hals stecken. Was war das denn? Die beiden Mädchen zuckten zurück. Eins von ihnen legte sofort ihre Gabel mit dem Kommentar wieder hin: „Danke, ich bin eigentlich schon satt." Das andere erhob sich sofort vom Tisch und ging auf die Toilette.

Jetzt war mein Bruder sauer. Er konnte reden, so viel wie er wollte, die beiden Mädchen wollten schnellstens nach Hause, als ob auch sie ihres Lebens bei uns nicht mehr sicher wären.

Auch so konnte meine Mutter sein …

Meine Freundin Marianne hat meine Mutter nicht mehr kennen gelernt. Erst einige Jahre später traf ich sie bei der Versicherungsgesellschaft, für die ich früher im Außendienst tätig war. Sie war dort Leiterin des Büros. Auffallend an ihr sind ihre schwarzen Haare und die dunklen Augen – ein ehrlicher, nachdenklicher, aber auch sehr fröhlicher und tiefgläubiger Mensch. Unsere Freundschaft hat inzwischen so einige Klippen überstanden, aber genau das ist es, was Freundschaft ausmacht.

Am Wochenende zuvor war sie bei einem Seminar dabei gewesen. Nun saßen wir bei uns zu Hause und klönten bei einer Tasse Kaffee und einem selbstgebackenen Stück Apfelkuchen.

„Ich habe gestern einen Anruf von Willi erhalten", schmunzelte ich.

„Wie? Unser schöner Willi?"

Willi war damals der Chef unserer Verkaufsdirektion gewesen, den ich in meinem Buch *„... nicht heulen Husky*!“ als Herrn Fuchs bezeichnet hatte.

„Irgendwie toll“, sinnierte ich, „dass er mir über 3 Jahrzehnte die Treue gehalten hat, obwohl wir uns geschäftlich schon vor langer Zeit getrennt haben.“

„Und was wollte er?“

„Einfach nur ein bisschen plaudern. Und dann sagt er doch, er habe wieder ein so herrliches Stück Erdbeersahnetorte vor sich stehen – und das hätte ihn auf die Idee gebracht, mich anzurufen.“

„Warum? Magst du die auch so gern?“

„Marianne! Du erinnerst dich doch wohl an die Geschichte mit der Torte …!“

Als keine Resonanz kam, half ich ihr auf die Sprünge.

Es war zu der Zeit, als Rainer, der Vater meiner jüngsten beiden Kinder, durch die Hilfe von Willi die Position des Kundendienst-Mitarbeiters in der Verkaufsdirektion Bielefeld ausübte. Dana war damals fast 2 Jahre alt, Rico noch nicht geboren. Nur Willi wusste über unsere Beziehung Bescheid.

Jeden Montagmorgen war Meeting – die heilige Kuh der Direktion. Wer hier fehlte, wurde gnadenlos abgemahnt!

Es war jedoch so schön zu Hause mit Rainer. Zwei Seelen schlugen, ach, in meiner Brust! Meeting oder Balz? Dann siegte die Balz. Ist ja schließlich mehr als 30 Jahre her …

Hinterher musste ich mich bei Willi natürlich wieder sehen lassen, sonst hätte unsere Freundschaft einen Knacks bekommen. Ich wusste, Willi liebte Erdbeersahnetorte. Und es war Mai. Also deckte ich mich in der nächsten Bäckerei mit zwei riesigen Stücken dieser Köstlichkeit ein und begab mich kleinlaut zur Direktion.

„Daran kann ich mich wirklich nicht mehr erinnern“, lächelte Marianne, „aber ich kann mir schon vorstellen, was dann passierte. Dazu kenne ich ihn zu gut.“

„Ich klopfte an seine Bürotür, hörte ein lautes ‚Ja!‘ und begann, die Tür ganz vorsichtig – Zentimeter für Zentimeter – aufzuschieben, bis der Teller mit der Erdbeertorte durchpasste. Dann zog ich die Tür soweit wieder zu, dass für Willi nur mein Arm mit dem vollen Teller zu sehen war. So wie sich in der Natur ein Hund auf den Rücken legt und seine Weichteile zeigt, so präsentierte ich ihm meine Erdbeertorte.“

„Herrlich!“, lachte Marianne.

„Und nach einem Riesendonnerwetter hat Willi dann genüsslich die Torte verputzt. Es ist dieses Bild, das uns beide die ganzen Jahre begleitet hat.“

Eine nette Erinnerung! Doch dann widmeten wir uns einem anderen Thema.

Marianne, die schon einige meiner Kurse besucht hat, stellte plötzlich die Frage: „Wie siehst du eigentlich den Begriff ‚Glauben‘? Ist damit eigentlich nur der religiöse Glaube gemeint? Ich erinnere mich, dass unser gemeinsamer Freund Günter Ilse einige wichtige Worte dazu gesagt hat. Er sprach unter anderem über den Satz: Der Glaube versetzt Berge.“

„Richtig!“, entgegnete ich, „auch ich bin als Kind in meiner Naivität in die fantastische Erwartung hineingerutscht, richtige Berge durch meinen Glauben versetzen zu können. Die Enttäuschung war natürlich vorprogrammiert. Wer für wahr hält, der Mensch könnte mit irgendeiner inneren Haltung tatsächlich einen Berg von einem Ort zum anderen bewegen, der muss enttäuscht werden. Er hat es einfach falsch verstanden.“

Ich schwieg eine Weile, ehe ich fortfuhr: „Inzwischen wissen wir, es sind nicht die äußeren Berge gemeint, es sind die

Berge im Menschen, Berge der Angst, der Sorgen, der Verzweiflung, der Einsamkeit – der Sinnlosigkeit. Diese Berge sollen, dürfen, ja sie müssen sogar bewegt werden, wenn wir uns als Menschen weiterentwickeln wollen."

Marianne wurde sehr nachdenklich.

„Marianne, ich denke, der Begriff ‚Glauben' ist das Schlüsselwort, um derartige Berge bewegen zu können. Ebenso wie wir geneigt sind, den Begriff ‚Berge' in diesem Zusammenhang falsch zu verstehen, verstehen wir oftmals auch den Begriff ‚Glauben' falsch."

„Wie meinst du das, Gila?"

„Um auf deine Frage zurückzukommen. Die meisten Menschen meinen, dieses Wort bedeutet, nur an Gott zu glauben. Aber wenn Jesus zum Beispiel sagt: ‚Dir geschehe nach deinem Glauben!', dann soll das heißen, dass der Mensch genau das erleben wird, woran er glaubt. Und das nicht nur im religiösen Sinne, sondern generell im Leben!"

In dem Moment vernahm ich ein Geräusch an der Haustür, und einen Moment später kam Götz herein.

„Moin Moin!", begrüßte er Marianne fröhlich und nahm sie in die Arme. „Oh, es gibt Apfelkuchen", grinste er, nachdem sein Blick auf den gedeckten Tisch gefallen war.

Während ich aus der Küche ein weiteres Gedeck holte und ihm einen Kaffee aufbrühte, hörte ich, wie die beiden sich unterhielten. Ich brachte Götz den Kaffee sowie ein Stück Kuchen und setzte mich wieder dazu.

Nachdenklich meinte ich: „Es gibt keine Probleme, die uns nur so vor die Nase gesetzt werden, um uns stolpern zu lassen. Wenn wir die Verbindung zu Gott haben, werden wir spüren, Zeitpunkt, Ort und Umstände sind immer so gewählt, dass wir damit auch fertigwerden können."

„In der Tat“, nickte Götz zustimmend.

Ich fuhr fort: „Wenn uns ein Problem begegnet, ist damit nicht bewiesen, dass das Leben hart zu uns ist und uns ja sowieso niemand versteht. Letzten Endes sei doch alles nur Mühe und Plage! Alles, was uns begegnet, hat einen Sinn. Aus allem können wir etwas lernen, können wir reifen und wachsen, denn durch den ständigen Beistand der geistigen Welt sind wir bei der Problembewältigung nicht allein.“

„Ja“, erwiderte Marianne, „wenn ich ein Problem habe, bitte ich stets Gott um Hilfe.“

„Das ist auch meine Art, um Unterstützung zu bitten“, stimmte ich ihr zu, „denn es gibt für jeden Menschen eine Art Lebensplan, der uns von einer Probe zur nächsten führt. Wenn wir uns dieser führenden, intelligenten, schicksalhaften Macht anvertrauen, dann brauchen wir auch vor den Problemen keine Angst mehr zu haben – besser ausgedrückt: Wir können auf Lösungen vertrauen!“

„Das habe ich mein ganzes Leben lang erfahren“, bestätigte Marianne, „und immer habe ich Hilfe bekommen.“

„Es ist doch klar“, hob ich hervor, „Sätze wie: Ich kann nicht – ich sorge mich – ich habe Angst – sind Glaube an das Negative! Wir sollten den Glauben als ein wunderbares Werkzeug Gottes verstehen, unsere Kraft für die Liebe einzusetzen.“

Eine Weile herrschte Schweigen. Wir genossen die wunderschöne Aussicht, die wir zu allen Jahreszeiten aus unserem Wintergarten auf die angrenzenden Wiesen und Felder haben. Ich schenkte noch einmal Kaffee nach und merkte, dass auch mein Apfelkuchen ähnlich guten Anklang fand wie damals die Erdbeersahnetorte bei Willi.

Es tat so gut, sich mit Götz und Marianne, die eine ähnliche Bewusstseinshaltung haben, auszutauschen. So saßen wir noch eine Weile zusammen, bis es wieder Zeit für sie war, nach Hause zu fahren.

*

‚Das Gesetz des Lebens ist das Gesetz des Glaubens' war das Thema eines Workshops in einem meiner Seminare. Gern möchte ich hier über Silkes interessante Geschichte berichten.

Ihre Familie bewirtschaftet seit Generationen in einem kleinen Dorf in Vorarlberg einen abgelegenen Bergbauernhof. Berührt erzählte sie, was ihrer Mutter vor einiger Zeit widerfahren war.

„Zeitlebens hat unsere Mutter auf unserem Hof gelebt – eine glückliche und zufriedene Frau! Einen Arzt? Hat sie nie gebraucht. Ihre Freundin war Hebamme und hat ihr geholfen, uns Kinder zu Hause auf die Welt zu bringen. Bis meine Mutter dann eines Tages einen Unfall hatte. Ihr Bein war mehrfach gebrochen."

„Und da musste sie ja ins Krankenhaus, oder?", kam die Frage aus der Gruppe.

„Ja. Es hat aber Stunden gedauert, ehe sie mit einer Einlieferung einverstanden war und dann mit dem Krankenwagen ins Hospital gebracht wurde. Sie musste operiert werden – Trümmerbruch! Und dann das erste Mal länger von zu Hause weg! Sie war hochtraumatisiert, das könnt ihr euch vorstellen."

„Und?", fragte ich interessiert, „wie ging's dann weiter?"

„Am Tag nach der Operation bekam sie einen unerklärlichen Ausschlag am gesamten Körper, der von Stunde zu Stunde schlimmer wurde. Er nässte und juckte. Die Ärzte waren ratlos und tippten auf Unverträglichkeit des Narkosemittels."

Silke berichtete, dass ihre Mutter immer wieder darum bat,

dass man ihr Melkfett von zu Hause holte! Sie hatte es stets beim Melken der Kühe verwendet.

„Die Ärzte waren strikt dagegen und behaupteten, dass hier nur eine Salbe mit Cortison helfen könne und kein Fett. Fett würde die ganze Sache nur noch verschlimmern! Meine Mutter hatte bis dahin jedoch immer alle Hautreizungen mit Melkfett erfolgreich behandelt. Inzwischen konnte sie kaum noch schlafen, weigerte sich aber strikt, eine andere Salbe aufzutragen. So brachten wir ihr heimlich die Dose Melkfett ins Krankenhaus."

„Ich ahne schon, was kommt", schmunzelte ich.

„Genau, Gila! Sofort begann sie, ihre entzündete Haut mit dem Melkfett einzureiben. Am nächsten Tag kamen die Ärzte zur Visite. Sie bemerkten sofort die Besserung und waren in dem Glauben, meine Mutter hätte doch die verordnete Salbe genommen. Nach einem weiteren Tag war der Ausschlag fast ganz verschwunden."

„Und? Wie haben die Ärzte reagiert?", wurde sie gefragt.

„Der Oberarzt, von den Schwestern inzwischen über Anwendung und Wirkung des Melkfetts informiert, wurde ganz still und musste vor seinen erstaunten Kollegen eingestehen, dass wohl doch nicht alles durch schulmedizinisches Wissen erklärbar sei."

„Kann das der Placebo-Effekt gewesen sein?", kam die Frage auf.

„Ja. Kennt jemand von euch den Begriff Placebo?", stellte ich die Gegenfrage. Erstaunlich, wie viele Hände sich hoben!

„Es ist ein Scheinmedikament", erklärte eine Teilnehmerin, die als Krankenschwester tätig war, „das keinen Arzneistoff enthält und somit auch keine dementsprechende pharmakologische Wirkung haben kann."

Ich nickte. „Die Macht des medizinischen Rituals spielt eine große Rolle bei Placebos. Die Erwartungshaltung des Patienten gibt dabei den Ausschlag. Glaubt dieser, dass eine Behandlung oder ein Medikament Linderung verschafft, dann ist das schon mal eine ideale Voraussetzung für den Heilungsprozess."

Placebo-Effekte sind positive Veränderungen des eigenen Befindens, die sich auch in den Körperfunktionen nachweisen lassen.

Glücklicherweise ist zu erkennen, dass die heutige Schulmedizin inzwischen bereit ist, auch alternative Heilmethoden anzuerkennen. Wenn auch noch sehr langsam lässt sie ab von ihrer Einstellung, nur ihre Methoden können Heilung bringen. Placebos werden sogar in klinischen Studien eingesetzt, um die therapeutische Wirksamkeit von Verfahren möglichst genau erfassen zu können. Oft geschieht das auch in Doppelblindstudien, wo nicht einmal der Arzt weiß, welches Medikament einen Arzneistoff enthält oder welcher Patient es erhält.

„Und was ist der Nocebo-Effekt?"

„Das ist das Gegenstück zum Placebo-Effekt. Hierbei handelt es sich um unerwünschte Wirkungen, die analog einer Placebo-Wirkung auftreten können. Der Nocebo-Effekt bezeichnet das Phänomen, dass schlechte Erwartungen den Krankheitsverlauf negativ beeinflussen."

Petra meldet sich zu Wort: „Ich möchte auch noch aus eigener Erfahrung etwas erzählen. Mir ist folgendes passiert: Ich litt unter starken Rückenschmerzen und ging zu unserem Hausarzt, der auch gleichzeitig unser Freund ist. Um meine Beweglichkeit zu testen, bat er mich in seiner Praxis, einen Kugelschreiber vom Boden aufzuheben. Ganz mühsam habe ich mich nach vorn gebeugt und konnte vor lauter Schmerzen nur langsam die Hände nach unten bewegen. Doch weit über dem Boden war Schluss. Die Schmerzen waren zu stark, der Kugelschreiber blieb liegen.

Dann hat er mir ein Schmerzmittel gegeben, davon bin ich zumindest ausgegangen. Ich sollte warten, bis es Wirkung zeigte, und mich dann noch einmal hinunterbeugen.

Danach bückte ich mich. Ohne größere Anstrengung berührten meine Hände den Boden, und ich konnte den Kugelschreiber aufheben! Erst später hat mir unser Freund gestanden, dass er mir ein Placebo verabreicht hatte, um dessen Wirkung bei mir zu testen. Stark, nicht?"

„Bist du denn jetzt nicht verunsichert, ob er dich auch in Zukunft nur mit Placebos behandelt?", fragte Silke ganz interessiert.

„Ja, die Frage macht Sinn", antwortete Petra, „denn die habe ich ihm auch gestellt. Da hat er nur gelacht und gemeint: ‚Petra, mach dir darüber mal keine Gedanken. Wer heilt, hat recht!'"

Annegret, ein weiterer Gast meines Workshops, erzählte dann eine Geschichte, worüber bereits vor Jahrzehnten in der Zeitung berichtet worden war.

Mit einem Tiefkühltransport aus Polen sollte im Sommer eine Lieferung Fleisch nach Holland gebracht werden. Stunden vor der Abfahrt merkte der Kontrolleur jedoch, dass das Kühlaggregat nicht richtig funktionierte. Sofort rief er einen Techniker an, der innerhalb kurzer Zeit den Schaden behob. Der LKW konnte starten. Die beiden Fahrer, die sich unterwegs ablösen sollten, fuhren los.

Nach ungefähr 20 Stunden erreichten sie Amsterdam und wollten ihre Ladung abliefern. Sie öffneten die Türen des Aufliegers. Statt des erwarteten Kältestroms schlug ihnen ein höchst penetranter Geruch entgegen, dazu eine ziemliche

Wärme. Das Kühlaggregat war offensichtlich irgendwann wieder ausgefallen. Das Fleisch war verdorben.

„Und nun kommt es“, fuhr Annegret fort. „Als sie den Auflieger bestiegen, fiel ihnen plötzlich der Techniker entgegen, der zusammengekauert in der Nähe der Tür gesessen hatte – tot! Unbemerkt von den beiden Fahrern war er wohl wieder in den Laderaum gestiegen, um die Temperatur letztmalig direkt an der Ware zu kontrollieren, während einer der Fahrer die beiden Türen verriegelt hatte. Die Polizei wurde benachrichtigt. Der Mann war nicht erstickt – er war erfroren!“

Ich vernahm ungläubiges Gemurmel im Raum.

„Bei der Obduktion stellte sich heraus, dass er alle Anzeichen eines Erfrierungstodes aufwies.“

„Und wie kann so etwas passieren, Gila?“

„Wir haben inzwischen so viel über das Gesetz des Glaubens und seine Wirkungen gehört, dass wir die Logik in diesem tragischen Unglücksfall eigentlich bereits erkennen müssten“, folgerte ich. „Dieser Mann hat direkt nach seinem unfreiwilligen Einschließen geglaubt – nein, sogar gewusst, dass er überhaupt keine Chance hatte. Die Aggregate waren in Ordnung. Tiefgekühltes Fleisch muss dauerhaft und durchgängig auf minus 18 Grad Celsius gekühlt werden, und er hat fast 24 Stunden in leichter Kleidung in dem Auflieger gesessen, ohne dass er sich groß bewegen konnte!“

Ja, es war sein Glaube daran gewesen, dass er erfrieren musste. Er konnte ja nicht ahnen, dass nach einer gewissen Zeit die Kühlaggregate wieder ausfielen. Und Handys gab es damals noch nicht, auch anders konnte er sich in dem Gefriergut-Auflieger nicht bemerkbar machen.

Ich gebe zu, schon ein makabres Beispiel, das Annegret anbrachte, doch mir war diese Geschichte bereits bekannt, und so konnte ich Annegret noch mit Einzelheiten aus meiner Erinnerung unterstützen.

Noch heute muss ich über eine weitere Geschichte schmunzeln, die sich in meiner Ehe mit Achim ereignet hat.

Wie bereits vorher erwähnt, arbeitete ich tagsüber im Büro, während wir das Glück hatten, dass unsere Vermieterin, die sehr kinderlieb war und auch ihre eigenen Enkelkinder versorgte, André und Marco tagsüber mitbetreuen wollte. Bis in ihr hohes Alter sind wir ihr in den ganzen Jahrzehnten danach noch in tiefer Freundschaft verbunden geblieben.

Das Essen musste aber abends auch noch zubereitet werden. Oftmals griff ich dann zu einer Packung Tiefkühlkost, damit es schneller ging.

Ab und zu brachte Achim einen Kollegen zum Essen mit, der immer bei uns willkommen war. Wir teilten dann gern alles, was auf den Tisch kam.

Es war ein kalter Winterabend, an dem Harm uns besuchte. Zum Abendessen hatte ich zwei Packungen Grünkohl aus der Tiefkühltruhe geholt und eine leckere Mahlzeit davon zubereitet. Dann rief ich alle zum Essen.

„Oh“, meinte Harm, als er sich an den Tisch gesetzt hatte, „das riecht aber lecker! Ist das frischer Grünkohl vom Lande?“

Das hätte mir gerade noch gefehlt, dass ich trotz meiner ganztägigen Tätigkeit noch Grünkohl hätte putzen müssen!

„Nein, Harm, er ist aus der Tiefkühltruhe, aber ich hoffe, er schmeckt dir trotzdem.“

„Na klar – sogar sehr gut“, beeilte er sich zu versichern. Als wir mit dem Essen fertig waren, meinte Harm auf einmal: „Gila, ich komme ja vom Bauernhof, wie du weißt. Meine Eltern haben so einige Felder, auf denen Grünkohl angebaut wird. Ich möchte dir gerne mal frischen mitbringen. Der aus der Truhe hat zwar auch gut geschmeckt, aber frisch vom Lande, gerade nach dem ersten Frost, schmeckt er noch besser. Ich denke daran, wenn ich am kommenden Wochenende nach Holland fahre."

‚Bloß nicht!', dachte ich noch, aber dann kam alles, wie es kommen musste.

Am Montagabend, ich kam erst gegen 18 Uhr nach Hause, holte ich meine beiden Kinder bei unserer Tagesmutter ab und wollte dann das Abendessen vorbereiten.

Die Entscheidung, was ich an dem Abend kochen wollte, wurde mir in dem Moment aus der Hand genommen, als Achim und Harm zur Tür hereinkamen. Harm mit seiner kleinen Statur verschwand fast hinter den Bergen von Grünkohl. Es schien, als habe er das ganze Feld abgegrast.

„Hier Gila, wie versprochen! Mit einem ganz lieben Gruß von meinen Eltern!"

Stolz legte er den kompletten Berg auf unseren Küchentisch und strahlte mich an.

Achim meinte: „Super, dann gibt's heute Abend frischen Grünkohl!"

Ich besaß damals noch nicht die Kraft und die Persönlichkeit, ganz klar Nein zu sagen, wenn ich etwas nicht wollte. Ich hätte höflich und nett sagen können: „Nicht heute Abend, weil mich die Vorbereitung zu viel Zeit kostet, sondern lieber zum Wochenende, wenn ich nicht arbeiten muss."

Und so grummelte ich vor mich hin und begann unwirsch, die gewaltigen Mengen Kohl zu putzen und zu hacken, während die Männer zu unseren Nachbarn gingen, um sich ein Fußballspiel anzusehen.

Fast eine ganze Stunde brauchte ich, um den Grünkohl zu

hacken – von Minute zu Minute dagegen sank meine Stimmung! Eine weitere halbe Stunde brauchte ich, um ihn zu schmoren, wobei er stets mehr und mehr in sich zusammenfiel.

Als ich ihn dann abgeschmeckt hatte, musste ich zugeben, er schmeckte wirklich hervorragend. Und Hunger hatte ich auch! Ich freute mich genauso sehr auf das Essen wie die beiden Männer.

Es duftete verführerisch. Immer wieder ging ich zum Topf und nahm eine kleine Portion – echt lecker! Als es mich erneut zum Topf zog und ich mir wiederum etwas auf den Teller geschaufelt hatte, bemerkte ich zu meinem Schreck, dass sich der Inhalt bedenklich verringert hatte. Ich war fast satt – der Kohl fast alle – und der Topf fast leer!

Die Männer hatten sicherlich einen Bärenhunger und freuten sich auf die frische Mahlzeit! Siedend heiß wurde mir plötzlich bewusst, dass diese Menge kaum für alle reichen würde. Was nun? Jetzt war guter Rat teuer!

In meiner Not fielen mir noch die letzten Packungen aus der Tiefkühltruhe ein. Das war die Rettung!

So schnell wie möglich taute ich diese auf. Und während des Auftauens verputzte ich genüsslich auch noch den Rest des frischen Kohls. Er war wirklich gut – keine Frage!

Gerade hatte ich das Tiefkühlgemüse wieder zubereitet, hörte ich Achim und Harm auch schon kommen.

„Mann, das riecht aber gut“, meinte Harm und schnupperte Richtung Küche. Mein schlechtes Gewissen meldete sich, als ich Harm, Achim und den Kindern eine volle Portion Grünkohl auf die Teller packte. Ich selber hielt mich höflich zurück – ich war ja satt!

Und dann kam es von Harm: „Gila, du kannst ja sagen, was du willst, aber ich habe den Unterschied sofort bemerkt ...“

Mein Herz saß schon fast in der Kniekehle, als er dann fortfuhr: „… dass *das* frischer Grünkohl vom Lande ist!“

Was hatte ich zu Beginn geschrieben? Das Gesetz des Lebens ist das Gesetz des Glaubens.

Lieber Harm, solltest du jemals dieses Buch lesen, bitte ich dich heute noch um Verzeihung.

KAPITEL 14

Harmonie heißt nicht Konfliktlosigkeit,
sondern in Harmonie
mit Konflikten umzugehen.

(Gila van Delden)

Wie der Name schon sagt, geht es in meinem Kurs ‚Harmonie und Innerer Frieden' um das Gesetz der Harmonie.

„Gila, kannst du dieses Gesetz mal etwas näher erklären?", kam die Frage in der Gruppe auf.

„Es gibt so einen schönen Spruch, den mein Sohn André mir als Jugendlicher mal gesagt hat und den ich nie vergessen werde. Er passt zu diesem Thema: Für die ganze Welt bist du irgendjemand, aber für irgendjemand bist du die ganze Welt.

Wir können das Große im Kleinen und im Kleinen das Große erkennen. Und so erleben wir auch unsere Außenwelt, die immer dem entspricht, was wir selbst innerlich sind: Die Außenwelt ist also stets ein Spiegel. Sind wir in Harmonie mit uns selbst, sind wir gleichermaßen in Harmonie mit der Außenwelt. Wenn wir uns verändern, wird sich alles um uns herum verändern."

„Man hört ab und zu die Begriffe ‚Mikro- und Makrokosmos'. Hat das damit etwas zu tun?", kam die Frage auf.

„Genau. Unter diesem Begriff verstehen wir das universelle Entsprechungsschema von Klein und Groß, was einander bedingt. Dabei bleibt der Blick auf die Vollkommenheit des Universums gerichtet. Ich möchte euch gern den folgenden Spruch ans Herz legen:

Gott schläft im Stein,
träumt in der Pflanze,
rührt sich im Tier
und erwacht im Menschen."

Schön zu sehen, wie alle diese Worte mitschrieben.

Ich fuhr fort: „Der Fluss allen Lebens heißt Harmonie. Alles strebt zur Harmonie, zum Ausgleich. Das Stärkere bestimmt das Schwächere und gleicht es sich an."

„Manchmal ist es aber schwer zu erkennen, dass das Leben aus einem harmonischen Miteinander besteht. Was ist denn, wenn jemand nicht loslassen kann?", warf Ulrike, eine neue Teilnehmerin ein.

„Durch Festhalten entsteht ein Stau, der auf Dauer zu einer Krankheit führen kann. Die Natur unterstützt immer das, was das Leben fördert. Was immer den Energiefluss blockiert, wird geschwächt und muss gehen, weil es das Leben selbst behindert und in Frage stellt. Leben ist gegenseitiger Austausch, immerwährende Bewegung."

„Gila, du sprichst darüber, dass Überfluss in unserem Dasein herrscht, wenn wir das geben, was wir selbst noch suchen. Ist es wirklich so, dass wir Glück und Erfolg haben, wenn wir Harmonie und Liebe ausstrahlen? Was ist denn zum Beispiel mit den Menschen, die voller Liebe sind, aber finanziell kaum ihr Auskommen haben?"

„Danke, Ulrike, dass du diese Frage stellst. Fülle erhält man nur, wenn man sich ihr gegenüber öffnen kann. Wir können uns jedoch nur öffnen, indem wir alle bewussten und unbewussten Gedanken an Mangel und Begrenzung in uns auflösen und uns davon trennen. Wer sich nicht vorstellen kann, in Fülle zu leben, dem bleibt sie versagt."

„Das heißt, man muss zuerst ins Vertrauen gehen, dass für

alle reichlich gesorgt ist? Was aber ist mit den Menschen in manchen Ländern unseres Erdballs, die verhungern, die nicht mal das Nötigste haben."

„Ein ganz wichtiges Thema! Es ist kein Zufall, wo auf diesem Planeten ein Mensch auf die Welt kommt. Auch die Menschen aus der leider sogenannten dritten Welt haben sich vor ihrer Inkarnation auf der geistigen Ebene ausgesucht, womit sie sich später als Mensch auseinandersetzen müssen. Es ist ihre seelische Entscheidung – sie sind also gut vorbereitet."

Ich schloss mit dem Satz: „Es gehört sehr viel Mut dazu, sich ganz bewusst und mit Absicht dort zu inkarnieren, wo sie als Mensch auch beim besten Willen kein leichtes Leben erwarten dürfen."

Ulla, eine meiner Teilnehmerinnen, bat mich in diesem Kurs um ein persönliches Gespräch. Sie sprach ihre starken rheumatischen Beschwerden an und fragte, was sie tun könne, um Heilung zu erfahren.

„Gibt es in deiner Familie irgendwelche Probleme?", fragte ich sie direkt.

Sie stutzte und schwieg einen Moment. „Nein, eigentlich nicht."

„Eigentlich nicht?"

„Na ja, schon mit meinem Bruder. Doch das hat sich erledigt, weil ich seit Jahren nicht mehr mit ihm spreche. Er hat mich um mein Erbteil betrogen."

„Wieso das?"

„Meine Mutter hatte ein Testament gemacht, das meines Erachtens nicht in Ordnung war. Ich wollte es jedoch nach ihrem Tod nicht anfechten, sondern mich auf gütliche Art mit meinem Bruder einigen. Das hat er rigoros abgelehnt."

„Du hast also keinen Kontakt mehr zu deinem Bruder?"

„Nein, weil er mich hintergangen hat, indem er mein Erbteil, was mir zusteht, nicht herausrückt. Aber was hat das mit dem Rheuma zu tun?"

„Eine Menge, Ulla. Du musst deinem Bruder verzeihen – nur du kannst es. Er weiß offensichtlich nichts von den Gesetzen der Harmonie. Du weißt doch, in dem Maße, wie wir anderen vergeben, wird auch uns vergeben."

„Diese Geschichte kann ich ihm aber nicht verzeihen."

„Gut, dann musst du auch bereit sein, deine steifen Gelenke und die Schmerzen zu akzeptieren."

Sie schaute mich groß an. „Meinst du wirklich, dass das eine etwas mit dem anderen zu tun hat?"

„Ja, sicher!"

Dieses Gespräch mit Ulla berührte mich auch persönlich sehr stark, weil es mich wieder an meine eigene Familie und eine ähnliche Situation erinnerte.

Obwohl ich über diese private Geschichte noch nie in einem Seminar gesprochen habe, wollte ich sie ihr ausnahmsweise anvertrauen, um dadurch einen Impuls zur Versöhnung zu geben.

Meine Großeltern hatten im Osten von Bielefeld ein Haus gebaut. Ihre beiden Töchter – meine Mutter und meine Tante – waren beide in dem Haus groß geworden. Beide Schwestern mit ihren Familien wohnten dort zusammen mit ihren Eltern, unseren Großeltern. So verbrachte ich meine Kindheit und Jugend in einer richtigen Großfamilie.

Ich war bereits zu Hause ausgezogen und hatte inzwischen eine eigene Familie, als zuerst mein Opa und dann einige Jahre später meine Oma ins Licht gingen.

Meine Tante erbte das Haus. Meine Mutter sollte einen festgelegten Betrag ausgezahlt bekommen, der viele Jahre zuvor notariell dokumentiert war, jedoch weit weniger als den ihr zustehenden Pflichtteil vom Zeitwert ausmachte.

Meine Mutter wollte gegen das Testament angehen, aber meine Tante einigte sich mit ihr gütlich und zahlte von sich aus einen gewissen Betrag als Ausgleich. Damit war erst mal wieder Friede eingekehrt.

Doch es dauerte nicht lange, da war der Geldbetrag, den meine Mutter erhalten hatte, aufgebraucht. Und erneut entstand Unfriede, der darin gipfelte, dass Rechtsanwälte eingeschaltet wurden. Weil Harmonie zwischen den beiden Schwestern jetzt offensichtlich nicht mehr möglich war, verließen meine Eltern das Haus, in dem beide Schwestern mit ihren Familien seit Jahrzehnten gelebt hatten. Und dann ging der Streit erst richtig los!

Dabei stand ich genau zwischen den Fronten. Ich liebte meine Mutter, aber auch meine Tante. So versuchte ich, zwischen ihnen zu vermitteln, aber zu einer Einigung kam es nicht mehr. Meine Tante nahm sich die ganze Sache derart zu Herzen, dass sie mit 48 Jahren am Herzen operiert werden musste und noch in der Genesungszeit im Krankenhaus unsere Welt verließ und ins Licht ging.

Meine Mutter, die mich immer wieder heimlich gefragt hatte, wie es ihrer Schwester nach der Herzoperation ging, brach bei dieser Nachricht zusammen. Sie hatte die Möglichkeit, ein versöhnliches Wort mit ihrer Schwester zu reden, nicht mehr wahrgenommen.

Nur zwei Monate später zeigte sich bei meiner Mutter eine Geschwulst an der Augenbraue, die als bösartig diagnostiziert wurde.

Genau fünf Monate nach ihrer Schwester ging meine Mutter mit nur 54 Jahren ins Licht.

Erst dort hatten die beiden dann die Möglichkeit, wieder in

Liebe miteinander zu kommunizieren, was ihnen hier auf Erden nicht mehr möglich war.

Keine 15 Minuten hatte das Gespräch gedauert, da verließ eine sehr nachdenkliche Ulla den Raum.

Ich traf sie sechs Monate später bei einem weiteren Kurs wieder. Sie kam sofort auf mich zu und strahlte mich an. „Du erinnerst dich sicher noch an unser Gespräch. Weißt du, was passiert ist? Dein persönliches Erlebnis hat mich derart aufgerüttelt, dass ich daraufhin doch wahrhaftig Frieden mit meinem Bruder gemacht habe. Aufgewühlt bin ich zu ihm hingefahren – unangemeldet und mit Herzklopfen – und habe ihm gesagt, dass alles gut ist, wie unsere verstorbene Mutter es in ihrem Testament bestimmt hat. Ich würde einfach gern wieder Kontakt zu ihm und seiner Familie haben. Er hat mich dann ganz gerührt in seine Arme genommen, was er bisher nur ganz selten getan hat."

„Und? Was ist danach passiert?", fragte ich lächelnd, als ich sah, wie fröhlich und gelöst sie auf mich wirkte.

„Ich kann mir die Zusammenhänge nicht ganz erklären, Gila, aber es kommt mir so vor, als ob sich das Rheuma genau ab dem Moment gebessert hat. Auf jeden Fall haben die Beschwerden deutlich nachgelassen."

Ich freute mich wirklich mit ihr. Auch hier war wieder die entsprechende Wirkung eingetreten, die einer Ursache folgt. Ihr von Kummer und Ärger blockierter Lebensstrom konnte einfach wieder fließen, und damit war die Voraussetzung für Harmonie gegeben – Harmonie sowohl in ihrem Umfeld als auch in ihren Gelenken.

*

Als meine Mutter ins Licht ging, war ich 27 Jahre alt gewesen. Von jeher hatte ich eine starke Verbindung zu ihr gehabt. In dem Moment, als sie diese Welt verließ, konnte ich nur mit der Einstellung Trost finden, dass sie ab jetzt der Schutzengel für unsere Familie wäre. Und das war wirklich in der Zeit danach ein sehr tröstlicher Gedanke.

Zwei Monate nach diesem einschneidenden Ereignis wollte ich abends für den nächsten Tag noch Kartoffeln im Schnellkochtopf zubereiten. Gerade hatte ich den Topf aufgesetzt, da schellte das Telefon. Achim nahm ab.

„Wer ist dran?“, rief ich ihm aus der Küche zu. Es waren unsere Freunde, die nur ein paar Häuser weiter wohnten. Sie fragten, ob wir Lust hätten, mit ihnen zusammen noch ein Glas Wein zu trinken.

„Ja los, machen wir!“, entschied ich. „Sag ihnen, wir kommen gleich!“

Die Kinder lagen bereits im Bett. Ich gab André Bescheid, dass wir kurz mal für ein Stündchen zu unseren Freunden gingen. Er hatte die Telefonnummer. So konnte er anrufen, wenn irgendetwas sein sollte.

Gesagt – getan!

Nach ungefähr einer Stunde erfasste mich jedoch ein unerklärlicher Drang, nach Hause zu gehen, obwohl es so eine gesellige Runde war.

„Komm, lass uns gehen“, bat ich Achim unruhig und stand auf. Er schaute mich überrascht an, sagte aber nichts. Doch ich merkte, er wäre gern noch geblieben. Wir verabschiedeten uns von unseren Freunden und marschierten nach Hause.

Wie erwartet war alles dunkel. Ich schloss die Haustür auf – und wich entsetzt zurück! Dicker blauer Qualm schlug mir entgegen!

„Achim! Die Kinder!“

Gehetzt sprang ich die Treppe hoch. Vor lauter Rauch sah ich nichts mehr. Ich riss die Tür zum Kinderzimmer auf und bemerkte erleichtert, dass nur wenig Rauch in ihr Zimmer gedrungen war. Gottseidank war die Tür geschlossen gewesen! Keine Gefahr! Beide Kinder schliefen fest in ihren Betten. Wie sie so ruhig atmend dalagen, konnte ich nur noch stammeln: „Vater im Himmel – danke! Danke, danke, danke!“

Sofort öffnete ich die Fenster, um frische Luft hereinzulassen, und ließ die Kinder weiterschlafen.

Geistesgegenwärtig hatte Achim in der Zwischenzeit alle anderen Fenster aufgerissen. Dann erst konnten wir uns um die Ursache des Qualms kümmern. Es war mein Schnellkochtopf! Über den Anruf unserer Freunde hatte ich vergessen, den Herd abzustellen. Da der Topf gerade aufgesetzt worden war, konnte uns kein Zischen warnen.

Es hatte sich eine derartige Hitze entwickelt, dass der Boden des Edelstahltopfes total durchgebogen war und der Topf auf der glühenden Herdplatte wie ein Ei herumtanzte. Selbst die Elektroplatte war hin! Dazu hatten die enormen Temperaturen sogar noch die Seite des danebenstehenden Einbaukühlschranks dunkelbraun verfärbt.

Ich war fix und fertig mit den Nerven und schluchzte nur noch: „Was haben wir für Glück gehabt, dass kein offenes Feuer ausgebrochen ist. Durch meine Unachtsamkeit wäre beinahe eine Katastrophe passiert.“ Und trotzdem war ich gleichzeitig unendlich dankbar.

„Ja, Gila“, entgegnete Achim bewegt und sicher genauso dankbar, „wir haben wirklich enormes Glück gehabt.“

Lange konnte ich nicht einschlafen, weil mir die ganze Geschichte immer wieder durch den Kopf ging.

Warum war ich bloß so unachtsam gewesen und hatte meine Kinder in allerhöchste Gefahr gebracht? Das war doch sonst gar nicht meine Art? Wo lag der Sinn? Was sollte ich aus dieser Situation lernen?

Nachdem meine Mutter ins Licht gegangen war, hatte ich stumme Zwiesprache mit ihr gehalten und sie darum gebeten, unser Schutzengel zu sein. Wollte sie mir nun durch ihre Hilfe zeigen, dass sie weiter für uns da ist, nur eben auf einer anderen Daseinsebene? Dieser Gedanke ist sehr tröstlich für mich.

Nun mag jedoch die Frage aufkommen: Was ist denn mit all den anderen Menschen, die nicht mit heiler Haut davongekommen sind? Wo war denn *ihr* Schutzengel – haben sie keinen gehabt?

Hier kann Karma eine Rolle spielen – das Gesetz von Ursache und Wirkung für die Abfolge sämtlicher Inkarnationen. Mir erscheint logisch, dass sich unsere Seele vor der Geburt die wichtigen Konstellationen für ein Leben aussucht, weil sie diese Erfahrungen braucht, um daran weiter wachsen und reifen zu können.

Dagegen liegt es in unserer Entscheidung, wie wir mit diesen Erlebnissen umgehen, ob wir ständig darüber klagen oder sie als förderlich akzeptieren. Da wir unsere Lebensumstände im Außen mitbestimmen können, sind wir unserer seelischen Vorbestimmung nicht hilflos ausgeliefert.

So kann es sein, dass sich eine Seele bewusst vorher dafür entschieden hat, durch einen Unfall unsere irdische Welt zu verlassen. Für uns Menschen tut sich dann allerdings die bereits vorher gestellte Frage auf, ob unser Schutzengel in dem Moment nicht an unserer Seite war.

Wenn es der Wunsch der Seele ist, ihren Weg ins Licht zu gehen, hat dieser Wunsch Vorrang. Schutzengel haben den

Auftrag, sich in dem Moment zurückzuziehen, wenn sich die Seele entscheidet zu gehen. Wie wunderschön ist doch das Bild, dass es unsere Engel sind, die unsere Seele ins Licht tragen, während unser Körper hier auf der Erde verbleibt – wie eine Hand, die sich aus dem Handschuh löst!

An diesem Punkt mag eine weitere Frage auftauchen: Hätte ich eigentlich genauso gedacht, wenn meinen Kindern damals etwas zugestoßen wäre?

Nein, mit Sicherheit nicht! Mit 27 Jahren hatte ich noch keinen blassen Schimmer von einer solchen Sichtweise, die sich erst einige Jahre später bei mir auftat.

Erst durch mein heutiges Bewusstsein bin ich in der Lage, anderen und auch mir selbst Trost zu spenden, wenn solche Schicksalsschläge eintreten. Das heißt jedoch nicht, dass die Trauer weggedrückt werden soll. Trauer ist wichtig. Sie leitet einen wertvollen Prozess ein, der uns hilft, die größeren Zusammenhänge immer besser zu verstehen.

*

In einer zauberhaften Meditation hatte ich die Teilnehmer auf eine blühende Wiese geführt, wo sie sich eine Blume auswählen sollten, um die Verbundenheit mit all den anderen Pflanzen zu erleben. Ganz stark war das Gefühl eines jeden, mit den anderen verwurzelt und verflochten zu sein, und von den anderen Wurzeln gehalten und gestützt zu werden.

Direkt danach saß die Gruppe tiefbewegt um die Kerzenmitte, und ich bat darum, dass der eine oder andere gern mal über sein Erlebnis sprechen könne.

Karin berichtete, dass sie sich in ihrer Fantasiereise eine Mohnblume ausgesucht und was sie als diese Blume erlebt hatte.

„Oh, ich hatte auch eine Mohnblume", fuhr Ulli fort, eine junge Teilnehmerin, die bereits öfter bei mir war.

Nachdem dann noch von anderen ein paar weitere Erfahrungen geschildert worden waren, meldete sich Dorothea zu Wort.

„Also", warf sie etwas zögerlich ein, „ihr habt alle so etwas Wunderschönes erlebt. Ich traue mich gar nicht zu sagen, was ich dagegen gesehen habe. Wirklich eklig."

„Leg los!", forderte ich sie auf. „Jetzt hast du uns neugierig gemacht. Was hast du erlebt?"

„Nun ja", druckste sie herum. „Ich war auch auf der Blumenwiese. Ich wollte mir eine wunderschöne lila Blume aussuchen, ein ganz tiefes leuchtendes Lila! Alles war toll, bis plötzlich mein Exfreund auftauchte. Entschuldigt bitte, wenn ich das so frei heraus sage, aber da lag ein dicker Haufen Kacke, und ich habe mich darin gewälzt, habe mich dann aber wieder gesäubert."

Die Gruppe hielt sich die Bäuche vor Lachen. Ich musste zwar auch über Dorotheas lustige Art der Erzählung schmunzeln, doch so lächerlich fand ich das gar nicht. Diese Geschichte hatte einen ganz tiefen symbolischen Sinn.

Nachdem das Gelächter einigermaßen verebbt war, nahm ich Stellung: „Sieh mal, Dorothea, du hast ein klares Zeichen erhalten. Deine Seele hat die Beziehung zu deinem Exfreund als – verzeiht bitte das Wort – Kacke gespeichert. Für mich hat dieser Begriff zweierlei Bedeutung.

Erstens: Was ist Kacke eigentlich? Der Abfall von dem, was man für seinen Körper, also zum Leben, benötigt. Man hat losgelassen und dieses Unverdauliche wieder ausgeschieden. Es ist eklig, und stinkt, wie du sagtest, als ein deutliches Zeichen, es nicht wieder zu uns zu nehmen. Ein Prozess, den wir als Kinder bereits lernen! Übersetzt für dein Leben heißt das, aus dieser Erfahrung hast du gelernt, das loszulassen, was du in deinem Leben nicht mehr benötigst.

Zweitens: Fäkalien sind Dünger für die Erde. Durch die Metamorphose bilden sie neue Nährstoffe, die für die Erde ganz wichtig sind. Und im übertragenen Sinn für dein Leben und Erleben bedeutet das, dass Erfahrungen deinen Boden düngen, damit darauf neue Eindrücke und Erlebnisse wachsen können."

Die Teilnehmer waren nach meinen Worten sehr nachdenklich geworden. Dorothea stellte eine letzte Frage: „Und dann kam ja die lila Blume, was hat sie zu bedeuten?"

„Lila ist die Farbe der Reinigung – der Spiritualität. Sie soll das seelische Gleichgewicht und die Entschlusskraft fördern. Lila steht für Innenschau und spirituelle Vertiefung. Sie öffnet das Bewusstsein für nicht-materielle Erfahrungen und fördert den Schwingungsaustausch zwischen beiden Gehirnhälften."

Und abschließend sagte ich: „Der Farbe Lila werden sogar schmerzstillende Eigenschaften zugesprochen. Sie wird beispielsweise bei Migräne eingesetzt und fördert den gesunden Schlaf. Sie ist die Heilfarbe des Geistes und stärkt die Hirnaktivität."

*

Anfang der 90-er Jahre, einige Jahre vor der Zeit meiner eigenen Seminartätigkeit, machte ich unfreiwillig die Bekanntschaft einer Sekte.

Auf einem Kurs, den ich als Teilnehmerin besuchte, lernte ich Margret kennen. Sie schwärmte mir von einer Frau aus Hamburg vor. Ihre Kurse seien wohl etwas ganz Besonderes, in zwei Monaten fände wieder einer statt.

Neugierig geworden ließ ich mir Unterlagen von ihr kommen. Sie hieß Heide und war eine promovierte Psychologin. Ihr Titel und ihre Position schufen Vertrauen. Das Thema dieses 5-tägigen Seminars lautete: Der Schlüssel für innere Gelassenheit, geistige Kraft, Kommunikationsfähigkeit und hohe Führungskompetenz.

Das, was ich von ihr las, und vor allem ihr Bild sprachen mich an. Hervorragend! Ich buchte diese Woche in Travemünde und war gespannt auf das, was mich dort erwartete. Obwohl die Gebühr damals bereits das Sechsfache betrug, was heute meine Seminare kosten, wollte ich mich zumindest einmal auf solch eine Erfahrung einlassen.

Wie freute ich mich, als mir Margret im Tagungsraum des Hotels in Travemünde entgegenkam.

„Schön, dass du auch da bist, Margret!", strahlte ich sie an und schloss sie in meine Arme.

„Na ja", druckste sie ein wenig herum, „ich bin nicht unbedingt als Teilnehmerin hier."

„Sondern?"

„Ich bin Heides Assistentin."

Das verstand ich nicht. „Aber wir haben uns doch auf einem anderen Kurs kennen gelernt!"

„Ja, das ist zwar richtig, aber daran habe ich nur teilgenommen – na ja, du weißt schon."

Ich schaute sie fragend an. „Nein, ich weiß nicht, was du meinst, Margret."

Und dann rückte sie damit heraus: „Nun, ich werbe Teilnehmer für Heide."

Diese Information gab mir einen leichten Schlag in die Magengrube. Das hatte ich nicht erwartet, aber es ließ mich etwas vorsichtiger werden.

Als ich Heide dann zum ersten Mal sah, hatte ich Schwierigkeiten, ihre Erscheinung mit dem Bild auf ihrem Briefkopf, auf dem sie sehr zart und jugendlich wirkte, in Verbindung zu bringen. Sie war sehr füllig geworden. In den ersten Tagen musste ich mich regelrecht an ihr neues Erscheinungsbild gewöhnen, nachdem ich Wochen zuvor ihr Bild auf ihrem Anschreiben verinnerlicht hatte. Und doch mochte ich sie und war von ihrer liebevollen Ausstrahlung beeindruckt.

Wir waren 12 Teilnehmer, größtenteils Unternehmer mit eigenen Firmen. Auch Horst und Sigrid nahmen teil – ein Ehepaar, das vom gemeinsamen Arbeitgeber geschickt worden war.

Ich muss zugeben, es war ein harmonisches Seminar, und diese Zeit in Travemünde tat mir gut. Dana und Rico, damals 10 und 6 Jahre alt, waren gut versorgt, und ich kam in dieser Woche ein wenig zur Ruhe.

Nur ab und zu war ich ein wenig irritiert, wenn Heide plötzlich mitten im Satz ihre Hand wie eine Antenne ausfuhr und sich offensichtlich, für uns jedoch nicht fassbar, mit der Wesenheit Baba unterhielt.

„Wer ist Baba?“, fragte ich sie einmal nach so einer Übertragung.

„Baba ist Gott.“

„Du sprichst also mit Gott?“, fragte ich etwas naiv.

„Ja.“

Zu der Zeit hatte ich noch sehr viel Respekt vor solchen Übertragungen. Heute weiß ich, dass wir alle die Verbindung zur geistigen Welt schaffen können und diese uns Botschaften gibt, wenn wir sie in Liebe darum bitten.

Ich fragte Carsten, einen Unternehmer aus Hamburg, nach seinen Erfahrungen mit Heide. Er machte zum wiederholten Mal einen derartigen Kurs bei ihr.

„Ich kenne Heide schon lange. Sie hat ganz klar seherische

Fähigkeiten und hat mir familiär in einer Situation sehr geholfen. Das werde ich ihr nie vergessen. Und darum buche ich einmal pro Jahr so ein Seminar mit meinen Leuten bei ihr."

Nach dieser Woche verabredete ich mich mit Horst und Sigrid aus unserer Gruppe zu einem 2-tägigen Nachtreffen, das 8 Monate später im September in der Lüneburger Heide stattfinden sollte. So konnten zumindest wir Drei uns auf ein Wiedersehen freuen.

Gleich von zu Hause aus rief ich meinen Freund Günter Ilse an. Günter war mein Lebenslehrer gewesen. Oft hatte ich seine Wochenendkurse besucht, und aus dieser Begegnung war eine tiefe und feste Freundschaft zu ihm und seiner Frau Röschen entstanden. Ich berichtete ihm von meinen guten Erfahrungen, auch von Heides höchst interessanten Übertragungen.

„Mensch Gila", antworte Günter interessiert, „so einen Kurs würde ich mit Röschen auch gern mal besuchen."

„Ab einer Anzahl von 12 Teilnehmern würde Heide auch zu uns in die Nähe kommen. Dann können wir uns sogar selbst die Räumlichkeiten aussuchen."

„Na, die Anzahl bekommen wir doch wohl zusammen, oder?", meinte Günter zuversichtlich.

Ab dem Moment rührten Günter und ich die Werbetrommel, und schnell hatten wir genug Interessenten gefunden. So wurde für November ein weiteres 5-tägiges Seminar mit Heide angesetzt.

Mein erstes Buch *„... nicht heulen, Husky!"* war im September erschienen, und ich hatte Heide ein Exemplar zugesandt. Sie las es und bat mich, genügend Bücher für das bevorstehende Wochenende mitzubringen. Wie sehr freute ich mich über dieses Angebot! Und so fuhr ich zu dem vereinbarten Termin in die Lüneburger Heide – voller Vorfreude, auch Horst und Sigrid wiederzusehen.

Mit Erstaunen erblickte ich die vielen Nobelkarossen, die vor dem Tagungshaus geparkt waren. Beim Einchecken hörte ich, dass das ganze Hotel an diesem Wochenende nur für Heides Gruppe reserviert war.

Erwartungsvoll betrat ich den Tagungsraum und traf auf Gäste, die offensichtlich aus allen Kursen zu diesem Wochenende zusammengekommen waren – eine gemischte Gruppe, die sich größtenteils aus Unternehmern zusammensetzte.

Heide begrüßte mich im Tagungsraum: „Meine geliebte Gila, Gratulation zu deinem Buch! Ich habe es inzwischen gelesen und mich über deine offene natürliche Art der Erzählung gefreut."

„Oh, das tut mir jetzt gut", sagte ich dankbar.

„Viele werden es lesen als Medizin für ihr Herz mit Babas Segen. Ich freue mich sehr auf dich und nehme dich mit Babas Liebe voll in meine Arme."

Und das tat sie dann auch. Obwohl sie kleiner war als ich, versank ich quasi in ihrer Fülle und ihren wallenden Gewändern.

Das Treffen begann. Erwartungsvoll hatten sich alle im Tagungsraum versammelt und auf ihre Decken gesetzt. Auch Horst und Sigrid traf ich dort an. Wir freuten uns sehr über unser Wiedersehen.

Dann rauschte Heide in den Raum, stieg auf eine Art Bühne und nahm auf einem Stuhl Platz. Weit über 100 Menschen waren gekommen, die ihr hingebungsvoll zu Füßen saßen und diese Frau im wahrsten Sinne des Wortes anhimmelten! Und sie schien diese Ergebenheit schlichtweg zu genießen. Sie schien mir plötzlich ein ganz anderer Mensch zu sein als der, den ich im Januar in Travemünde kennen gelernt hatte.

Bis auf ihre Konversation mit Baba hatte sie sich dort recht sachlich verhalten. Aber jetzt hier auf der Bühne? Ein ganz eigenartiges Gefühl beschlich mich. Ich möchte hier keine Einzelheiten aufzählen, die mir bei Heides Umgang mit anderen Menschen sehr suspekt erschienen, sondern nur weiter erzählen, was am nächsten Tag geschah.

Durch ihre Empfehlung hatte ich tagsüber viele meiner Bücher verkaufen können, und dafür war ich ihr trotz meines warnenden Gefühls wirklich dankbar.

Nach dem Abendessen hatten sich alle wieder in dem großen Saal um Heide versammelt. Sie kam dann auf das Thema, ein Haus in Österreich kaufen zu wollen, wofür ihr jedoch noch das Geld fehlte. Dieses Projekt sollten nun die Anwesenden finanzieren. Sie forderte jeden auf, er möge doch bitte eine Summe auf einen Zettel schreiben und diesen in die vorbereitete Baba-Box werfen.

„Was soll das denn?“, flüsterte Horst Sigrid zu. Die beiden saßen direkt neben mir. Sie waren in einem etwas älteren Wohnmobil angereist, das etwas verloren zwischen all den vielen Luxusschlitten stand.

„Ich weiß auch nicht, was das soll“, mischte ich mich flüsternd in ihren Dialog ein.

„So etwas darf sie nicht machen“, meinte Horst. „Wir sind ganz neu hier – du ja auch, Gila. Im Januar auf unserem Kurs war sie noch ganz anders.“

„Ich verstehe das auch nicht“, schaltete sich Sigrid ein. „Ich bin mal gespannt, was jetzt passiert.“

Jetzt wurden die Zettel von Heides Helfern ausgeteilt. Und

jeder wurde aufgefordert, eine möglichst hohe Summe aufzuschreiben, die er nach dem Treffen auf ein bestimmtes Konto einzahlen sollte.

Mir wurde ganz anders. Wo war ich da hineingeraten?

Und doch wollte ich einen Ausgleich schaffen für die Möglichkeit des Buchverkaufs – etwas zurückgeben für all die Bücher, die ich an diesem Tag verkauft hatte. Ich wäre aber auch stark genug gewesen, keinen Zettel auszufüllen, wenn es sich für mich nicht richtig angefühlt hätte.

So schrieb ich genau den Betrag auf, den ich eingenommen hatte. In den nächsten Tagen wollte ich ihr die Summe in Form eines Verrechnungsschecks von zu Hause aus zukommen lassen, weil ich einen Beleg für diese Ausgabe brauchte.

Heide öffnete dann die Baba-Box, wie sie sie nannte, und las voller Enthusiasmus die Zahlen auf den Zetteln laut vor. Wenn sie diese Beträge alle erhielte, hätte sie in der Tat eine Traumvilla davon bauen können.

Spätabends saßen wir alle noch etwas länger beieinander, wobei ich mich wunderte, dass Heides Vorschlag von fast allen Anwesenden mit einer ziemlichen Euphorie aufgenommen worden war. Nur Horst und Sigrid hatten sich zurückgehalten.

Als ich mich später auf mein Zimmer zurückzog, lag ich noch lange wach. Vor lauter Grübeln konnte ich nicht einschlafen. Was ging hier eigentlich vor? Irgendetwas schien hier total verkehrt zu laufen.

Wenn ich an all die Menschen dachte, von denen sie so verehrt wurde …! Mit vielen war ich inzwischen ins Gespräch gekommen: Ärzte, Rechtsanwälte, Unternehmer, Industrielle! Das waren doch intelligente Menschen, die ihren Verstand nicht an der Garderobe abgeben! Wie kam es, dass sie sich auf solche Machenschaften einließen?

In diesem Moment spürte ich doch wahrhaftig etwas Unsicherheit in mir aufkommen und fragte mich: War ich eigentlich mit meiner Ablehnung auf der richtigen Seite? Konnten Heides Gedanken und ihr Handeln nicht doch richtig sein, wenn diese Spitzenkräfte ihre Aktionen allesamt für gut erachteten?

Die Antwort konnte ich nur bei mir selbst finden: Mich hatte Carstens Aussage zu Anfang des ersten Kurses stark beeindruckt, dass sie seherische Fähigkeiten besaß. Bei dem Nachtreffen fiel mir auf, dass sie diese offensichtlich hier gezielt einsetzte, um Macht durch diese Gabe auszuüben. Ihre Inspiration holte sie sich von Baba, mit dem sie in intensivem geistigen Kontakt stand.

Langsam beschlich mich das Gefühl, dass sie zusehends selbst an dessen Stelle rückte …

Ich erinnere mich noch gut daran, mit welchen Gedanken des Zweifels ich damals nach Hause fuhr. Plötzlich konnte ich auch in etwa nachvollziehen, warum sich mancher in solche Machenschaften diverser Organisationen verstrickt. Bis zu dem Zeitpunkt hatte ich stets behauptet, dass mir so etwas nicht passieren könnte.

Mit dem Wissen von heute stelle ich die Frage: Was war es denn, das diese Menschen so anzog? Ich glaube, einerseits war es Heides geschäftliche und doch liebevolle Art, die sie beim ersten Treffen auch uns gegenüber an den Tag legte, andererseits die Qualität ihrer seherischen Fähigkeiten, die die Menschen um sie herum beeindruckten. Zu erfahren, was die Zukunft bringt, in Kenntnis dessen jetzt schon richtig handeln zu können, keine Fehler mehr machen zu müssen, da ja die Zukunft klar vor Augen liegt!

Diese Mischung aus Liebe und Neugier schien es wohl zu sein, die auch mich dorthin geführt hatte. Und das waren sicherlich auch die Gründe für ihre Anhänger, die sich größtenteils in verantwortlichen Führungspositionen befanden und sich wahrscheinlich von ihr ein wenig Glückseligkeit erhofften.

Gleich am nächsten Tag übersandte ich Heide per Post den versprochenen Verrechnungsscheck über den Gesamterlös der fast 40 Hardcover-Bücher für ihre Baba-Box, wie sie sie nannte.

Abends, noch bevor der Scheck bei ihr eingetroffen war, erhielt ich eine Mahnung per Fax mit den klaren Worten:

> *Liebe Gila, Du weißt, dass Du den Zettel mit dem Geld für die verkauften Bücher in die Baba-Box getan hast, denn Deine Box ist Babas Box.*
> *In Liebe*
> *Deine Heide-Mami*

‚Heide-Mami'! Das war zu viel von Heide-Mami! Wenn ich etwas verspreche, dann halte ich es auch. Niemand braucht mich daran zu erinnern! Umgehend rief ich sie an:

„Heide, was soll das? Der Scheck ist schon längst unterwegs! Warum dann dieses Fax?"

„Liebe Gila, kaum jemand der anderen hat bisher den auf dem Zettel zugesagten Betrag eingezahlt. Ich will das Haus so schnell wie möglich kaufen und brauche dringend das Geld! Es waren einfach meine Gedanken, dir dieses Fax zu schicken."

Ich musste mich sehr zurückhalten und erwiderte in aller Klarheit: „Deine Gedanken sind aber nicht meine Gedanken, Heide."

Was hatten wir mit ihrem Haus zu tun? Wenn sie sich ein Haus kaufen wollte, dann bitteschön sollte sie es auch bezahlen oder finanzieren! Mein Beitrag als Ausgleich für den angebotenen Bücherverkauf war mehr als genug, denn ich hatte nicht nur den Verdienst, sondern sogar den kompletten Umsatz zur Verfügung gestellt. Außerdem waren durch das Nachtreffen am vergangenen Wochenende auch wieder einige Kosten entstanden.

Sie war erst dann wieder besänftigt, als ich ihr versicherte, dass ich den Scheck in voller Höhe bereits am Morgen an sie abgesandt hatte.

Dieses Wochenende saß mir wirklich in den Knochen! Ich musste erst einmal alles verdauen, was da geschehen war! Dazu kam, dass ja 2 Monate später der von Günter und mir organisierte Kurs mit Heide stattfinden sollte! Mir wurde ganz anders. Was sollten wir denn nun machen? Ich musste jetzt dringend handeln.

Also rief ich Günter an und erzählte ihm die Geschichte, die ich in den vergangenen Tagen mit Heide erlebt hatte.

„O je“, meinte Günter, der grundsätzlich an allem noch etwas Gutes fand, „das ist natürlich ein starkes Stück. Aber Gila, wir haben doch alle unsere Schwächen. Und du weißt das ja auch, es gibt das Resonanzgesetz. Wenn sie so ein Angebot macht, kann sich der andere doch entscheiden, es anzunehmen oder abzulehnen.“

„Angebot ist gut“, grummelte ich, „das war definitiv eine Aufforderung.“

„Selbst wenn, Gila. Wir haben uns jetzt angemeldet und wir ziehen das durch. Wir werden diese Situation bei den anderen vorher ganz offen ansprechen und lassen sie entscheiden, was sie tun wollen. Mädchen, mach dir bloß keine Gedanken, durch deinen Hinweis kann ja gar nichts mehr passieren!“

Auch die anderen waren dankbar für meine Vorabinformation, wollten aber dann doch an dem Treffen festhalten, um Heide einmal in Aktion zu erleben.

‚Persönlich‘ von Baba erhielt ich zwei Tage nach dem Telefonat mit Heide einen Brief, in dem sich Baba selbst für das schöne Wochenende mit uns bedankte. Da er körperlos sei, wollte er gern, dass alle Beträge nicht auf Heides, sondern auf Margrets Konto – Kontonummer wurde angegeben – eingezahlt werden. Sie hätte das volle Vertrauen von Baba und der ‚Mami‘.

So wie wir es mit ihm allein und persönlich vereinbart hätten, sollten wir auf dieses Konto einzahlen, das für alle Projekte gedacht sei – auch für ‚Mamis‘ Haus auf Teneriffa.

Seit etwa 10 Jahren lebte Heide damals bereits auf Teneriffa. Diese Sonnen- und Ferieninsel machte es einem einfach, sich vom gesellschaftlichen Treiben zu distanzieren und an eigenen Vorstellungen zu basteln. Sie bot therapeutische Kurse an und war dort von einem inneren Anhängerkreis umgeben. Ich hatte das Gefühl, dass sie zusehends selbst zu deren göttlicher Autorität wurde.

Oh Baba!

Vater unser – *geheiligt* werde Dein Name – und nicht zu solchen Zwecken missbraucht!

Kurz vor Beginn des Seminars erhielt ich von Heide ein Schreiben, in dem sie mir unter anderem mitteilte:

„Immer wenn ich mit sehr viel Liebe an Dich denke, kommt eine schwere und feindliche Energie, die Dich mir entreißen will, als ob ein innig geliebtes, lange verlorenes und jetzt wiedergefundenes Kind mir wieder entrissen werden soll.
Auch mein Fax wurde von Dir nicht beantwortet, was sehr ungewöhnlich für unsere Beziehung ist."

Wir erkannten dann bei dem Kurs, dass es nicht nur für mich, sondern für jeden von uns wichtig gewesen war, vorher über die andere Seite ihrer Persönlichkeit informiert zu sein. Unsere subtilen Vorbehalte, die sie sehr wohl spürte und auch ansprach, haben ihr den Umgang mit uns allen während dieser Zeit nicht leicht gemacht.

Doch ich muss ihr lassen, sie hat das Seminar in Liebe geleitet, ohne einen Versuch zu machen, den einen oder anderen im Nachhinein auf irgendeine Weise an sich zu binden. Danach ließ sie uns ganz los.

Ein Aufschrei ging einige Jahre später durch alle Medien! Die Meldungen überschlugen sich! Heide wurde wegen des Verdachts der Anstiftung zum Selbstmord ihrer Anhänger in Teneriffa festgenommen. Mit dem strahlenden Energiepunkt ihres inneren Auges hatte die Hamburgerin für den 8. Januar vermeintlich das Ertrinken der Weltbevölkerung durch einen Sprung der Erdachse und ein Schmelzen der Pole vorausgesehen.

Heide und ihre Anhänger wollten ihre Reise durch das All vom Vulkan Teide auf Teneriffa aus starten. Die Flucht vor dem Ende der Welt durch die rettende Aufnahme einer Raumschiffbesatzung konnte allerdings nicht stattfinden. Vielmehr wurde Heide, weiteren 31 deutschen Staatsbürgern sowie einer Spanierin das Weiterleben hier auf Erden ermöglicht. Statt der Außerirdischen erschien nämlich die spanische Polizei und verhinderte so den geplanten Massenselbstmord der Weltuntergangssekte.

Oh Mann!

Wenn sich jemand in so einer Gemeinschaft wohlfühlt, steht es mir nicht zu, etwas dagegen zu sagen, und dann soll er dort bleiben. Wahrschcinlich braucht er diese Erfahrung in dem Moment für sein Leben.

Es steht mir auch nicht zu, die Urteilsfähigkeit der Menschen, die Heide in ihren Bann zog, anzuzweifeln oder zu kritisieren. Jeder muss es mit sich selbst abmachen, ob er einem anderen gestattet, wichtige Entscheidungen für ihn zu treffen – sich mit anderen Menschen am Teide zu versammeln, um von einem Raumschiff abgeholt zu werden.

Wie immer kommt es auch hier auf den eigenen Standpunkt an. Es mag erschreckend sein, in welche Extremsituation ein Mensch geraten kann, wenn er nicht auf seine eigene Intuition hört, sondern kritiklos Anordnungen anderer befolgt, die sogar sein Leben gefährden können. Aber vielleicht brauchen wir Menschen manchmal eine derartig heftige Erfahrung, um aufzuwachen und unser Schicksal wieder selbst in die Hand zu nehmen. Oft müssen wir erst das Gegenteil erleben, um zu erkennen, dass das Leben eigenverantwortlich gelebt werden will.

Und diese Eigenverantwortung nehme ich auch für mich in Anspruch, um zu entscheiden, von welchen Menschen ich lernen möchte. Dabei bin ich sehr dankbar für meine innere Stimme, die mir zeigt, wenn irgendetwas für mein Leben nicht stimmig ist – so wie der damalige Kontakt zu Heide.

Zwei Jahre später begann ich dann mit meiner eigenen Seminartätigkeit. Ich habe erkannt, dass die Liebe das Wichtigste überhaupt im Leben ist. Auch bei Heide habe ich diese Liebe gespürt, die aber offensichtlich in die manipulative Richtung geflossen ist. Die Geschichte mit ihr hat mir dabei sehr geholfen, niemanden zu manipulieren, und vor allem, kein Dogma zu haben. Ich versuche, jedem den Impuls zu geben, sein Leben eigenverantwortlich zu führen sowie die Opferhaltung zu verlassen.

Ich hoffe, es gelingt mir immer mehr.

KAPITEL 15

Was ist der Mensch ohne die Tiere?
Wären alle Tiere fort,
so stürbe der Mensch
an großer Einsamkeit des Geistes.
Was immer den Tieren geschieht,
geschieht auch bald den Menschen.
Alle Dinge sind miteinander verbunden.

(Häuptling Seattle)

Mein Freund und Lebenslehrer Günter Ilse schenkte mir vor langer Zeit die Rede des Häuptlings Seattle aus dem Jahr 1855. Er war Häuptling der Duwamish, die als Fischer an der amerikanischen Westküste lebten. Nach ihm wurde die Stadt Seattle benannt.

In dieser Rede geht er auf das Angebot des amerikanischen Präsidenten ein, das Land seines Stammes zu kaufen. Daraus möchte ich hier gern einige Passagen anführen:

Der große Häuptling in Washington sendet Nachricht, dass er unser Land zu kaufen wünscht.

Wie kann man den Himmel kaufen oder verkaufen – oder die Wärme dieser Erde? Diese Vorstellung ist uns fremd. Wenn wir die Frische der Luft und das Glitzern des Wassers nicht besitzen – wie könnt ihr sie von uns kaufen?

Wir sind ein Teil der Erde, und sie ist ein Teil von uns. Die duftenden Blumen sind unsere Schwestern, die Rehe, das Pferd, der große Adler, sind unsere Brüder. Die felsigen Höhen, die saftigen Wiesen, die Körperwärme des Ponys und des Menschen – sie alle gehören zur gleichen Familie.

Glänzendes Wasser, das sich in Bächen und Flüssen bewegt, ist nicht nur Wasser –, sondern das Blut unserer Vorfahren. Wenn wir euch das Land verkaufen, müsst ihr wissen, dass es heilig ist, und eure Kinder lehren, dass es heilig ist und dass jede flüchtige Spiegelung im klaren Wasser der Seen von Ereignissen und Überlieferungen aus dem Leben meines Volkes erzählt. Das Murmeln des Wassers ist die Stimme meiner Vorväter.

Die Flüsse sind unsere Brüder. Sie stillen unseren Durst. Die Flüsse tragen unsere Kanus und nähren unsere Kinder. Wenn wir unser Land verkaufen, so müsst ihr euch daran erinnern und eure Kinder lehren: Die Flüsse sind unsere Brüder – und eure, und ihr müsst von nun an den Flüssen eure Güte geben, so wie jedem anderen Bruder auch.

Die Luft ist kostbar für den roten Mann, denn alle Dinge teilen denselben Atem – das Tier, der Baum, der Mensch. Sie alle teilen denselben Atem.

Das Ansinnen, unser Land zu kaufen, werden wir bedenken, und wenn wir uns entschließen anzunehmen, so nur unter einer Bedingung. Der weiße Mann muss die Tiere behandeln wie seine Brüder.

Die Erde ist unsere Mutter. Was die Erde befällt, befällt auch die Söhne der Erde. Der Mensch schuf nicht das Gewebe des Lebens, er ist darin nur eine Faser. Was immer ihr dem Gewebe antut, das tut ihr euch selber an.

Wie kann man den Himmel oder die Wärme der Erde

kaufen – oder die Schnelligkeit der Antilope? Wie können wir euch diese Dinge verkaufen – und wie könnt ihr sie kaufen? Wenn wir nicht die Frische der Luft und das Glitzern des Wassers besitzen – wie könnt ihr sie von uns kaufen? Könnt ihr die Büffel zurückkaufen, wenn der letzte getötet ist?

Vielleicht sind wir doch – Brüder! Wir werden sehen.

Wenn wir euch unser Land verkaufen, liebt es, so wie wir es liebten, kümmert euch, so wie wir uns kümmerten, behaltet die Erinnerungen an das Land, so wie es ist, wenn ihr es nehmt. Und mit all eurer Stärke, eurem Geist, eurem Herzen erhaltet es für eure Kinder und liebt es, so wie Gott uns alle liebt. Denn eines wissen wir, unser Gott ist derselbe Gott. Diese Erde ist ihm heilig. Selbst der weiße Mann kann der gemeinsamen Bestimmung nicht entgehen.

Vielleicht sind wir doch – Brüder! Wir werden sehen.

Der weiße Mann wird nie allein sein. Veranlasst ihn, gerecht zu sein und mein Volk freundlich zu behandeln, denn die Toten sind nicht machtlos.

Tot – sagte ich? Es gibt keinen Tod. Nur einen Wechsel der Welten!

Diese Worte haben sich tief in mein Herz gegraben. Ich liebe Tiere, vielleicht auch dadurch, dass ich von klein auf mit verschiedenen Haustieren, aber auch Hühnern und Kaninchen aufgewachsen bin – und das mitten in Bielefeld!

Das erinnert mich wieder an eine Episode, wo ich spüren durfte, wie sehr wir alle – Mensch, Tier, Natur und die geistige Welt miteinander verbunden sind.

Vor einiger Zeit war mir ein Bericht in einem Monatsmagazin ins Auge gefallen, der in etwa lautete: Wenn es ein Medikament gäbe, das nahezu alle Krankheiten besiegte, würde die Pharmaindustrie für das Patent höchstwahrscheinlich Milliarden auf den Tisch legen.

Mir wurde ganz anders zumute, als ich las, wie viele Beschwerden danach aufgeführt wurden. Darunter stand: „Wir möchten Ihnen dieses ‚Medikament' jedoch kostenlos anbieten – marschieren Sie täglich einige Kilometer!"

Genau! Diese Worte trafen mich mitten ins Herz. Viel zu oft saß ich tagsüber in meinem Büro und bewegte mich deshalb viel zu wenig! Und wie immer sehr spontan dauerte es keine Stunde, bis ich mich auf den Weg machte. Mit unserer Hündin Aisha war ich vor Jahren stets nur eine kleine Runde von 3 km gemächlich spazieren gegangen. Aber jetzt sollte es richtig losgehen.

Hochmotiviert sagte ich zu Irmi: „Ich bin gleich wieder da, ich laufe mal eine Runde." Und weg war ich! Ganz bewusst marschierte ich nicht die vertraute Strecke, sondern entschied mich für einen Weg, bei dem ich nur ungefähr wusste, wo er mich hinführte. Allerdings war ich mir über die Länge der Strecke nicht im Klaren. Aber ich hatte ja Zeit.

Ich musste wohl nach circa 3 Kilometern eine Abzweigung verpasst haben, jedenfalls wunderte ich mich, dass mir die Gegend plötzlich total fremd vorkam.

„Irgendetwas stimmt hier nicht", grummelte ich vor mich hin, marschierte aber tapfer weiter. Erst als ich die Hauptstraße des Nachbardorfs erreichte, wusste ich wieder, wo ich war – weit weg von zu Hause!

‚Ach du lieber Himmel', dachte ich schon ein wenig pflastermüde, ‚jetzt auch noch den ganzen Weg zurück …! Was mögen Irmi und Yildiz wohl denken?' Yildiz war ebenfalls meine Mitarbeiterfreundin, die mir damals bereits seit mehr als 10 Jahren im Haushalt half.

Mit dem Handy kurz anrufen? Nein, das befindet sich bei mir grundsätzlich im Auto, wenn ich nicht gerade auf den Seminaren erreichbar sein muss. Somit konnte ich den beiden auch nicht Bescheid geben.

Ich spürte etwas Unmut in mir hochkommen. Um nicht noch weiter vom Weg abzukommen, marschierte ich nun längs der Landstraße, bei der ich wusste, dass sie mich nach Hause führte. Einfach weitergehen war meine Devise, auch wenn der Rückweg noch ungefähr 6 km betrug. Gleich beim ersten Mal ein Fußweg von 12 km! Deutlich spürte ich bereits meine Füße.

Warum ich jedoch genau diesen Weg zu genau dieser Zeit gehen musste, wurde mir dann kurz vor Ende meines Gewaltmarsches bewusst.

Ziemlich kaputt trottete ich den letzten Kilometer vor mich hin, als ich von weitem hinter einem Getreidefeld eine Ricke mit ihrem Kitz wahrnahm. Das Kitz sprang leichtfüßig hinter seiner Mutter her, die schnell in Richtung Straße sprintete. Und hinter mir hörte ich ein Auto heranpreschen …

Blitzschnell erkannte ich – die beiden würden genau zu der Zeit die Straße überqueren, wenn auch das Auto die Stelle erreichte. Der Fahrerin des Autos war jedoch die Sicht durch das Getreidefeld auf Ricke und Kitz verwehrt. Sie konnte die beiden erst wahrnehmen, wenn es bereits zu spät war.

O je, was tun! Das Auto war nur noch eine kurze Strecke von mir entfernt. Jetzt! Intuitiv sprang ich nach vorn auf die Straße, fuchtelte mit beiden Händen wild hin und her und veranlasste damit die Fahrerin zu einer Vollbremsung.

Total erschrocken sah sie mich an. Gerade wollte sie das

Autofenster herunterlassen, als sie plötzlich die Ricke und ihr Kitz kurz vor dem stehenden Auto auf die Straße springen sah.

Überglücklich konnte ich nur noch stammeln: „Das war der Grund!"

„Danke!", erwiderte sie, „danke, danke!"

Und ich merkte, wie nicht nur mir, sondern auch ihr dabei die Tränen in die Augen traten.

Langsam setzte die Fahrerin ihr Auto wieder in Bewegung, und dankbar winkend verschwand sie dann aus meinem Blickfeld.

Während ich mich weiter Schritt für Schritt meinem Zuhause näherte, ließ ich vor Erleichterung meinen Tränen freien Lauf. Ich erinnere mich noch heute daran, welch große Dankbarkeit ich in mir spürte, dass die Ricke und ihr Kitz mit dem Leben davongekommen waren, und dachte: ‚So fühlt sich Glück an!'

Aus einiger Entfernung erblickte ich dann endlich mein Zuhause, wo Irmi und auch Yildiz bereits vor der Haustür standen und mir sorgenvoll entgegenblickten. Ihre Unruhe legte sich erst, als sie sahen, dass ich wohlbehalten wieder eingetroffen war.

„Gila, wir waren kurz davor, die Polizei zu benachrichtigen", platzte Irmi raus, während ihr die Aufregung noch ins Gesicht geschrieben stand. „Du warst jetzt fast 2 Stunden unterwegs, sonst bist du nach einer halben Stunde wieder da!"

„Ja, ich weiß", gab ich verlegen zu, „ich habe einfach mal eine neue Strecke ausprobiert und bin dann unerwartet im Nachbardorf gelandet!"

„Hast du dich verirrt?"

„Eigentlich schon, und doch war es offensichtlich kein Irrweg."

Und dann berichtete ich den beiden von meiner unbeabsichtigten Mission und wie es mir dadurch gelungen war, ein Tierdrama zu verhindern.

Auch sie waren ergriffen von der Geschichte, dass sowohl die Ricke als auch ihr Kitz so behütet worden waren – und natürlich, dass auch ihre Chefin wieder heil zu Hause angekommen war.

Seitdem marschiere ich nun fast jeden Tag annähernd 6 km und freue mich, dass alle in dem Artikel des Magazins angeführten Beschwerden bei mir nicht eintreten werden. Nein! Positiv ausgedrückt, dass ich damit viel Gutes für meine Gesundheit tue!

Tiere in Not scheinen es mir wohl angetan zu haben. Das durfte ich von Neuem erfahren, als ich mal wieder eine große Runde von 8 Kilometern drehte, bei der ich dann stets den Weg an unserem idyllischen Wasserschloss Holtfeld vorbei nehme. Es wurde vermutlich zu Beginn des 14. Jahrhunderts im Stil der Renaissance errichtet. Zum Ende des 20. Jahrhunderts baute man dann die Nebengebäude zu Eigentumswohnungen um.

So war ich auch wieder eines Sonntagsmorgens im Winter unterwegs. Es war saukalt – seit Tagen wies das Thermometer mehr als minus 10 Grad auf. Mit kalten Fingern und Füßen marschierte ich los, doch nach kurzer Zeit der Bewegung wurde es mir angenehm warm.

Der Schlossteich war sicher erst seit ein paar Tagen zugefroren. Alles Leben schien sich unter einer dicken Eisdecke verkrochen zu haben. Doch ich trottete in der Eiseskälte, munter und warm, eingepackt am zugefrorenen Teich entlang. Es war so kalt, dass ich meinen Atem sehen konnte.

Gerade hatte ich den Schlossteich zur Hälfte umrundet, da

sah ich in einiger Entfernung mitten im zugefrorenen Wasser eine Stockente im Eis, offensichtlich festgefroren. Was jetzt? Trotz ihrer lebensgefährlichen Lage bewegte sie sich kaum, wie es mir schien. Wahrscheinlich war sie schon völlig ausgekühlt. Eile war jetzt angesagt. Ich musste ihr dringend helfen. Aber wie?

Vorsichtig kletterte ich zum Ufer hinunter. Obwohl der Teich eine geschlossene Eisdecke aufwies und schon einige Tage Minusgrade herrschten, traute ich mich nicht, auf das Eis zu gehen. Was wäre, wenn ich einbräche? Ich wusste nicht, wie tief der Schlossteich war. Und weit und breit kein Mensch in der Nähe!

An den Farben des Gefieders konnte ich erkennen, dass es ein Erpel war. Verzweifelt suchte ich nach einem etwas längeren Stock, um damit vielleicht das Eis etwas aufzuschlagen, um ihn so zu befreien. Keine Chance!

Da bemerkte ich plötzlich in ziemlicher Entfernung ein Pärchen auf dem Weg, der an der anderen Seite des Teichs vorbeiführt. Vielleicht konnten wir ja mit vereinten Kräften eine Lösung finden. Ich winkte den beiden zu und deutete auf das im Eis festsitzende Tier.

Der Erpel musste noch leben, er hielt den Kopf hoch, also gab es noch Hoffnung! Er tat mir so leid! Im Sommer wäre ich hingeschwommen, aber dann hätte er ja auch nicht im Eis festgesessen.

Ich rief ihnen zu: „Hier sitzt eine Ente fest. Sie lebt noch, kann sich aber nicht bewegen. Haben Sie eine Ahnung, wie wir ihr helfen können?“

Die beiden winkten zurück. Aus der Entfernung schallte ihr Ruf zu mir herüber: „Wir können Sie nicht verstehen! Warten Sie! Wir kommen!“

Na, Gottseidank!

Es dauerte eine Weile, bis die beiden jungen Leute endlich bei mir waren.

„Was gibt's denn?", fragte der junge Mann interessiert.

„Die Ente dort ist im Teich eingefroren. Wir müssen sie unbedingt retten. Sie kommt von selbst nicht mehr frei!"

Verblüfft schaute er auf den Teich und deutete mit dem Finger auf das eingefrorene Tier: „Sie meinen die Ente dort?"

„Ja!"

„Die schwimmt hier schon rum, seit ich denken kann. Die muss nicht gerettet werden. Das ist eine Plastikente."

Mir fiel die Kinnlade herunter. „Wirklich?"

„Ja", grinste er. „Wir wohnen nämlich hier, darum wissen wir das."

Als ich dann froh und erleichtert weitermarschierte, schämte ich mich keinesfalls für meine Naivität, denn ich hatte für mich klar entschieden: „Der Wille zu helfen ist mehr wert als die Frage, ob es überhaupt etwas zu helfen gibt."

*

Es war noch in der Zeit, als Dana bei uns im Verlag angestellt war. Eines Nachmittags rief sie mich völlig aufgelöst an: „Mom, ich habe einen Unfall gehabt."

Gleich nach dem ersten Schrecken erfüllte mich Dankbarkeit, dass trotz des Schadens an unserem Geschäftsfahrzeug alles glimpflich verlaufen war. Glücklicherweise war weder ihr noch der anderen Fahrerin etwas passiert. In einem Moment der Unaufmerksamkeit war sie auf ein voraus fahrendes Auto, das links abbiegen wollte, aufgefahren.

So ein Unfall durch ihre Unkonzentriertheit war Dana nicht

zum ersten Mal passiert. Unser Twingo, den sie für tägliche Postfahrten sowie auch privat nutzte, war total beschädigt und konnte nur noch verschrottet werden, eine Vollkaskoversicherung bestand nicht mehr. Ich nahm mir vor: Schluss jetzt mit dem Thema eigenes Auto!

Doch es war nicht einfach für sie ohne Fahrzeug. Wir wohnen 2 km von der nächsten Bushaltestelle entfernt. Und trotzdem sollte sie mal merken, wie es ist, auch mal für längere Zeit ohne fahrbaren Untersatz auskommen zu müssen.

Ich wunderte mich, dass Dana zu keiner Zeit irgendwie reklamierte, kein Auto mehr zu haben. Sie ließ sich von Freunden abholen und wieder nach Hause bringen. In besonderen Situationen bat sie mal um meinen Wagen, aber nicht ein einziges Mal sprach sie mich darauf an, wieder selbst ein Fahrzeug haben zu wollen.

Das habe ich ihr hoch angerechnet, weil es ganz klar durchblicken ließ, wie leid es ihr tat, bereits mehrmals für derartige Aufregungen und Kosten gesorgt zu haben.

Was tun? Sollte ich mich auf die negativen Erfahrungswerte der Vergangenheit berufen und kein Auto mehr anschaffen? Meine beiden Mitarbeiterinnen konnten ja ebenfalls die Geschäftspost mitnehmen. Oder mich so verhalten, wie ich es auch meinen Teilnehmern stets empfehle: Einfach vertrauen, dass sich das Leben vorwärts bewegt und sich nicht aufhält beim Gestern?

Ich wartete ab. Dann war ich irgendwann selbst die Einschränkung leid, durch das Fehlen eines weiteren Geschäftsfahrzeugs in manchen Situationen recht unflexibel zu sein.

Ohne Dana ein Wort davon zu sagen, suchte ich im Internet nach einem neuen Twingo und holte mir Angebote für das gewünschte Modell ein. Äußerst günstig wurde bei einem Händler ein Topangebot mit Tageszulassung präsentiert. Das heißt, der Wagen hatte nur 10 km gefahren, war also noch nagelneu.

„Schau mal hier, Götz." Ich wies auf das Auto, das einige Tausend Euro unter dem normalen Listenpreis lag. „Lass uns nach Münster fahren und uns das Schätzchen mal ansehen."

Gesagt – getan!

Kurzum, der Wagen mit seiner gesamten Extraausstattung gefiel uns beiden ausnehmend gut. Der Preis war nicht zu toppen, vor allem bei all den vielen Extras. Zusätzlich bestellte ich ein Radio mit Bluetooth-Ausstattung. Als i-Tüpfelchen orderte ich noch ein paar flotte weiße Rallye-Streifen für das in warmem Kupfermetallic gehaltene Auto. Voller Vorfreude unterschrieb ich den Kaufvertrag. Zufrieden fuhr ich mit Götz nach Hause und überwies am gleichen Tag noch den vereinbarten Betrag. Zwei Tage später konnte dieser wunderschöne neue Twingo abgeholt werden.

„Übrigens, wir haben gestern ein Auto gekauft", sagte ich so ganz nebenbei am nächsten Morgen zu Dana im Büro.

Höchst interessiert kam ihre Rückfrage: „Und? Was für eins?"

„Auch ein Twingo, aber ein uraltes Schätzchen mit einigen weißen Lackschäden quer über das Auto verteilt – hat wirklich wenig gekostet, aber er fährt und hat sogar noch 2 Jahre TÜV. Du kannst ihn morgen Nachmittag abholen. Dann hast du wieder ein eigenes Fahrzeug. Wir würden es selbst gern tun, aber wir sind morgen ja schon unterwegs nach Leutkirch. Es muss in Münster abgeholt werden."

„In Münster? Das sind ja fast 60 km! Konntet ihr denn hier in der Umgebung keinen bekommen?"

„Ich habe im Internet absolut nichts Vergleichbares gefunden, was so preiswert war."

„Ah ja", meinte Dana, „danke! Was hat er für eine Farbe?"

„Orange."
„Orange? Ach du lieber Himmel! So wie die Baustellenfahrzeuge?"
„Ja, so ähnlich", flunkerte ich und hatte Mühe, ernst zu bleiben. „Hauptsache, du hast erstmal wieder ein Auto."
„Danke, Mom, das ist lieb von dir."
Begeisterung hört sich anders an! Doch immerhin quetschte sie sich diese zurückhaltende Höflichkeit ab.
Nur Yildiz gegenüber hatte Dana offen moniert, dass ihre Mom ein uraltes Fahrzeug in Baustellenorange für sie gekauft habe. Mit dem würde sie aber nur im äußersten Notfall oder nachts bei Mondfinsternis fahren. Halbherzig hatte sie ihre Freundin Kate gebeten, sie nach der Arbeit nach Münster zu fahren, um den Wagen abzuholen.
Sofort nach unserer Unterhaltung rief ich den Händler an.
„Ich habe eine persönliche Bitte an Sie. Sie sind doch ein guter Verkäufer, nicht?"
„Worauf wollen Sie hinaus?", fragte er vorsichtig.
„Nun, nachdem ich Sie gestern kennen gelernt habe, traue ich Ihnen auch zu, ein Pokerface zu machen."
„Wozu das?"
Und dann erzählte ich ihm, dass ich meiner Tochter weisgemacht hatte, einen uralten Twingo bei ihm für ein paar Euro in schreiendem Orange mit ein paar weißen Lackschäden auf dem Dach gekauft zu haben. Er hätte sogar noch 2 Jahre TÜV. Sie würde ihn morgen abholen.
„Das gibt's ja gar nicht", wieherte er los. „Das ist ja noch nie vorgekommen bei uns! Und was soll meine Aufgabe dabei sein?"
„Der Höflichkeit halber hat meine Tochter eben ein dankbares Gesicht gemacht. Wenn sie also morgen kommt, vielleicht

führen Sie sie nicht sofort zu dem neuen Twingo, sondern können noch vorher eine kleine Show abziehen – so nach dem Motto: Ja, wo ist er denn?"

„Herrlich!", feixte er. „Abgemacht! Das mache ich gern!"

„Schade, dass wir nicht dabei sein können, um ihr Gesicht zu sehen", lachte ich, „aber wir sind an dem Tag unterwegs."

Während der ganzen Fahrt nach Leutkirch hatten Götz und ich unseren Spaß und genossen jeden Moment der Vorfreude. Ich hatte Dana gebeten, mich gleich nach der Abholung des Fahrzeugs anzurufen.

Am späten Nachmittag waren wir dann fertig mit dem Einrichten des Tagungsraums in Leutkirch. „So, geschafft!", meinte ich und schaute mich zufrieden um. Erst am anderen Tag gegen Mittag würden die Teilnehmer nach und nach eintrudeln.

„Das Wetter ist so schön. Lass uns einen Spaziergang in die Stadt machen", schlug ich vor, und wir marschierten los. Wir suchten uns einen Platz draußen vor einer kleinen Eisdiele. Von Minute zu Minute stieg die Spannung. Immer wieder schaute ich auf die Uhr.

Und dann klingelte es! Sofort griff ich zum Handy – Dana!

„Mom, wir müssen schon ganz in der Nähe sein, aber wir können den Händler nicht finden. Kannst du uns noch einmal die genaue Adresse nennen?"

Zu früh gefreut!

Nachdem ich ihr die Wegbeschreibung noch einmal durchgegeben hatte, bat ich sie, uns anschließend anzurufen.

„Ja, mache ich dann! Tschüss!"

Die Spannung wuchs – ungefähr 40 Minuten später wurden wir endlich erlöst.

„Mom! Bist du verrückt! Ich glaub es nicht – ich glaub es nicht! Nein, das kann einfach nicht sein. Ich fasse es nicht!"

Man kann sich vorstellen, dass das Ganze noch eine Weile so weiterging, weil ihr die Überraschung noch in den Knochen saß, bis sie dann endlich berichten konnte, was dort abgelaufen war.

„Wir kamen zu dem Händler, der natürlich Bescheid wusste. ‚Ah ja', sagt der auch noch, ‚ihr wollt sicher das alte Auto abholen!' Das musst du dir mal vorstellen! Das sagt der auch noch so scheinheilig, der Schweinebär!"

Ich hatte mein Handy auf Mithören gestellt, und bemerkte, wie auch Götz laut loslachte.

Aufgewühlt erzählte Dana weiter: „Und dann geht der Typ doch wahrhaftig mit uns zu den alten Autos, die irgendwo draußen herumstanden! Plötzlich kommt er an einem grünen alten Schätzchen vorbei und meint, das müsste er doch sein! Ich jubelte und betete insgeheim: Bitte, lass es *den* sein und keinen in dem schrillen Orange – bitte!"

Es war herrlich! Ich genoss jede Sekunde dieses Telefonats.

„Und weiter?" fragte ich ganz harmlos.

„Er zückt die Fernbedienung – keine Reaktion. Da meint er, das sei er wohl doch nicht. Mein Herz sackt wieder in die Hose. Das Spielchen hat er noch zwei Mal mit mir gemacht, und sagt dann ganz unschuldig, er verstünde das auch nicht, das Auto wäre wohl woanders abgestellt. Vielleicht ja schon bei den neueren Modellen, weil es heute noch abgeholt werden sollte."

Unser Grinsen war filmreif, als Götz und ich Danas Geschichte am Telefon weiterverfolgten.

„Da geht der Typ doch ganz hinten zu dem wundervollen, nagelneuen, kupferfarbenen Twingo mit weißen Rallye-Streifen, zückt die Fernbedienung – und das Auto blinkt voller Liebe zurück! Das musst du dir mal vorstellen! Ich glaube es immer noch nicht! Da tut der Verkäufer auch noch ganz überrascht und meint kurzerhand, dann wäre es wohl *der* Twingo! Mom, ich fasse es nicht!"

Dana konnte jetzt keinen Ton mehr herausbringen und weinte nur noch vor Freude und Dankbarkeit. Ab dem Moment hat sie ihren Twingo heiß und innig geliebt und ist bis heute während ihrer vielen Fahrten von Friedrichshafen zu uns nach Westfalen in diesem Auto immer mit dem Schutz ihrer Engel unterwegs.

Dass ich ihr gegenüber bei der Beschreibung des Autos vielleicht nicht so ganz bei der Wahrheit geblieben bin, gleicht sicher die Überraschung und die immense Freude, die jeder der Beteiligten empfunden hat, wieder aus.

Warum erzähle ich diese Geschichte? Weil das Vertrauen zu meiner Tochter etwas ganz Wunderbares bewirkt hat. Mit dem Glauben, den ich damals in Dana setzte, begann eine neue Zeit für unsere Beziehung als Mutter und Tochter. Ich hatte bei meiner Entscheidung nicht mehr den Fokus auf die Dinge gerichtet, die *nicht* in Ordnung waren, sondern traute und vertraute ihrer wachsenden Reife, unter anderem, was das neue Auto anging. Es war, als hätte damit ihre Selbstfindungsphase, wie ich es anderen gegenüber stets erklärt hatte, ein Ende gefunden.

Nach ihrer Ausbildung als Bürokauffrau bei uns im Verlag hat sie später noch eine zweite Ausbildung als Versicherungsfachfrau bei einer großen Versicherung in Friedrichshafen angehängt. Dort hatte sie zuvor ihren Mann Jorgen kennen gelernt.

Gerade Dana hat eine erstaunliche Entwicklung hinter sich gebracht. Indem sie sich von mir abnabelte, sowohl beruflich als auch durch die Wahl ihres Wohnortes 650 km entfernt, ist sie sehr selbständig geworden.

Es ist eine Freude, in unseren häufigen Telefonaten zu verfolgen, wie sehr sie inzwischen für ihr komplettes Leben Verantwortung übernommen hat.

*

Bei meinen täglichen Spaziermärschen komme ich an einer Wiese vorbei, auf der in der warmen Jahreszeit Schafe weiden. Es ist zu schön, all die kleinen Lämmchen mit ihren unbeholfenen Bocksprüngen zu beobachten.

Die Mutterschafe schienen mich schon zu kennen, denn irgendwann fiel mir auf, dass ein Schaf laut zu blöken begann, wenn ich an der Weide entlangmarschierte.

‚Was für ein netter Morgengruß!', dachte ich amüsiert. Ich drehte mich um – weit und breit war niemand zu sehen. So blökte ich mutig zu ihnen herüber: „Määäähhh!",

„Määäähhh – määäähhh – määäähhh!", kam von der gesamten Gruppe zurück. Herrlich! Ihr Geblöke begleitete mich, bis ich ihrem Blickfeld entschwunden war. Unwillkürlich wurde ich wieder an unser Lämmer-Seminar in Gosau erinnert. Aus unerklärlichen Gründen war die Hintergrundmusik bei einer Meditation plötzlich ausgefallen. Zur Belustigung der gesamten Gruppe hatten dort Schafe auf der angrenzenden Wiese die akustische Begleitung übernommen.

Jeden Tag war ich aufs Neue von der Reaktion der Schafe angetan – stets das gleiche Ritual!

Und dann besuchte mich ein befreundetes Ehepaar, das ich

vor Jahren kennen und schätzen gelernt hatte. Da die beiden in der Nähe etwas Geschäftliches zu erledigen hatten, waren sie von mir zum Kaffee eingeladen worden.

„Habt ihr Lust, mit mir einen längeren Spaziergang zu machen?“, fragte ich sie nach dem Kaffeetrinken. Gern stimmten sie zu. Ach, wie freute ich mich darauf, meine Dressurnummer vorzuführen!

Nach einer halben Stunde Fußmarsch erreichten wir die Weide. Meine Schäfchen lagen dieses Mal alle im Gras.

„Passt mal auf, was jetzt passiert!“, sagte ich stolz und begann mutig, lauthals zu blöken.

Stille.

Ich blökte wieder – dieses Mal deutlich lauter.

Stille.

Das konnte doch nicht wahr sein! Meine Freunde blickten mich höchst besorgt an.

„Das ist wohl der Vorführeffekt“, sagte ich verlegen und blökte der Verzweiflung nahe ein letztes Mal. Nichts!

„Sonst reagieren sie immer und blöken zurück. Ich verstehe das gar nicht! Vielleicht liegt es daran, dass sie gerade alle wiederkäuen, so nach dem Sprichwort: Mit vollem Mund spricht man nicht!“

Auch mit *der* Erklärung kam ich aus der Nummer nicht mehr raus. Im Moment dieses Reinfalls sann ich auf Rache und nahm mir vor, am nächsten Tag, wenn mich die Schafe wieder begrüßten, demonstrativ schweigend und hoch erhobenen Hauptes an ihnen vorbeizugehen.

Ich riskierte einen Blick zur Seite auf meine Freunde und sah gerade noch, wie sich beide vielsagend angrinsten. Der leise Verdacht kam bei mir auf, dass sie mich zwar sehr mochten, aber irgendwie wirklich für ver-rückt hielten …

Und dadurch hatte ich mal wieder einen liebevollen Dämpfer bekommen, dass auch bei mir nicht immer alles nach Plan lief. Natürlich hätte ich es klasse gefunden, wenn durch meine Animation auch dieses Mal die ganze Schafherde im Chor geantwortet hätte, so nach dem Motto – schaut mal, selbst *die* habe ich im Griff! Doch die Schafe in ihrer stoischen Gelassenheit haben mir in meiner Selbstdarstellung gründlich einen Strich durch die Rechnung gemacht.

Es scheint wohl Wichtigeres im Leben zu geben, als Schafe dressieren zu wollen …

KAPITEL 16

Eine Umarmung ist
ein wunderbares Geschenk,
die Größe passt immer
und niemand stört sich daran,
wenn du es zurückgibst.

(Gila van Delden)

Eine fröhliche Runde in Leutkirch! Am Abend des zweiten Tages unseres Seelenkraft-Seminars saßen wir zusammen in der Weinstube unserer Tagungsstätte Regina Pacis.

„Cheerio, Miss Sophie!“, griente Werner, hob sein Glas und stieß mit Bea an. Beide hatten schon an einigen meiner Kurse teilgenommen. Es war schön, Bea wieder so fröhlich zu sehen, nachdem kurze Zeit zuvor ihr Mann ins Licht gegangen war.

„James!“, konterte Bea lachend nach dem altbekannten Sketch ‚Dinner For One‘ und stieß ihrerseits mit Werner an. Eine bunte, herzliche Gruppe – voller Fröhlichkeit und Lebenslust!

Andreas, ein äußerst sympathischer bekannter Mentaltrainer aus Österreich, war zum ersten Mal bei mir. Seine Freundin Irene hatte ihn mir vorgestellt – ein ganz angenehmer, tiefgründiger junger Mann. Auffallend waren nicht nur seine blitzend blauen Augen, sondern auch seine dunklen Locken, die ihm in schönem Kontrast zu seiner weißen Kleidung bis auf die Schultern fielen.

Ausgelöst durch Werners Trinkspruch kam jetzt irgendwie

das Thema Miss Sophie und James aufs Tablett, und es ging hoch her, indem nun auch auf die anderen Herren der illustren englischen Trinkrunde angestoßen wurde.

Nach einer halben Stunde verabschiedete ich mich lachend von meiner noch sehr munteren Gruppe. Am nächsten Tag kam mir dann zu Ohren, dass es wohl noch recht vergnügt mit dem Sketch weitergegangen war.

Und das brachte mich auf eine Idee!

Ohne irgendjemandem auch nur ein Wort davon zu sagen, entschied ich: Wir führen abends nach getaner Arbeit den Sketch auf – völlig unvorbereitet!

Würde ich vorher irgendein Wort darüber verlieren, wären die Teilnehmer abgelenkt oder angespannt. Mit Sicherheit würden sie sich Gedanken machen, ob sie auch bei der Vorführung später alles richtig machten. Genau das wäre kontraproduktiv gewesen! Also, Schweigen war angesagt.

Sehr gut erinnere ich mich noch in dem Zusammenhang an eine Tagung in Vorarlberg. Unsere Gruppe machte am Sonntagmorgen in der Bar des Hotels gerade Kaffeepause. Dort stieß zufällig ein Kamerateam des ORF (Österreichisches Fernsehen) auf uns, das auf der Durchreise war.

Locker kamen wir miteinander ins Gespräch. Einer der drei Herren horchte auf, als er von den Teilnehmern meinen Namen hörte, und kam spontan auf mich zu. Mit einem sympathischen Lächeln gab er mir die Hand und sagte: „Es ist schön, Sie persönlich kennen zu lernen."

Als ich ihn überrascht fragte, woher er mich kenne, berichtete er, dass er und seine Frau meine Bücher gelesen hätten. „Ich habe immer schon vorgehabt, einen Bericht über ihre Seminare zu bringen. Und jetzt treffe ich Sie hier!"

Plötzlich schien er seine Chance zu wittern. „Mir kommt da eine Idee, denn diese Gelegenheit fällt mir hier geradezu in den Schoß! Gern würde ich ein paar Aufnahmen von Ihnen in Aktion machen. Vielleicht von der Gruppe bei einem ihrer nächsten Rituale?“

„Nein“, sagte ich lächelnd, aber sehr bestimmt, „das lassen wir mal lieber. Das würde unsere ganze vertraute und so private Schwingung durcheinander bringen.“

Meine Teilnehmer und Teilnehmerinnen hatten inzwischen Wind davon bekommen, was da im Gange war.

„Also, Gila“, meinte eine von ihnen zustimmend, „mir macht das nichts aus. Ich finde das sogar gut!“

Und als die anderen hörten, dass sie völlig unerwartet ins Fernsehen kommen sollten, redeten sie auf mich ein und baten um meine Zustimmung.

„Wir verhalten uns auch ganz unauffällig“, versprach der Chef der Drei und schlug damit noch einmal in dieselbe Kerbe. „Wir leuchten nicht aus, sondern gehen das Ganze weich mit indirekter Beleuchtung an. Sie merken gar nicht, dass wir da sind, versprochen!“

„Und wo würde diese Aufnahme gesendet werden?“

„Wir haben eine Sendung ‚Wellness und Meditation‘, für die wir immer wieder Beiträge suchen. Also, Sie würden uns einen großen Gefallen damit tun.“

„Ja, Gila! Sag bitte Ja“, wurde ich inzwischen von mehreren Seiten belagert.

Als ich hörte, in welcher Sendung der Beitrag gebracht werden sollte, spürte ich, wie mein Widerstand langsam zu bröckeln begann. Und da meine Gruppe komplett damit einverstanden war, stimmte auch ich zu, allerdings noch etwas zögerlich.

Höchst verwundert war ich jedoch, dass nach meiner Zusage plötzlich eine Teilnehmerin nach der anderen verschwand – weg waren sie! Und als sie nach kurzer Zeit wieder auftauchten, wusste ich, was die Uhr geschlagen hatte: Ich hatte Mühe, zumindest meine Damen in der Gruppe wiederzuerkennen! Jogginghosen ade! Adrett gekleidet, zauberhaft geschminkt und gut drauf fanden sie sich alle vor der Kamera ein!

„Das glaubt mir keiner", prustete ich laut los. „Ja, super! Wehe, wenn sie losgelassen!"

Abschließend muss ich dem Kamerateam zugutehalten, dass es sich wirklich äußerst dezent verhalten hat und die Aufnahmen wunderschön geworden sind. Mit an Sicherheit grenzender Wahrscheinlichkeit war das die am besten zurechtgemachte Gruppe, die ich je bei mir auf einem Seminar hatte …!

Und genau das wollte ich vermeiden, als ich mir jetzt Gedanken über den Ablauf des Abends machte.

Werner sollte James spielen, den Butler, der sich durch die Tischrunde saufen musste und von Mal zu Mal mehr Schwierigkeiten bekam, dem im Weg liegenden Tigerkopf auszuweichen. Bea war natürlich Miss Sophie. Ja, und der Tiger? Das konnte nur Andreas sein mit seinen langen Locken. Was hatte ich für einen Spaß, dass keiner der Darsteller etwas von meinem Plan ahnte!

Da fiel mir glücklicherweise noch ein: Wenn Werner als James über den Tigerkopf springen sollte, brauchte Andreas unbedingt einen Kopfschutz, falls Werner …! Aber lassen wir das mal lieber!

Ein Motorradhelm musste her! Wie konnte ich an einen Helm kommen, vor allem, ohne großes Aufsehen zu erregen?

Ich ging zur Rezeption: „Marie-Theres, ich benötige mal

deinen Rat“, sagte ich zu der jungen Dame, die seit längerer Zeit schon für unsere Gruppe zuständig war. „Ich brauche einen Motorradhelm.“

„Wo willst du hin, Gila?“

Kurz weihte ich sie in meinen Plan ein, bat sie jedoch der Gruppe gegenüber um Verschwiegenheit.

„Okay“, grinste sie, „das müsste klappen. Ein Bekannter von mir hat ein Motorrad. Ich rufe ihn gleich an. Reicht es, wenn ich dir den Helm nach dem Abendessen gebe?“

Ich nickte und freute mich auf das, was da kommen sollte. Nur, da kam nichts! Sie konnte ihren Bekannten nicht erreichen – also auch kein Helm! Was jetzt?

Not macht erfinderisch, sagt man. Und das stimmt. Wenn schon kein Motorradhelm, dann wenigstens ein Blumenübertopf aus geflochtenen Wasserlilien aus der Bibliothek!

Vorsichtig hob ich die Pflanze aus dem recht großen Übertopf und schnupperte daran. Na ja, ein bisschen erdig roch er schon, aber da musste unser Tiger durch. Besser erdig als gar nicht mehr sein!

Unsere Abendeinheit am Samstag endete wie immer mit einer Gute-Nacht-Geschichte und einigen Liedern, die die Gruppe gern zusammen singt. Danach wäre üblicherweise die Ansage von mir gekommen: „Und jetzt haben wir uns einen Schlummertrunk verdient!“

Doch stattdessen sagte ich: „Also, meine Lieben, wie ich gehört habe, ist es gestern Abend bei euch in der Bar noch hoch hergegangen und Butler James hat Miss Sophie das Dinner For One serviert, allerdings nur in flüssiger Form.

Ich habe mir überlegt, dieser Sketch passt schön zu unserem Abschiedsabend. Also, Werner und Miss Sophie, ich meine natürlich Bea, kommt mal bitte her, und auch du, Andreas!“

„Ich?“, rief Andreas, „wer bin *ich* denn?“

„Was für eine Frage! Du bist der Tiger!“

Die Gruppe johlte vor Begeisterung.

„So ihr Drei – jetzt passt gut auf! Hier ist der Stuhl, Bea, nimm mal Platz! Und du, Werner, bekommst die Flasche und schenkst ein. Bea, wir helfen dir, wenn du die Namen nicht mehr alle auf die Reihe bekommst. Es reicht, wenn du Admiral von Schneider und Mr Pommeroy behältst.“

„Da waren aber noch Mr Winterbottom und Sir Toby“, reklamierte Bea souverän.

„Von mir aus auch die noch“, erwiderte ich gönnerhaft und kam kaum gegen das Gelächter der anderen an. Ich bat Andreas, sich auf ein helles großes Fell zu legen, das einem der Teilnehmer gehörte.

Es kamen weitere Regieanweisungen: „Miss Sophie, du setzt dich jetzt auf den Stuhl. Und du, James, schenkst ein und springst jedes Mal über den Tiger. Du kennst ja den Sketch.“

Und dann wandte ich mich an Andreas, der bereits brav auf der Matte lag. Alle Viere von sich gestreckt, die dunklen Locken graziös auf seine Schultern drapiert, sah er nicht wie ein Tiger, sondern eher wie der König der Löwen aus: „Damit du keine Angst haben musst, Andreas, habe ich in Ermangelung eines Motorradhelms hiermit vorgesorgt.“

Ich griff hinter mich, holte den großen Übertopf und stülpte ihn dem verdutzten Andreas über den Kopf.

„Ich sehe nichts“, klang es dumpf von innen heraus.

„Ist auch nicht nötig“, beruhigte ich ihn, „der Tiger hat bei dem echten Sketch auch nichts mehr gesehen.“

Jedes Mal, wenn James dann beherzt über den Blumentopf sprang oder zumindest so tat, als wollte er, hielten wir uns die Bäuche vor Lachen. Aber als James alias Werner zum Schluss dann noch das Blumenwasser aus einer Vase begann auszuschlürfen und dabei angeekelt rief: „Huh, I'll kill that cat!", war's auch mit meiner Fassung vorbei.

Nur am Rande bekamen wir noch mit, dass Miss Sophie ihren berühmten Spruch von sich gab: „The same procedure as every year, James", während James sie von ihrem Stuhl hochzog und ihr versicherte: „I'll do my very best!"

Vielleicht lag es an unseren fortwährenden Lachsalven, dass die Bilder von diesem Sketch leider etwas unscharf geworden sind. Trotzdem habe ich diese einmaligen Beweisfotos auf unserer Internetseite veröffentlicht.

Wieder eine Bestätigung, dass Spiritualität nicht nur einen ernsten Charakter haben muss, sondern durchaus herzerfrischenden Humor beinhalten kann!

So war auch meine erste Begegnung mit einem spirituell ausgerichteten Menschen mit einer äußerst kuriosen und humorvollen Urlaubsepisode verbunden. Es geschah zu der Zeit, als Mallorca erst für den Tourismus entdeckt wurde.

Ich war gerade 19 Jahre alt. Im Oktober hatte ich meine alte Arbeitsstelle gekündigt und wollte zu Beginn des darauffolgenden Jahres eine neue Tätigkeit beginnen. Durch meine guten Sprachkenntnisse in Englisch und Holländisch hatte ich eine gutbezahlte Position in der Exportabteilung einer großen Firma bekommen, die geschäftliche Verbindungen zu niederländischen Firmen unterhielt.

Im Dezember bekam ich noch Resturlaub, als mir ein Last-Minute-Angebot ins Auge fiel: Eine Woche Mallorca inklusiv Flug und Hotel für einen Preis, der so niedrig war, dass ich nicht lange überlegen musste. Eine Freundin wollte auch mitfliegen. Am Vorabend unserer Reise sagte sie jedoch ab, weil sie mit hohem Fieber im Bett lag. Ich musste also ohne sie los – mein allererster Flug und dann ganz allein! Heute ist das Flugzeug ja quasi ein ganz gewöhnliches Transportmittel geworden – aber damals?

Durch die Absage meiner Freundin hatte ich nun zum ersten Mal ein eigenes Hotelzimmer ganz für mich.

In weiser Voraussicht hatte ich mein Haarfärbemittel eingepackt. Mein Vater bekam nämlich jedes Mal einen Schock, wenn er mich dabei erwischte, dass ich meine langen braunen Haare dunkel färbte – nicht gerade schwarz, das traute ich mich nun doch nicht.

Auch meine Mutter fand das nicht so lustig. Weil mich meine Eltern aber äußerst selten auf frischer Tat ertappten, waren sie ziemlich machtlos. Und wenn es passiert war, war es eben passiert!

Nun freute ich mich darauf, in aller Ruhe und ohne, dass meine Eltern ein Wort dagegen sagen konnten, gleich am nächsten Tag zur Tat zu schreiten.

Das Ritual war mir sehr vertraut – Farbe mischen – mit Pinsel auftragen – eine halbe Stunde warten – und dann auswaschen.

Alles perfekt. So saß ich da mit meinen eingepinselten Haaren und wartete die halbe Stunde ab. Dann war es soweit. Ich drehte den Wasserhahn auf. Gurgel, gurgel, gurgel – kein Wasser da!

„Das gibt's doch gar nicht!", sagte ich fassungslos. „Das kann doch jetzt nicht wahr sein!"

Nach weiteren Versuchen, die jedoch auch nichts brachten, rief ich bei der Rezeption an und fragte höflich auf Englisch an, wann denn wieder mit Wasser zu rechnen sei. Zu der Zeit war Deutsch auf Mallorca noch nicht die zweite Muttersprache!

„Oh, in ein oder zwei Stunden ganz bestimmt“, tröstete man mich. „Das passiert manchmal. Aber keine Angst – das Wasser kommt wieder.“

Nein, Angst vor tagelangem Wassermangel hatte ich eigentlich nicht, eher davor, wie meine Haare hinterher aussehen würden.

Und genauso war es! Der vorsichtshalber aufgedrehte Wasserhahn gab mir dann genau zwei Stunden später zu erkennen, dass wieder Wasser verfügbar war. So konnte ich endlich die Farbe aus meinen Haaren waschen.

Doch was ich befürchtet hatte, war über mich gekommen! Ich schaute mich im Spiegel an und erschrak – pechschwarze Haare! Ich sah aus wie eine Einheimische! Mist!

Davon wollte ich mir aber die Urlaubswoche nicht vermiesen lassen. Es war sowieso nicht mehr zu ändern. Wie aber sollte ich das bloß meinen Eltern beibringen? Zu Hause gab es dann später wirklich ein Donnerwetter von ihnen, dazu kam, dass keiner von ihnen so recht an diese Geschichte glauben wollte …

Anderntags nahm ich mein Badezeug und fragte an der Rezeption nach einem schönen Platz am Meer.

„Fahren Sie nach Illetas“, erklärte mir die Hotelangestellte. „Sie können den Bus nehmen, der hält hier ganz in der Nähe. Er ist gar nicht zu verfehlen. Er fährt alle 20 Minuten.“

Ich bedankte mich und begab mich mit meiner Badetasche zu der beschriebenen Haltestelle.

Da ich nur ein paar Worte Spanisch sprach und der Busfahrer kein Deutsch, zeigte ich ihm meine spanischen Münzen, und er nahm sich den Betrag, den er brauchte.

Der Bus war voll, alle Sitzplätze besetzt. Ich stand ziemlich in der Mitte des Fahrzeugs. Meine Badeutensilien hatte ich auf den Boden gestellt, um mich mit einer Hand festzuhalten.

Neben mir stand ein älterer Herr, der schon einige Male zu mir herübergeschaut hatte. Jetzt sprach er mich auf Spanisch an.

„No comprende senior“, sagte ich höflich. Viel mehr Spanisch konnte ich nicht.

Als er es dann nochmal mit Französisch versuchte, das ich von der Schule her noch einigermaßen sprach, hörte ich, dass sein Französisch mit einem starken sächsischen Akzent unterlegt war. Er musste Sachse sein.

Ich fragte vorsichtig zurück: „Sind Sie Deutscher?“

Völlig überrascht sah er mich an und antwortete in breitem Sächsisch: „Sagen Sie bloß – Sie kommen auch aus Deutschland? Das hätte ich nie gedacht! Niemals! Sie sehen so spanisch aus. So ein dunkler Typ! Und dazu die schwarzen Haare!“

Ich wollte ihm nicht gleich auf die Nase binden, warum die so pechschwarz waren, und fragte ihn, woher er denn käme.

„Also, zuerst einmal, ich heiße Otti!“

„Mein Name ist Gila.“

„Aha“, meinte er, „ich überwintere hier und habe inzwischen einige andere Deutsche kennen gelernt. Wir sind alle Rentner und kommen aus unterschiedlichen Städten. Ich lebe in Hamburg, aber geboren bin ich in Dresden. Das hört man noch, nicht?“

„Ich habe es an ihrem Französisch gehört“, schmunzelte ich.

„Und? Wo wollen Sie hin?“

„Ich hatte vor, am Strand von Illetas den Tag zu verbringen. Da soll so eine kleine wunderschöne Badebucht sein.“

„Ach, da treffe ich mich auch mit meinen Freunden! Haben

Sie vielleicht Lust mitzukommen oder sind Sie anderweitig verabredet?“

Ich verneinte und überlegte, ob ich sein Angebot annehmen sollte. Eigentlich konnte mir nichts Besseres passieren, als gleich am zweiten Tag auf Menschen zu stoßen, mit denen ich mich unterhalten konnte. Wenn sie mir nicht lagen, konnte ich immer noch den Abflug machen.

„Ja“, entschied ich, „ich komme mit!“

„Dann sag einfach Otti zu mir!“

„Okay, Otti! Wie weit ist es noch bis Illetas?“

„Noch drei Haltestellen, dann müssen wir raus.“

Und dann merkte ich, wie Otti wohl über irgendetwas nachdachte, denn plötzlich sagte er: „Sag mal, Gila, würdest du einen kleinen Spaß mitmachen?“

„Einen Spaß? Was hast du vor?“

„Weißt du, ich war eben ganz fest davon überzeugt, dass du Spanierin bist. Könntest du dir vorstellen, dass wir den drei anderen nicht sagen, dass du aus Deutschland kommst – jedenfalls anfangs nicht?“

Ich musste laut lachen. „Wie stellst du dir das denn vor?“

„Mal gucken“, freute sich Otti, „was sie dazu sagen, dass ich eine junge Spanierin aufgetan habe. Und dann gibst du dich später als Deutsche zu erkennen!“

„Spricht denn jemand Spanisch von denen?“

„Nein, das ist es ja! Sonst hätten wir keine Chance.“

„Und wie heiße ich?“

Er überlegte nur kurz. „Ist Juanita okay?”

Juanita war okay. Ich fühlte mich wie in einem Theaterstück, und irgendwie reizte mich das Ganze auch. Ich war gespannt, was da jetzt ablaufen würde.

Bei der Haltestelle Illetas verließen wir den Bus, und ich merkte, wie sich Otti vergnügt die Hände rieb. Unübersehbar saß ihm der Schalk im Nacken.

Man konnte die kleine Badebucht von der Straße aus schon sehen – schützend von Felsen umgeben und zum Wasser hin steil abfallend. Behutsam kletterten wir die vielen, in die Felsen gehauenen Stufen hinunter, bis wir die drei anderen dann in einiger Entfernung am Strand auf ihren Decken sitzen sahen.

Erstaunt blickten sie uns entgegen, als wir uns ihnen näherten. Ich erkannte eine Frau, vielleicht Anfang 60 und zwei ältere Männer, die neben ihr saßen.

Inzwischen hatten wir die kleine Gruppe erreicht. Alle schauten Otti und mich an und warteten wohl auf eine Erklärung.

„Also, mir ist eben vielleicht etwas passiert!“, hob Otti in breitem Sächsisch an. „Ich habe diese junge Spanierin im Bus kennen gelernt. Sie wollte auch hierher, und da habe ich sie zu uns eingeladen.“

„Aha“, sagte einer der Männer etwas naiv. „Spricht sie Deutsch?“

„Nicht ein Wort“, hörte ich Otti sagen, „ich weiß nur, dass ihr Name Juanita ist.“

„Hallo, Juanita“, grüßte mich die Dame freundlich, „mein Name ist Madeleine.“

Auch die anderen beiden begrüßten mich mit meinem neuen Namen und stellten sich als Rudolf und Helmut vor.

Madeleine, die aus Frankfurt kam, wies mir freundlich einen Platz zu.

„Gracias“, sagte ich höflich und setzte mich etwas seitlich von ihnen auf mein inzwischen ausgebreitetes Badehandtuch. Höchst gespannt harrte ich der Dinge, die da kommen sollten.

„Dass die einfach so mitkommt …!“, meinte Helmut etwas zögerlich.

„Das wundert mich auch“, stellte Rudolf fest. An seinem Dialekt erkannte ich sofort, dass er Berliner sein musste.

„Na ja“, fuhr Madeleine fort, „vielleicht sucht sie ja wirklich nur etwas Gesellschaft.“

Dann sprach mich Helmut an: „Juanita, woher kommst du? Welche Stadt?“

„No comprende senior“, ratterte ich meinen Spruch runter.

„City! Juanita! City?“

„Ah, City!“ Mir fiel nur Madrid ein!

„Die spricht aber wirklich kein Wort Deutsch. Warum ist die überhaupt mitgekommen?“, meinte Rudolf zu Madeleine gewandt, während ich einen Seitenblick auf Otti riskierte. Der schien sich ins Fäustchen zu lachen.

Rudolf sprach mich auf einige Sehenswürdigkeiten in Madrid an, worauf ich stets begeistert mit „Si, si!“ reagierte.

Der Glaubwürdigkeit halber musste ich auf seine Fragen auch mal mit „No“ antworten, was mir ausgerechnet dann passierte, als er den Palacio Real nannte, den Königspalast, den nun jeder kannte – außer Juanita aus Madrid!

„Also, irgendetwas stimmt hier nicht“, erkannte Rudolf zu Recht. „Diese Juanita ist mir nicht ganz geheuer! Kommt aus Madrid und kennt den Königspalast nicht! Außerdem setzt sich so ein junges attraktives spanisches Mädchen nicht zu Fremden an den Strand, vor allem, wo wir alles alte Knacker sind!“

„Vielleicht ist das eine ganz Heiße!“, mutmaßte Helmut, „und möchte etwas verdienen!“ Recht provokativ schaute er mich an.

„Bei uns? Ach du Schreck, da hätte sie aber lange zu tun!“, grinste Rudolf vielsagend.

„Ach was!“, entgegnete Madeleine und sah mich prüfend von der Seite an, „ihr Männer spinnt ja! Den Eindruck macht sie überhaupt nicht auf mich.“

Das wollte Helmut wohl gleich ausprobieren und versuchte, seine Hand vorsichtig auf meinen Oberschenkel zu legen.

„No caballero!“, rief ich entsetzt aus, schob blitzschnell seine Hand zurück und sprang hoch. Die beiden Worte waren mir gerade noch rechtzeitig eingefallen.

„Siehst du!“, bestätigte Madeleine ungerührt, „ich hab’s dir doch gesagt!“

„Pardon!“ Helmut hob entschuldigend seine Hand, als ich mich gespielt beleidigt wieder hingesetzt hatte.

Es ging noch ziemlich lange hin und her mit den Mutmaßungen, bis Otti, der sich bisher sehr passiv verhalten hatte, mir vorsichtig ein Zeichen gab.

„Also, jetzt hört mal alle zu. Ich kann zaubern!“

„Ach, seit wann denn?“, fragte Rudolf spöttisch.

„Seit eben!“

„Da sind wir aber gespannt!“, lächelte Madeleine. „Dann leg mal los!“

Jetzt hatte Ottis Stunde geschlagen. Er erhob sich von seinem Strandlaken und kam zu mir. Demonstrativ stellte er sich vor mich hin und sagte mit hypnotischer Stimme und Handzeichen, als wenn er einen Schleier von meinem Gesicht wegwischen wollte: „JUANITA, DU KANNST JETZT DEUTSCH SPRECHEN!“

Auf einmal stach mich der Hafer. Mit diebischem Vergnügen drehte ich den Spieß jetzt um und sagte mit unschuldiger Miene:

„No comprende senior!“

Alle prusteten los und gaben entsprechende Kommentare,

während Otti mir abermals ein Zeichen gab, mich zu erkennen zu geben. Erneut beschwor er mich mit seinen mystischen Handbewegungen und sprach jetzt etwas lauter: „JUANITA, DU SPRICHST JETZT DEUTSCH – ABER FLOTT!“

„No comprende senior!“, wiederholte ich artig.

„Otti, was ist bloß los mit dir!“, wieherte Rudolf los. „Dir ist wohl die Sonne zu Kopf gestiegen, so kurz vor Weihnachten.“

Nach einem dritten Versuch tat mir Otti wirklich leid. Ich erhob mich, baute mich in meiner ganzen Größe vor allen auf – und ließ die Bombe platzen. Wie eine Rachegöttin stemmte ich meine beiden Arme in die Hüften und sagte unüberhörbar: „Also, wenn einer von euch mich noch einmal für ein leichtes Mädchen hält, dann gibt's aber gewaltigen Ärger!“

Totenstille! Der fassungslose Ausdruck der drei Gesichter war in dem Moment absolut filmreif! Dann aber redeten sie wild durcheinander, hauten Otti auf die Schulter, lachten, schüttelten ungläubig ihre Köpfe, während sie mich nacheinander in die Arme nahmen.

Das war ja wohl eine unglaubliche Geschichte! Da hatten sie ungefähr zwei Stunden mit einer jungen spanischen Juanita am Strand zugebracht und sich redlich abgemüht, mit ihr Konversation zu machen – und dann hatte die auch noch jedes Wort verstanden! Die Fernsehsendung: „Verstehen Sie Spaß?“ gab es damals noch nicht. Wir hatten für unseren eigenen Spaß gesorgt.

Es war eine so wundervolle Zeit dort zusammen am Strand, dass ich mich frohen Herzens entschied, ihre Einladung anzunehmen, auch die restlichen Tage meines Urlaubs mit ihnen zu verbringen.

*

Morgens war es schon sonnig, aber noch etwas kühl, als mich Madeleine 2 Tage nach unserem filmreifen Kennenlernen fragte: „Hast du Lust auf einen Strandspaziergang?“

Sie war eine attraktive Frau, dunkle Haare, ein einnehmendes Lachen und eine sehr sympathische Ausstrahlung – eine starke Persönlichkeit.

„Gern“, entgegnete ich und erhob mich. Schweigend liefen Madeleine und ich am Wasser entlang, während die Männer auf ihren Decken am Strand blieben.

„Wie lange bist du schon hier?“, wollte ich wissen.

„Schon einen Monat. Ich brauchte einfach Abstand von zu Hause. Hier bin ich endlich zur Ruhe gekommen und habe erkannt, dass alles, was ich je erlebt habe, auch einen Sinn hatte.“

„Einen Sinn?“, hakte ich nach.

„Schau mal, es kann nicht nur der Sinn unseres Lebens sein, morgens aufzustehen und abends zu Bett zu gehen – Geld zu verdienen und Geld auszugeben – Pflichten zu haben und Pflichten zu erfüllen – Ziele zu haben und Ziele zu erreichen – Probleme zu erkennen und Probleme zu lösen. Das kann nicht alles sein.“

Ich ließ Madeleines Worte sacken. Intuitiv spürte ich die tiefe Wahrheit in ihren Gedanken, die sie mir so offen anvertraute.

„Gila, unser Leben ist ein Balanceakt. Immer die Waage zu halten zwischen der einen Seite, die es zu leisten gilt, und andererseits der verfügbaren Energie, dies auch leisten zu können. Haben wir eigentlich immer genügend Energie, um diesen komplizierten Vorgang ‚Leben‘ in Balance zu halten? Mir darüber klar zu werden, ist auch einer der Gründe, weshalb ich hier auf Mallorca bin und so richtig auftanken möchte.“

Irgendwie berührten mich Madeleines Worte, doch ich wusste damals noch nicht, warum.

„Sieh mal, Gila, du bist noch sehr jung, aber ich spüre etwas in dir, was mir persönlich sehr vertraut ist, in dir jedoch noch wachsen möchte. Ich möchte einfach die Gelegenheit wahrnehmen, dir jetzt etwas zu sagen."

Obwohl ich damals erst 19 Jahre alt war, erfasste ich sehr wohl die Besonderheit dieses Momentes. Ich schwieg, während wir durch den feuchten Sand liefen, den das ablaufende Meerwasser nach jeder Welle zurückließ.

„Ich möchte dir jetzt etwas für dein Leben mitgeben, Gila. Auch wenn du im Moment noch in der Knospe deines Lebens stehst, denke stets daran – Liebe ist die größte Kraft!"

Während wir weiter am Wasser entlanggingen, schwieg ich eine ganze Weile, stark beeindruckt von ihren Worten, die ich zu dem Zeitpunkt aber noch nicht richtig einzuordnen wusste.

Es wurde Zeit, wieder zu den anderen zurückzukehren. Indem ich ihre Hand drückte, sagte ich leise: „Danke, Madeleine. Ich werde mich immer an deine Worte erinnern – versprochen!"

Als die drei anderen hörten, dass mein Urlaub nach 5 Tagen bereits wieder vorbei war, wollten alle zusammenlegen und mir noch eine weitere Urlaubswoche spendieren. Auch die Kosten für die Umbuchung des Fluges wollten sie gemeinsam übernehmen. Doch dann wäre ich erst am 2. Januar zurückgeflogen, an dem Tag, an dem ich meine neue Stelle antreten sollte. Und das ging einfach nicht.

In den Jahren danach habe ich noch oft Briefkontakt zu allen Vieren gehabt, vor allem zu Madeleine.

Madeleine, Rudolf, Otti und Helmut – ihr wunderbaren Seelen – ich erinnere mich immer noch gern an euch flotte Rentner zurück. Ich weiß, wo ihr jetzt seid.

Und wenn ich in diesem Moment ganz besonders intensiv an euch denke, spüre ich eure Liebe wieder – wie damals in der kleinen Bucht von Illetas!

Nach vielen Jahrzehnten möchte ich euch nun durch das Aufschreiben unserer Geschichte die Ehre erweisen. Vor allem dir, liebe Madeleine, möchte ich danken, dass du durch deine Worte etwas in mir geweckt hast, das später voll erwachen sollte.

Lasst uns gemeinsam in Liebe unseren Weg weitergehen, ich hier noch auf Erden und ihr dort, wo ihr jetzt seid.

Wo ist der Unterschied? Es gibt keinen …

SCHLUSS

Am Ende ist immer alles gut –
und ist es nicht gut,
dann ist es noch nicht das Ende

(Aus dem Sanskrit)

Beim Schreiben dieses Buches bin ich oftmals in meine Vergangenheit abgetaucht. Tiefe Dankbarkeit habe ich empfunden für all die Erlebnisse und auch die Erkenntnisse, die ich in meiner Kindheit, der Jugend, aber auch in der jetzigen Zeit erfahren durfte.

Durch das nochmalige Hineinspüren in manche Begebenheiten sind mir wieder Dinge bewusst geworden, die ich als junger Mensch bei mir selbst verurteilt habe. Doch in der Jugend Fehler zu machen, ist verständlich. Ein Fehler heißt so, weil noch etwas fehlt – am Ganzen! Wichtig ist nur, dass ich diese Unvollkommenheiten erkenne und dann bereit bin, das Fehlende zu ergänzen.

Wenn ich diese Erlebnisse aus heutiger Sicht beleuchte, bin ich viel eher bereit, in allem einen Sinn zu erkennen, ganz anders als früher, wo ich noch mehr im Ego war. Ich habe eingesehen: Liebe urteilt und verurteilt nicht.

Im Rückblick auf die vergangenen Jahrzehnte meines Lebens wird mir eines klar und deutlich: Alles war gut, so wie es geschah. Jedes einzelne Mosaiksteinchen passte exakt zum anderen. Im Moment des Geschehens jedoch war es mir oftmals nicht möglich, es aus diesem Blickwinkel zu betrachten. Mir fehlte die komplette Übersicht, des fertige Bild.

Und das Vertrauen, dass sich irgendwann einmal dieser Plan des Lebens erfüllt, welches Ereignis auch immer dazu beiträgt, wächst von Tag zu Tag. Dadurch gewinne ich immer mehr innere Ruhe und Gelassenheit.

Wenn ich das kleine Mädchen, das ich mal war, heute mit liebevollen Augen betrachte, dann bin ich dankbar dafür, welche Anlagen es damals bereits in sich trug. Wir sind eine Einheit – das Kind von früher und die reife Frau von heute. Beide von uns kennen dieses magische Gefühl, nach dem wir uns alle immer sehnen: das Gefühl von Liebe, Verständnis und der inneren Verbindung. Das Kind, das ich einmal war, und ich – jeder von uns beiden weiß, wer der andere ist.

Mein gegenwärtiges Ich möchte diesem Kind hier einmal liebevolle Anerkennung geben, auf die es so lange gewartet hat: Bewunderung für Talente und Stärken, Ermutigung und Trost. Und ich spüre, dass auch das kleine Mädchen meinem Erwachsenen-Ich gegenüber Dankbarkeit empfindet, dass die meisten dieser Anlagen von mir auch genutzt worden sind.

Zum Schluss nehme ich das kleine Mädchen mit einer wortlosen Geste ganz liebevoll in meine Arme, damit es sich immer beschützt fühlt von mir, die ich heute die erforderliche Stärke und Persönlichkeit dazu habe.

Mein Alltag ist liebevoller geworden. Und für mich wird es immer deutlicher, wie wunderbar es ist, ein Leben in Licht und Liebe zu leben.

Lasst uns alle im Namen der Liebe handeln, denn wir sind Träger des Lichtes. Wenn wir dieses Licht in unser Leben einströmen lassen, wenn wir lernen, all die Liebe weiterzugeben, die uns das Universum anbietet – wie schnell verändert sich dann doch unsere Welt zum Guten!

Welches Problem auch immer auftauchen mag, lasst uns daran denken: Liebe ist die Antwort – Liebe heilt alles!

Ich danke allen Lesern von Herzen, dass sie mich voller Aufmerksamkeit durch die vielen Geschichten und Erinnerungen meines Lebens begleitet haben.

Vielleicht hat manche Episode Anlass zum Schmunzeln oder zum Lachen gegeben, wie es auch mir beim Schreiben passiert ist.

Doch bei manchen Erlebnissen, in die ich wieder voll eingetaucht bin, hatte ich auch Tränen in den Augen.

Mit einem Lächeln nehme ich nun Abschied und sage:

„Ach du liebes Leben –
so bist du eben ...!“

Gila van Delden

... nicht heulen Husky!

Der fesselnde Tatsachenbericht einer Auswanderung nach Kanada

Ein Selbsterfahrungsbuch

Mit Humor und Selbstironie erzählt die Autorin freimütig ihre turbulente Geschichte. Sie möchte damit nicht zuletzt dem Leser eine Anregung geben, an die Kraft der Gedanken zu glauben. Dieses erfolgreiche Buch wurde sogar mit sehr bekannten internationalen Schauspielern verfilmt.

In aller Heimlichkeit plant sie ihre Auswanderung nach Kanada, gemeinsam mit Rainer, dem Mann ihrer besten Freundin Eva und Vater ihrer Tochter Dana. Trotz vieler scheinbar unüberwindlicher Hindernisse gelingt ihnen die Einwanderung in die Yukon Territories – und ohne Evas Wissen verlassen sie Deutschland. Doch es zeigt sich, dass Rainers Liebe zu seinen dreizehn Huskies nicht unproblematisch ist. Liegt nur in der endgültigen Rückkehr nach Deutschland die Chance für ein gemeinsames Leben für alle?

In Persönlichkeits-Seminaren lernt Gila van Delden die Kraft des positiven Denkens kennen, die ihr zur Lebensphilosophie wird. Obwohl sie ihren ganzen Glauben an das Gute einsetzt, um nochmals ein Leben in Kanada zu beginnen, muss sie sich schließlich doch der Macht des Schicksals beugen. In ihrem zweiten Buch *„Mutter Erde, trage mich . . .“* setzt sie ihre Geschichte fort.

Seit 1994 leitet die Autorin selbst auf sehr liebevolle Art Seminare über die Kraft des Unterbewusstseins, nachdem sie durch ihre eigene Geschichte gelernt hat, nichts mehr zu tun, was auf Kosten anderer geht. In ihren Selbsterfahrungsseminaren können die Teilnehmer lernen, neue Glaubenssätze für ihr Leben zu formen und daraus Kraft zur Meisterung ihres Schicksals zu schöpfen.

COUNTRY VERLAG
D-33790 Halle/Westf.

ISBN 978-3-9803144-0-4

Gila van Delden

Mutter Erde, trage mich . . .

Ein erfrischender,
spiritueller Tatsachenbericht

Die Autorin ist 1947 in Bielefeld geboren. Durch ihr erstes Buch „. . . nicht heulen, Husky!" ist sie in Presse, Funk und Fernsehen bekannt geworden. Nach ihrer Rückkehr aus Kanada versucht sie, mit ihren drei Kindern allein durchzukommen. Dankbar erlebt sie, wie ihr spirituelles Bewusstsein ihr immer wieder sogenannte Wunder präsentiert und ihr hilft, ausweglos erscheinende Situationen zu meistern.

Lebendig und voller Humor beschreibt die Autorin, wie es ihr gelingt, Spiritualität in ihren Alltag einzubinden und auf ihre innere Stimme zu hören. Fesselnd beschreibt sie ernste, aber auch viele heitere Situationen ihrer kleinen Familie. Und dann begibt sie sich auf die spirituelle Suche nach einem Ehemann . . .

Diese Geschichte berührt, stimmt nachdenklich und macht Mut zum Leben. Gleichzeitig jedoch lässt die Autorin den Leser auf eindrucksvolle Weise an dem Erlebnis teilhaben, dass der Tod nicht das Ende des Daseins bedeutet, sondern ein wunderbarer Neubeginn ist. Seit 1994 leitet die Autorin Seminare zu diesen Themen.

Dieses Buch ist eine spannende, humorvolle, aber tiefgründig spirituelle Reise in das innere Ich und macht deutlich, dass jeder Mensch sein Leben nach den geistigen Gesetzen selbst gestaltet.

COUNTRY VERLAG
D-33790 Halle/Westf.

ISBN 978-3-9803144-2-8

Gila van Delden

... gib uns Herzen, die verstehen!

Ein Tatsachenbericht, tiefgründig, spirituell und voller Humor

Das Thema dieses Buches „... gib uns Herzen, die verstehen!“ entspringt dem tiefen Wunsch nach Frieden in dieser Zeit. Wer Tiefgang, Humor und Authentizität liebt, wird von diesem Buch vollauf begeistert sein.

Die Autorin hat durch die Verfilmung ihres ersten Buches „... nicht heulen, Husky!“ sowie ihre Bücher „Mutter Erde, trage mich ...“, „Impulse zum Glücklichsein“ und „Lass dein Leben leuchten!“einen großen Bekanntheitsgrad in Europa erreicht. Mit viel Liebe leitet sie Kurse über die Kraft des Unbewussten überall in Deutschland, Österreich und der Schweiz. Sie beschreibt viele humorvolle und berührende Erlebnisse aus ihrer langjährigen Tätigkeit als Seminarleiterin und als alleinerziehende Mutter von vier Kindern.

Der Leser schmunzelt, lacht – ist andererseits tief berührt durch das Erkennen: Spiritualität gehört zum Alltag – wir Menschen sind ganzheitliche Wesen. Erfrischend ist, wie erdverbunden und dennoch spirituell Situationen von ihr beleuchtet werden. Behutsam lässt sie den Leser an ihren feinsinnigen Erkenntnissen der Heimkehr der Seele teilhaben und führt ihn somit in das Vertrauen, dass alles im Leben einen Sinn hat.

Liebe ist die größte Kraft im Universum, und Gila van Deldens Leben sowie ihre Bücher sind ein Beweis dafür, dass alle Situationen durch die Liebe und die richtigen Lebensformeln zu meistern sind.

Leserstimmen:

„Die Bücher von Gila van Delden habe ich schlichtweg verschlungen.“	*(H.S.)*
„Diese Bücher haben mein Leben zum Guten verändert.“	*(A.P.)*
„Durch diese Bücher habe ich die Angst vor dem Tod verloren!“	*(I.N.)*

COUNTRY VERLAG
D-33790 Halle/Westf.

ISBN 978-3-9803144-6-6

Gila van Delden

... aus einem kleinen Samenkorn

Ein Tatsachenbericht, voller Humor, Tiefgang und Spiritualität

„Werde ich spüren, wenn irgendwann wieder mein Engel der Partnerschaft sich mit dem Engel meines Partners in Verbindung setzt, um ein heimliches Arrangement zu treffen – eine Begegnung, die meiner jetzigen Einstellung entspricht: Ich habe aufgehört zu suchen – ich lasse mich finden?
Werde ich spüren, wenn diese Engel gemeinsam einen Plan für zwei Menschen entwerfen, um alles für die beiden in die richtigen Bahnen zu lenken?“

Als sie sich diese Fragen stellt, ahnt die Autorin noch nicht, dass sie bald danach im Internet einen Mann kennenlernen wird. Beide spüren, dass sie offenbar durch ihre gemeinsame Lebensaufgabe füreinander bestimmt sind.

Erfrischend erdverbunden, humorvoll und sehr tiefsinnig schildert Gila van Delden hier ihre authentischen Erlebnisse. Daneben lässt sie den Leser teilhaben an bewegenden und heiteren Episoden aus ihren Seminaren und führt ihn so auf lockere und humorvolle Art an tiefe Erkenntnisse heran. Voller Liebe und Herzlichkeit leitet sie seit 1994 sehr erfolgreich Kurse über die Kraft des Unbewussten in Deutschland, Österreich und der Schweiz.

Gila van Delden hat durch die Verfilmung ihres ersten Buches „... nicht heulen, Husky!“ sowie ihre Bücher „Mutter Erde, trage mich ...“ – „... gib uns Herzen, die verstehen!“, „Impulse zum Glücklichsein“ und „Lass dein Leben leuchten!“ einen großen Bekanntheitsgrad in Europa erreicht.

Ein Buch mit viel Tiefgang, humorvoll und locker geschrieben – man möchte immer weiter lesen!

COUNTRY VERLAG
D-33790 Halle/Westf.

ISBN 978-3-9803144-9-7

Gila van Delden

Liebe ist die größte Kraft!

Ein erfrischender humorvoller Tatsachenbericht, voller Tiefgang und Spiritualität

Jeder verspürt beim Lesen dieses humorvollen Buches mit Tiefgang, was die Liebe in unserem Leben vermag.

Nach ihrem Bestseller und Tatsachenbericht „Mutter Erde, trage mich …!“ hat die Autorin mit diesem Buch wieder einen echten Hit gelandet! Durch ihre erfrischende und humorvolle Art des Schreibens ist sie inzwischen in ganz Europa sehr bekannt. Ihr erstes Buch „... nicht heulen, Husky!“ wurde bereits verfilmt.

Voller Liebe und Verständnis erzählt sie auch in diesem Buch wieder von ergreifenden, kuriosen, aber auch lustigen Begebenheiten, die sie sowohl als Seminarleiterin als auch in ihrem privaten Umfeld erlebt hat. In allen ihren bisher erschienenen Büchern ist es der Autorin gelungen, auf humorvolle und ganz lockere Art Wesentliches und Nachdenkliches zu vermitteln.

Unendlich tröstlich ist es, wie die Autorin den Leser auch im vorliegenden Buch wieder an ihren spirituellen Erfahrungen und aufrüttelnden Erlebnissen teilhaben lässt. Damit tritt sie den Beweis an – wir leben weiter!

Immer wieder wird von begeisterten Lesern bestätigt:

„Gila van Deldens Bücher machen süchtig!“
„Die Bücher von Gila van Delden haben mein Leben verändert.“
„Diese Bücher habe ich alle verschlungen!“
„Man möchte immer weiter lesen!“

COUNTRY VERLAG
D-33790 Halle/Westf.

ISBN 978-3-9803144-7-3

GILA VAN DELDEN's AFFIRMATIONS-KARTEN

Vertraue der grenzenlosen Kraft deiner Seele!

Mit diesen 52 bereichernden Affirmationskarten erhältst du Impulse für die Lösung einer Situation – oder einfach gute Energien für die Woche!
Inspirierende Texte und über 100 hochwirksame Affirmationen helfen dir dabei, sämtliche Bereiche deines Lebens voller Freude zu gestalten.
Zieh einfach eine Karte, und lass dich von den wunderbaren Schwingungen berühren …

Für ein Leben in Licht und Liebe

… dann ist alles wieder gut!

INTEGRAL VERLAG

ISBN 978-3-7787-9199-8

GILA VAN DELDEN's ENGELKARTEN

Frage deine Engel!

Auch wenn du deine Engel nicht siehst – sie sind da! Und immer, wenn du sie brauchst, spürst du sie ganz besonders.

Du bist dir nicht sicher?
Du hast eine Frage?
Du suchst eine Lösung?

Spüre in dich hinein, werde still, und bitte deine Engel um innere Führung. Gleiches zieht Gleiches an.

Diese 52 Engelkarten haben eine sehr hohe Schwingung und helfen dir bei deinen Entscheidungen. Du wirst überrascht sein, wie sehr dich die Antworten deiner Engel inspirieren.

COUNTRY VERLAG
D-33790 Halle/Westf.

ISBN 978-3-9803144-8-0

COUNTRY MENTAL POWER

Gila van Delden

Gepr. psychologische Beraterin - Therapeutin für Hypnose- und Entspannungsverfahren

C.M.P. Seminare · Fischweg 7 · D - 33790 Halle/Westf. · Telefon +49 (0) 52 01/66 55 77 · Fax +49 (0) 52 01/66 55 11
www.country-verlag.de · email info@country-verlag.de

Liebevoll geführte Meditationen von Gila van Delden

Engel-Traum

Die Welt, in der wir leben, ist voller Herausforderungen, doch wir dürfen auf die Kraft des Universums vertrauen, dass uns für all unsere Aufgaben unsere Engel zur Seite gestellt werden. In dieser zauberhaften Phantasiereise erscheint uns unser persönlicher Engel, der unsere Lebenssituation überprüft und uns hilft, das Leben zu meistern und unsere Lebensaufgabe zu finden. Er hilft uns, Körper, Geist und Seele zu stabilisieren und zu heilen. Es tut so gut, sich eine Weile ganz vertrauensvoll nur der wohltuenden, licht- und liebevollen Präsenz unseres Engels zu überlassen.

COUNTRY VERLAG **ISBN 978-3-9816486-8-3**

Leuchtende Visionen

Bei dieser entspannenden Meditationsreise werden unser Körper, unser Geist und unsere Seele mit vielen kraftvollen und aufbauenden Affirmationen gestärkt, die jedem von uns gut tun. Die hochwirksamen Affirmationen helfen uns, unser Lebensschiff auf einen richtigen Kurs zu bringen und damit unser Leben wieder zu meistern. Auf ganz sanfte und liebevolle Weise werden hier direkt die tiefsten Schichten unseres Unterbewusstseins angesprochen. Diese licht- und liebevollen Glaubenssätze verankern sich tief in unserem Unbewussten und streben über kurz oder lang die Verwirklichung in unserem Leben an.

COUNTRY VERLAG **ISBN 978-3-9816486-7-6**

Heilung

Unser Körper ist der Tempel unserer Seele. Diese wunderbare Heilungsmeditation lässt uns intuitiv erkennen, was für unseren Körper wichtig ist. Sie bringt Seele, Geist und Körper in Harmonie und vermittelt Verständnis für die Zusammenhänge der ganzheitlichen Schwingungen. Mit wunderbarer heilender Energie wird dem Körper frische Kraft gegeben, und der Heilungsprozess wird auf der mentalen Ebene gefördert oder sogar vollzogen. Diese heilende Meditation ist sehr kraftvoll und kann immer wieder bei allen seelischen und körperlichen Disharmonien eingesetzt werden.

COUNTRY VERLAG **ISBN 978-3-9816486-6-9**

Vergebung

Bewusst oder unbewusst ist unser aller Wunsch, dass uns vergeben wird und dass wir vergeben können, damit sich mehr Lebendigkeit, Liebe und Freude in unserem Leben zeigt. Alles, was uns nicht mehr bedrückt, gibt uns ein Gefühl von Leichtigkeit und Frohsinn. In dieser tiefgehenden Meditation haben Sie die Möglichkeit, alle Verletzungen aufzuarbeiten. Auf der unbewussten Ebene erfahren Sie Verständnis und Vergebung für die Menschen, von denen Sie selbst sehr verletzt worden sind, aber auch für Ihr eigenes Fehlverhalten. Vergebungswünsche erreichen jede Seele, wo immer sie auch ist – im Diesseits oder Jenseits.

COUNTRY VERLAG **ISBN 978-3-9816486-5-2**

Delfin

Unser Freund, der Delfin, begleitet uns spielerisch durch die ruhige See und taucht mit uns als liebevoller Begleiter in die tiefen Schichten unseres Unbewussten ein. In dieser eindrucksvollen Meditationsreise wird uns ein Teil unseres Wesens gezeigt, dessen wir uns bewusster werden können. Wir nehmen Kontakt auf zu unserem Höheren Selbst und erkennen über unsere Intuition Wege, die uns zu unserem Lebensziel führen. Voller Liebe geleitet uns unser Freund, der Delfin, wieder zurück zu dem Strand, wo unsere Reise ins innere Ich begann. Wenn wir das Element Wasser lieben, so wird uns diese wunderschöne geführte Meditation ganz besonders gefallen.

COUNTRY VERLAG **ISBN 978-3-9816486-4-5**

COUNTRY MENTAL POWER

Gila van Delden

Gepr. psychologische Beraterin - Therapeutin für Hypnose- und Entspannungsverfahren

C.M.P. Seminare · Fischweg 7 · D - 33790 Halle/Westf. · Telefon +49 (0) 52 01/66 55 77 · Fax +49 (0) 52 01/66 55 11
www.country-verlag.de · email info@country-verlag.de

Liebevoll geführte Meditationen von Gila van Delden

Herzenswärme

Unser Herz steht für das Gefühl. Wie viele Erfahrungen haben uns wachsen und reifen lassen! Oft erschien uns der Preis dafür sehr hoch. In dieser wunderschönen Meditation bringen Sie Wärme und Licht in Ihr Herz und spüren, wer von all den Menschen in Ihrem Leben wichtig für Sie ist. Sie erfahren Ihr Herz als Zentrum Ihres Ichs – als Ihr innerstes Zuhause, in dem Sie sich wieder wohl fühlen. Hier lernen Sie, auf leichte und lockere, aber wirkungsvolle Art Menschen loszulassen, die in Ihrem Leben zwar eine Rolle gespielt haben, die aber jetzt nicht mehr wichtig für Sie sind. Sie schöpfen Klarheit und neue Kraft aus dieser Erkenntnis.

COUNTRY VERLAG **ISBN 978-3-9816486-3-8**

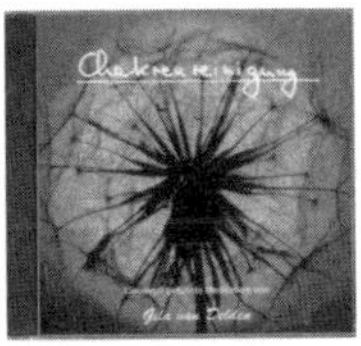

Chakrenreinigung

Diese wunderschöne geführte Farbreise durch die sieben Chakren gibt Ihnen die Möglichkeit, die Energiewirbel, die wie zart geöffnete Blütenblätter auf der subtilen Ebene Ihres Geistes schwingen, auf sanfte Art zu reinigen und mit Energie anzufüllen. In Ihrer Imagination können Sie hier ganz deutlich spüren, wie sich der Energiefluss in allen Bereichen wieder aktiviert. Je strahlender und klarer die Chakren in Ihrer Vorstellung erscheinen, um so mehr Kraft strömt aus dem kosmischen Energiefeld ein – und um so mehr Gesundheit und Wohlbefinden wird Ihr Leben widerspiegeln.

COUNTRY VERLAG **ISBN 978-3-9816486-2-1**

Schmetterling

In dieser zauberhaften, geführten Phantasiereise fliegen Sie in Ihrer Imagination als Schmetterling in das Land Ihrer Phantasie. Auf ganz leichte und entspannende Art spüren Sie die Verwandlung, wie Sie aus Ihrem begrenzten Kokon schlüpfen und in eine wunderbare Welt der Farben, des Lichtes und der Harmonie eintauchen. Diese wunderschöne Meditation führt Sie in die Natur, in den verborgenen Bereich Ihrer Träume und Ihres Unbewussten, wo noch viele unentdeckte Schätze liegen. Diese Meditation ist nicht nur für Erwachsene, sondern auch sehr gut für Kinder geeignet, um ihnen auf ganz sanfte Weise die Metamorphose der Natur nahe zu bringen.

COUNTRY VERLAG **ISBN 978-3-9816486-1-4**

Weiser Ratgeber

Die positiven Kräfte unseres Unbewussten geben uns ein Gefühl der Sicherheit und der inneren Wärme. Zum Glück sammelt unser Unbewusstes all unsere Erfahrungen, so dass es tief in uns selbst so etwas gibt wie eine Stimme der Weisheit. Diese Stimme unseres weisen Ratgebers von Zeit zu Zeit zu hören ist wichtig.
In dieser zauberhaften, geführten Meditation können Sie sich an die innere Stimme der Weisheit und Lebenserfahrung wenden, um von dort Zuversicht und Anregung bei der Lösung aktueller Probleme zu erfahren. Und wenn es der richtige Zeitpunkt ist, so werden Sie auch eine Antwort erhalten...

COUNTRY VERLAG **ISBN 978-3-9816486-0-7**

Traumreise ins Licht

Eine zauberhafte, geführte Lichtmeditation: Sie atmen das Licht der aufgehenden Sonne ein und beginnen, Ihren Körper mit dieser Energie aufzuladen. Es sind Wellen goldenen Lichtes, die zu Ihnen kommen – die krafvoll sind. Die goldenen Strahlen der Sonne berühren Ihren Körper – und Sie atmen alles tief ein und füllen Ihren Körper immer mehr an mit dieser großen Kraft. Und mit dem Ausatmen öffnet sich Ihr Energiezentrum oben auf Ihrem Kopf wie eine Blüte. So kann Ihre Energie zu Ihrem Sonnensymbol Ihres Höheren Selbst fließen, und Ihre Wünsche werden hoch getragen zu Ihrem Höheren Selbst...

COUNTRY VERLAG **ISBN 978-3-9803144-4-2**